이것이 공부의 왕도다
# 대치동 최상위권 공부의 비밀

이것이 공부의 왕도다
# 대치동 최상위권 공부의 비밀

초 판 1쇄 2017년 12월 12일
초 판 7쇄 2020년 12월 15일

**지은이** 류종렬 이정현 정장현
**펴낸이** 류종렬

**펴낸곳** 미다스북스
**총괄실장** 명상완
**책임편집** 이다경
**책임진행** 임종익

**등록** 2001년 3월 21일 제2001-000040호
**주소** 서울시 마포구 양화로 133 서교타워 711호
**전화** 02) 322-7802~3
**팩스** 02) 6007-1845
**블로그** http://blog.naver.com/midasbooks
**전자주소** midasbooks@hanmail.net
**페이스북** https://www.facebook.com/midasbooks425

ⓒ 과정중심공부연구소, 미다스북스 2017, *Printed in Korea*.

ISBN 978-89-6637-547-9 13370

값 15,000원

「이 도서의 국립중앙도서관 출판예정도서목록(CIP)은 서지정보유통지원시스템 홈페이지
(http://seoji.nl.go.kr)와 국가자료공동목록시스템(http://www.nl.go.kr/kolisnet)에서 이용하
실 수 있습니다.(CIP제어번호: CIP2017031241)」

※파본은 본사나 구입하신 서점에서 교환해 드립니다.
※이 책에 실린 모든 콘텐츠는 미다스북스가 저작권자와의 계약에 따라 발행한 것이므로
 인용하시거나 참고하실 경우 반드시 본사의 허락을 받으셔야 합니다.

**미다스북스**는 다음세대에게 필요한 지혜와 교양을 생각합니다.

이것이 공부의 왕도다

# 대치동 최상위권 공부의 비밀

류종렬 이정현 정장현 지음

미다스북스

프롤로그
# 0.1% 최상위권은 과정중심으로 공부한다

### 1. 공부의 왕도는 있는가?

어느 날 프톨레마이오스 왕이 유클리드에게 물었다.

"기하학을 쉽게 배울 수 있는 방법이 없는가?"

지엄한 왕의 질문에 젊은 학자 유클리드는 냉정하게 대답했다.

"왕이시여! 길에는 폐하를 위한 왕도가 있지만, 아쉽게도 기하학 공부의 왕도는 없습니다."

'공부의 왕도가 없다'는 유클리드의 말은 두 가지 의미다. 첫째, 기하학(수학)을 쉽게 배우는 것은 불가능하다. 둘째, 스스로 배우려고 노력해야 한다. 하지만 프톨레마이오스는 유클리드의 말을 제대로 이해했고, 스스로 공부의 왕도를 개척했다. 그는 알렉산드리아를 당대 최고의 문화도시로 만들었고, 알렉산드리아 도서관에 세계의 모든 지식을 모으고 최대의 문화발전을 이루었다. 3백 년 왕조의 기틀을 쌓았다.

그러면 지금, 대한민국에서 공부의 왕도를 찾을 수 있을까?

이 책은 이 질문에 대한 체계적인 보고서다. 우리는 오랜 시간에 걸친 조사와 통계, 연구를 거쳐 공부의 왕도를 '발견'했다. 우리가 발견한 '공부의 왕도'의 특징은 다음 네 가지다.

첫째, 공부의 왕도는 지름길이 아니라 정도(正道)다.
둘째, 공부의 왕도는 내면적 차원에 생기는 길이다.
셋째, 공부의 왕도는 자신의 삶을 완성해가는 길이다.
넷째, 공부의 왕도는 과정 속에 존재하며, 끊임없이 새롭게 만들어지는 길이다.

그렇다면 공부의 왕도는 어떤 모습으로 존재하는가? 평범한 학생이 우등생으로 바뀌고, 사교육에 의존하지 않고 전국 수석하는 공부의 비밀은 무엇인가? 자기주도 학습으로 공부의 정상에 선 공부 고수들의 특징이나 모습은 어떠한가? 그 방법은 대체 무엇인가? **"시험공화국 대한민국에서 공부의 왕도는 어떤 모습인가?"** 우리가 던진 첫 번째 질문이다. 대한민국 교육특구 대치동을 가장 먼저 주목했다.

## 2. 대치동 최상위권의 비밀은 '과정중심'이다

이정현, 정장현 선생님은 대치동 학원 현장에서 '가장 공부 잘하는 학생들의 모습'을 오랫동안 지켜보았다. 그리고 가까이서 그 학생들을 직접 지도했다. 해마다 몇백 명 이상, 10여 년 이상 수천 명의 상위권 학생들과 함께했다. 그리고 공부를 아주 잘하거나 잘하게 된 학생들을 오랜 기간에 걸쳐 관찰했다. 그중에는 초등학교 때부터 우수한 학생도 많았지만, 평범하다 못해 둔하던 학생들이 고등학교에 가서는 최상위권으로 수없이 도약하기도 했다.

**그래서 두 번째 질문을 던졌다. "무엇이 그들을 최상위권으로 바꾸어놓았는가?"** 공부를 잘하는 학생들과 그렇지 않은 학생들은 무엇이 다른가? 그들 곁에는 누가 있는가? 무엇이 점수와 성적을 가르는가? 그 차이를 만들어내는 결정적 요인은 무엇인가?

대치동에서 그치지 않고 더 방대하게 연구하고 조사했다. 공부법을 비롯해서 그 기반이 되는 심리학, 뇌 과학, 교육학, 인지과학, 생물학, 신경학, 시간관리 경영학 등 수백 권의 책을 찾아 공부했다. 수능시험과 학력고사에서 사교육에 의존하지 않고 전국 수석을 차지한 사람들, 서울대에 합격한 사람들이 실행한 공부 방법을 찾아서 세밀하게 연구했다. EBS에서 장기간 연재한 〈공부의 왕도〉 시리즈의 모든 내용을 보고 명문대에 합격한 학생들의 세밀한 특징을 샅샅이 살폈다. 사교육에 의존하지 않고 자식을 명문대에 보낸 학부모들의 수기나 책도 대부분 찾아서 읽고 조사했다. 그리고 체계화했다.

대치동 최상위권 학생들을 공부법으로 석권하고 지금은 교육신문사업에 매진하는 윤진성 선생님과 현장에서 무수한 시간을 토론하고, 과정중심 공부의 뼈대를 세우고, 이론화했다. 구체적인 조사와 집필 작업은 오랜 기간 현장에서 학생들을 가르친 이정현, 정장현 선생님과 함께 했다.

최상위권으로 도약하는 학생들의 공통점을 찾고 특징을 표준화했다. '사교육에 의존하지 않고 공부 잘하는 학생들'은 마음가짐이 다르고, 태도가 다르고, 습관이 달랐다. 특히 시간 관리를 잘했다. 그리고 그들 곁에는 안내자가 있었다. 대부분 부모였고, 특히 아빠였다. 무엇보다 중요한 점은 '**과정중심으로 생각하고, 생활하고, 공부한다**'는 것이다. 결과가 아니라 과정을 중심축으로 공부를 생활화하는 것이 가장 결정적인 비밀이었다.

### 3. 왜 0.1퍼센트의 과정중심 학생들이 수석을 휩쓰는가?

공부를 가장 열심히 하는 대치동의 교육집단에서 최상위권 학생들은 과정중심으로 공부하고, 과정중심으로 살아간다. 그런데 더 광범위한 조사 결과 사실상 지금까지 전국 수석을 차지한 0.1퍼센트 학생들은 대부분 그렇게 공부해왔다. 세 번째 질문은 그래서 "왜 0.1퍼센트의 과정중심 학생들이 수석을 휩쓰는가?"이다.

이 질문에 대답하기 위해 오랜 기간 조사해서 표준화한 과정중심 공부법은 7가지 경계 속에 존재한다. 다음은 우리가 찾은 공부의 7왕도를 그림으로 나타낸 것이다.

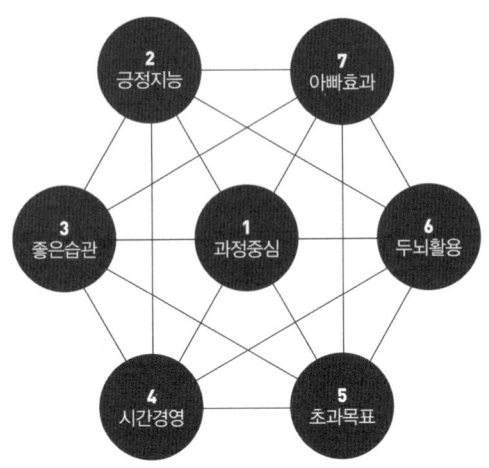

**1) 과정중심 – 과정에 몰입하여 공부를 삶의 차원으로 높인다**

오늘 할 공부는 반드시 오늘 끝낸다. 한 단원 한 단원 샅샅이 충실하게 실력을 쌓아나간다. 교과서와 자습서 10회독을 기본적으로 하고, 통으로 암기한다. 과정중심으로 공부하면 결과에 연연하지 않게 되어 스트레스가 적고 슬럼프가 없다.

**2) 긍정지능 – 지치지 않는 태도와 마음가짐을 갖게 한다**

자신에 대한 신뢰와 자신감이 생긴다. 공부는 당연히 해야 하는 것이라 여긴다. '왜 공부하느냐'는 고민은 없고, '공부를 어떻게 더 잘할까'를 늘 궁리하게 된다. 공부에 대한 내적 동기가 강력해진다.

**3) 좋은습관 – 인생의 성공은 결국 좋은 습관을 채우는 것이다**

디지털 기기(TV, 스마트폰 등)를 멀리한다. 틈나는 대로 영화·연극·뮤지컬·음악회 감상 등 문화 활동을 한다. 책과 신문을 읽는다. 연예인을 좋아해도 그걸 학습과 연결시킬 줄 안다. 예컨대, 한류 스타를 좇아 중국어를 배운다.

### 4) 시간경영 – 공부든 인생이든 시간을 지배하는 자가 성공한다

자신이 무엇에 어떻게 시간을 쓰는지 알고 있다. 그리고 시간을 효율적으로 쓰기 위해 늘 궁리하고 실천에 옮긴다. 공부하는 시간은 몰입해서 운용하고, 자투리 시간 관리를 잘하게 된다.

### 5) 초과목표 – 모든 과정에 동기를 부여하며 자신감을 높인다

꿈이 구체적인 형태의 목표로 가득 차 있다. 아무 생각 없이 공부하지 않는다. 큰 목표 달성을 위해 작은 목표를 설정하고 장기적인 플랜을 가지고 있다. 고난이도 과제가 주어져도 겁먹지 않고 차근차근 해나갈 수 있는 담력과 근성이 생긴다.

### 6) 두뇌활용 – 좌뇌와 우뇌를 균형적으로 사용하고 계발한다

공부의 흐름이 끊길까봐 며칠 쉬거나 노는 것도 싫어한다. 독서를 좋아하고 즐긴다. 두뇌를 계발하는 놀이를 자주 한다. 오감과 온몸을 이용하는 학습법을 실천한다. 적극적으로 움직이고 생각한다. 때문에 같은 공부를 해도 뇌 효율이 올라간다.

### 7) 아빠효과 – 집안 문화를 이끄는 아빠의 역할이 결정적이다

집안 전체가 공부하는 분위기이고, 부모가 공부의 과정에 적극적으로 참여한다. 자녀교육에 올인한다. 자녀와 매일 최소한 한 끼 이상 식사한다. 퇴근하자마자 집에 와서 자녀들과 함께한다. 예컨대, 수행평가로 '첨성대에 대한 조사'가 나오면 주말에 온 가족이 경주로 간다.

여기 7왕도 중에서 한 가지라도 완벽히 실천하면 공부 잘하는 학생이 될 수 있다. 세 가지를 실천한다면 최상위권 도약도 충분히 가능하다. 물론 일곱 가지를 모두 갖추게 되면 공부는 물론이고 가장 행복하고 충만한 삶을 영위할 수 있게 될 것이다. 못 믿겠다면 6개월 이상 실천해보라. 과정을 중심에 두고 초기의 고통을 참고 과정 속에서 부모와 자식이 함께한다면 어떤 난관도 이겨내는 힘이 생긴다.

왜냐하면 이것이 가장 강력한 공부법이고, 나아가 성공적인 삶을 살아가는 방법이기 때문이다. 공부의 왕도와 인생의 왕도를 완전히 겹치게 하는 방법이 과정을 중심에 두는 것이다.

### 4. 과정중심의 힘 – '열심히'를 넘어 '완벽을 위한' 최선을 다한다

과정중심 공부법은 공부의 과정에 참여한 모든 사람의 관계에 새로운 자극과 변화를 가져다준다. 초기엔 고통스럽지만 시간이 갈수록 부부관계도 더 좋아지고, 부모 자식 간의 관계는 강력해진다. 이것이 과정중심의 마법이다. 사교육비가 줄어들고, 성적은 오르고, 삶이 행복해진다. 공부의 7왕도가 선사하는 마법같은 선물이다.

과정중심의 힘은 삶 전체에서 임하는 '최선'의 크기를 달라지게 만든다. 최선이란 가장 좋고 훌륭한 것이다. '최선을 다한다'는 것은 '온 정성과 힘을 기울인다'는 말이다. '열심히'를 넘어서 '완벽'하기 위해 모든 노력을 남김없이 다 쏟는다는 의미다.

그렇다면 '왜 완벽히 해야 하는가'?
첫째, 완벽은 확실하고 구체적이며 가슴 뛰는 목표를 설정하게 한다.

둘째, **완벽은 한정된 시간을 운용해야 하며 한계를 인식하게** 한다.

셋째, **완벽은 눈앞의 한계를 넘어 초과목표 달성을 추구**하게 한다.

넷째, **완벽은 긍정적인 자세를 갖게 한다.** 열심히 하다가 안 되면 그만이고 못하면 끝이라고 생각할 수 있다. 그러나 **완벽은 될 때까지 하는 것**이다.

진정한 최선은 '열심히'를 뛰어넘어 '완벽히' 하는 것이다. 최선의 크기를 끊임없이 확장해야 한다. 세상에 쉽게 되는 일이 있는가? 쉽게 배운 동작은 몸이 쉽게 잊는다. 쉽게 번 돈은 쉽게 나간다. 땀 흘려 익힌 운동이 몸에 오래 남아 건강을 지킨다. 쉽게 되는 일은 별로 없다. 공부는 더욱 그렇다.

| 과정중심 | 결과중심 |
| --- | --- |
| 어제의 나와 경쟁한다 | 주변의 남과 경쟁한다 |
| 내적 동기부여가 충만하다 | 보상이 있어야 동기부여가 된다 |
| 시간을 경건하게 대하고 쓴다 | 시간이 남으면 나태해진다 |
| 한계를 깨려고 끝까지 도전한다 | 한계가 보이면 지레 겁먹고 포기한다 |

### 5. 대치동이 아니라면 더욱 철저히 과정중심으로 하라

강남구 대치동으로 대표되는 교육특구에 사는 학부모들은 자녀들과 함께 공부하고 열심히 살아간다. 대치동은 너도나도 치열하게 공부하고 있기 때문에 학생이나 학부모가 주변 환경에서 자극을 많이 받을 수밖에 없다. 그러나 누구나 쉽게 대치동으로 이사 갈 수는 없다. 아무리 좋은 면학 분위기라도 상당한 경제적 여건이 구비되어야 하기 때문이다.

이때 결정적으로 필요한 것이 과정중심 공부법이다. **과정중심은 재산도, 학벌도, 환경도 뛰어넘는 강력한 공부의 힘을 발휘한다.** 경제적 조건을 비롯한 삶의 여건이 대치동에 갈 수 있다면 대치동으로 가면 좋다. 그렇지 않다면 대치동의 열심히 하는 학부모들이나 학생보다 더 과정중심으로 살아가면 된다. 남이 아니라 자신과 경쟁하고, 확실하고 구체적인 목표를 기록하고, 아빠가 나서서 과정중심 7왕도를 실천하면 어디서든 반드시 행복하게 성공한다.

이 책을 한 번에 모두 읽고 소화하기 힘들면 각 장을 하나씩 뜯어서 새기며 반복해서 읽어도 좋다. 이 책의 공부의 7왕도를 차근차근 실천하라. 그리고 마지막 부분 최상위권 도약 지침까지 반드시 반복적으로 실행하라. 분명히 해답을 마련하고, 더 좋은 상태로 올라가게 될 것이다. 부모가 아이와 같이 실행하면서 공부하라. 그래서 자신이 생기면 하나씩 하나씩 그리고 전면적으로 생활을 과정중심으로 변화시키고, 아이와 함께하며 삶을 바꿔보라. 아이의 성적은 점점 상위권으로 그리고 최상위권으로 도약할 것이다. 중학교 고학년이나 고등학생이라면 스스로 공부하듯이 읽어도 좋다. 학생은 물론 학부모님 자신의 삶도 바꿔어갈 것이다. 공부의 7왕도는 쉽고 빠른 길은 아니지만, 가장 옳고 가장 현명한 길이다. 그러니까 진정한 공부의 왕도다.

대치동의 비밀을 찾고자 대청중의 비밀을 집중적으로 살폈고, 대청중학교 현직 교무부장 선생님 인터뷰를 했다. 그리고 '복덩이들'이란 닉네임을 가진 어머니는 사교육 별로 없이 본인의 힘으로 두 딸을 연대와 서울대에 보낸 것으로 유명한 분이다. 많은 노력과 끈기로 자녀교육에 성공한 것이다. 대치동 밖에서 과정중심의 실천 사례로 하나의 출구를 제시해준다. 인터뷰에 기꺼이 참여해주신 두 분 모두에게 진심으로 감사드린다.

끝으로 영재학교 진학은 이 책에서 다루어지는 공부의 방식과는 다른 차원에서 이루어지는 문제이기에 특별기고를 받아 살폈다. 핵심을 꿰뚫는 진단이므로 현실을 고려하면서 차근차근 읽어보시길 바란다.

학생에게는 물론 성인에게도 삶은 언제나 시험의 연속이다. 평범한 삶을 살아가는 사람도 이 책에 나오는 공부의 7왕도를 깨우치고 자신의 일상에서 실천하면 인생의 승리자가 될 것이다. 공부의 7왕도는 공부의 열망과 의지가 있는 학생과 학부모님들에게 밝은 등불이 될 것이다. 시험과 공부로 무한 경쟁해야 하는 막막한 현실에서 모쪼록 이 책이 현명한 안내자가 되기를 진심으로 소망한다.

결론 삼아 학생과 학부모님들께 인생의 주인공이 되는 비밀을 한 문장으로 알려드린다.

"공부든 삶이든 과정을 즐기고 최선을 다하라!"

2017년 겨울, 류종렬, 이정현, 정장현

## 차례

**프롤로그 0.1% 최상위권은 과정중심으로 공부한다** 004

1. 공부의 왕도는 있는가?
2. 대치동 최상위권의 비밀은 '과정중심'이다
3. 왜 0.1퍼센트의 과정중심 학생들이 수석을 휩쓰는가?
4. 과정중심의 힘 – '열심히'를 넘어 '완벽을 위한' 최선을 다한다
5. 대치동이 아니라면 더욱 철저히 과정중심으로 하라

# 1장

P R O C E S S

## 과정중심으로 공부하라

**INTRO** 대치동 공부벌레들을 석권한 비밀 공부법
01 전국 최강의 공부 신동들이 모이는 대치동 · · · · · · · · · · · · 024
02 무엇보다 중요한 건 '공부근육' · · · · · · · · · · · · 029
03 공부하려는 '마음과 태도'가 먼저다 · · · · · · · · · · · · 033
04 인류 최고의 '두뇌근육' 윌리엄 사이디스의 비극 · · · · · · · · · · · · 039
05 88연승 신화 존 우든 감독의 과정중심 철학 · · · · · · · · · · · · 045

## 2장

P O S I T I V E

### 긍정지능을 가져라

**INTRO** 공부의 왕도는 내면에 존재한다

01 자신감은 공부의 원천 기술이다 　　　　　　　　　　056
02 왜 긍정지능을 선택하는 것이 유리한가? 　　　　　　064
03 실수 앞에서의 겸손한 태도와 열린 사고 　　　　　　069
04 실수를 받아들이고 극복하려는 긍정적 태도 　　　　075
05 자신과 경쟁해야 진정한 전교 1등이 된다 　　　　　081
06 최상위권에 가기 위한 태도 – GRIT 　　　　　　　　086

## 3장

G O O D　H A B I T

### 좋은 습관을 가져라

**INTRO** 서울대는 엉덩이로 간다

01 좋은 부모는 습관을 물려준다 　　　　　　　　　　　100
02 어릴수록 화면을 멀리하는 것이 좋은 습관 　　　　　107
03 김연아의 엉덩방아 데이비드 베컴의 프리킥 　　　　116
04 공부에 좋은 습관은 무엇이 있고, 어떻게 만들어야 하는가? 　123
05 습관의 실체와 습관의 비밀 　　　　　　　　　　　　139
06 공부를 즐기는 비밀, 몰입의 습관 　　　　　　　　　148

# 4장

T I M E   C O N T R O L

## 시간의 지배자가 되라

**INTRO** 하버드대학생들의 성공과 실패를 가르는 요인
01 시간의 지배자가 되려면 파킨슨의 법칙을 깨라　　　162
02 통시간은 몰입하고, 자투리 시간은 활용하라　　　165
03 수업에 충실하라 – 최상위권 학생들의 평범한 비밀　　　174
04 시간을 정복한 남자 류비셰프의 시간 관리 비법　　　188
05 혼자 공부하는 시간을 확보하라　　　195


# 5장

E X C E E D   A I M

## 초과목표를 실행하라

**INTRO** 목표는 왜 필요한가?
01 초과목표 실행으로 한계를 깨라　　　204
02 압도적인 성공률은 탄탄한 기본기에서 나온다　　　212
03 과정중심 최상위권 학생들의 목표 설정　　　222
04 '열심히'를 넘어 '완벽히' 해야 한다　　　227
05 높고 큰 목표는 인간을 고귀하게 만든다　　　233

# 6장

U S E   B R A I N

## 두뇌를 활용하라

**INTRO** 공부의 제6왕도는 '두뇌를 잘 활용'하는 것
01 어학연수 한 번 없는 영어 1등, 전교 1등의 비밀 … 242
02 뱃속에서부터 만 3세까지 영유아기 뇌 발달이 매우 중요 … 249
03 암기의 천재는 어떻게 만들어지는가? … 259
04 루이스 터먼의 흰 개미들 – '지능'이냐 '노력'이냐? … 281
05 뇌는 성장한다 – 성장형 마음가짐 … 286

# 7장

F A T H E R   E F F E C T

## 아빠가 나서라

**INTRO** 자녀의 미래를 결정하는 건 아빠다
01 중요한 건 부모, 그중에서도 아빠다 … 298
02 아빠가 함께 식사하라 … 305
03 아이들과 틈날 때마다 대화하라 … 311
04 극성 아빠는 왜 필요한가? … 318
05 과정중심의 아빠의 역할 … 326

# 8장

S E C R E T

## 대청중학교의 8가지 비밀

**INTRO** '대청중'을 다르게 만드는 비밀은?

1. 대청중학교는 공부 환경이 다르다   338
2. 대청중학생들은 학교 생활이 다르다   341
3. 대청중학생들의 학부모가 다르다   344
4. 대청중학생들은 아빠가 다르다   346
5. 대청중학생들은 집안 문화가 다르다   349
6. 대청중학생들은 공부 방식이 다르다   351
7. 대청중학생들은 시간 관리와 습관이 다르다   356
8. 학생과 부모님의 학원 선생님에 대한 개념이 다르다   359

**INTERVIEW** 대청중학교 교무부장 박미화 선생님

# 9장

W   H   Y

## 왜 과정중심으로 공부해야 하는가?

**INTRO** 정상에 오르려면 무엇이 필요한가?

1. 공부의 과정을 중심에 두면 스트레스가 적고 슬럼프가 없다 — 374
2. 과정을 중심에 두면 기초가 튼튼해진다 — 376
3. 과정을 중심에 두면 인성이 좋아진다 — 379
4. 과정을 중심에 두면 가족관계가 끈끈해진다 — 381
5. 과정을 중심에 두면 최적의 공부법을 찾게 된다 — 383
6. 과정중심 공부는 전 과목 성적 향상의 원동력 — 385
7. 과정중심으로 공부하면 성공률이 압도적이다 — 388

**INTERVIEW** 나는 사교육에 의존하지 않고 두 딸을 명문대에 보냈다

### 최상위권 도약을 위한 4가지 지침 404

1. 부모님께 – 어렵지만 꼭 지켜야 할 실행 지침
2. 학생에게 – 자기주도 전교 1등을 위한 실행 지침
3. 실전지침 – 대치동 전교 1등 교과서 필기 방법
4. 독서목록 – 대치동 전교 1등 주요 독서목록

**특별기고** : 영재학교를 해부한다 – 한성환 419

주요 참고도서와 주 442

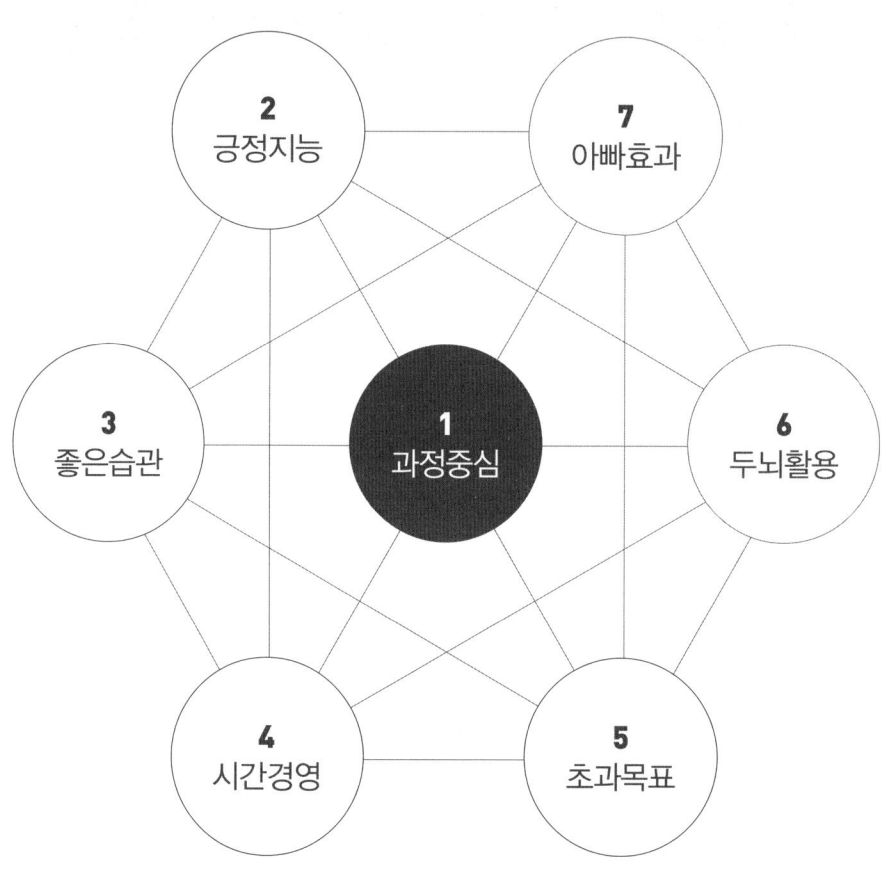

# 1장

## 과정중심으로 공부하라

"여정 자체가 도착지보다 낫다.
희망을 품고 길을 가는 여정이 목적지에 도달하는 것보다 낫다."
- 세르반테스(에스파냐의 소설가)

**INTRO** 대치동 공부벌레들을 석권한 비밀 공부법

01 전국 최강의 공부 신동들이 모이는 대치동
02 무엇보다 중요한 건 '공부근육'
03 공부하려는 '마음과 태도'가 먼저다
04 인류 최고의 '두뇌근육' 윌리엄 사이디스의 비극
05 88연승 신화 존 우든 감독의 과정중심 철학

## INTRO 대치동 공부벌레들을 석권한 비밀 공부법

평범한 학생도 전교 1등으로 바꾸는 공부의 비법이 있는가? 사교육에 의존하지 않고 전국 수석을 만드는 불변의 법칙이 존재하는가? 결론부터 말하면 공부 비법은 있다. 공부의 왕도는 존재한다.

지금 대한민국에서 공부에 올인하는 사람들이 가장 많이 모인 곳은 대치동이다. 변호사를 꿈꾸는 아이를 데리고 직접 재판 방청을 하고, 집회 현장에 나가 아이와 함께 토론하는 부모가 있다. 학생의 공부를 돕기 위해 엄마는 휴직도 한다. 아이 공부를 위해 아빠는 서둘러 퇴근하고, 공부하러 간 아이를 데리러 가거나 학원에 가서 선생님과 공부 상담도 한다. 그런데 이 대치동에서 최상위권 공부벌레 학생들이 공통적으로 실천하는 공부법이 있다. 극소수의 사람만 알고 대다수는 모르는 공부의 비밀이다.

그 공부의 왕도를 하나씩 풀어헤쳐보자.

## 01 전국 최강의 공부 신동들이 모이는 대치동

과정중심

"만족은 결과가 아니라 과정에서 온다."
– 제임스 딘(미국의 영화배우)

**중학생 학업성취도 전국 1등 강남구 대치동**

2016년에 실시한 중학교 학업성취도평가에서 강남구는 상위권을 차지했다. 이 강남구에서도 대치동은 자타공인 대한민국 교육의 핵심이다. 지금 전국에서 공부 좀 한다는 학생들은 대치동으로 모여든다. 보통 초등학교 3~6학년 때 가족 전체가 이사를 한다. 중학교 때 이사 오면 너무 늦어 적응을 제대로 못한다.

그들은 치열한 공부 환경이 조성된 대치동에서 몇 년을 잘 견디고 실력을 연마해야 하는 것을 당연하게 생각한다. 현재 한국 사회에서 중학교 실력이 모든 걸 결정한다는 사실을 알기 때문이다. 그래서 대치동으로 이사를 온다. 다른 지역에서 더 넓고 좋은 집을 구해서 살 수 있지만, 지은 지 30년도 더 된 아파트도 마다하지 않고 대치동으로 온다. 길게는 10년 가까운 세월 동안 온갖 불편을 감수하면서.

'공부 잘하는 아이들이 몰려 있어 내신에 불리하기 때문에 대치동에서 이탈하는 부모들이 많을 것이다'라는 몇몇 전망은 옛말이 된 지 오래다. 여전히 대치동은 건재하고, 각 지역의 공부 신동들과 교육에 열의가 있는 학부모들은 경제적 여건만 된다면 대치동을 선망한다.

자녀교육을 최우선 가치에 두고 사는 대치동 사람들은 다르게 살아간다. 다르게 생각하고, 다르게 움직인다.

▼ 학업성취도평가에서 높은 점수를 받은 강남구

| 구분 | 100~90% | 90~80% | 80~70% | 70~60% | 60~0% | 계 | 평균 (%) |
|---|---|---|---|---|---|---|---|
| 강남구 | 13 | 11 | | | | 24 | 90.2 |
| 서초구 | 10 | 3 | 2 | | | 15 | 89.4 |
| 송파구 | 4 | 15 | 6 | 1 | 1 | 27 | 82.4 |
| 노원구 | 2 | 16 | 6 | 2 | | 26 | 81.7 |
| 마포구 | 1 | 6 | 8 | | | 15 | 79.6 |
| 광진구 | 3 | 1 | 5 | 3 | | 12 | 78.9 |
| 서대문구 | 1 | 5 | 8 | | | 14 | 78.3 |
| 양천구 | 6 | 4 | 2 | 5 | 2 | 19 | 78.2 |
| 영등포구 | | 7 | 1 | 2 | 1 | 11 | 77.7 |
| 성북구 | | 8 | 4 | 5 | 1 | 18 | 76.4 |
| 강북구 | 1 | 1 | 6 | 5 | | 13 | 72.8 |
| 구로구 | | 3 | 2 | 7 | 1 | 13 | 71.9 |
| 금천구 | | 1 | 2 | 5 | 1 | 9 | 67.6 |

출처 : 2016년 국가학업성취도평가 결과

## 다르게 살아가는 대치동의 특별한 공부법

대치동으로 이사하는 사람들은 교육을 무엇보다 중요하게 생각한다. 그리고 그들은 대치동에서 온 가족이 하나가 되어 공부에 올인한다. 대치동에 사는 고등학생 김종욱 군은 발명을 좋아한다. 김 군이 학교 과학탐구 과제로 너무 뜨거우면 열리지 않는 보온병을 발명하려고 하자, 부모님은 집에 있는 전기 밥솥을 분해해 부품을 제공해주었다. 또한 그 부품의 원리를 제대로 알기 위해 서울대학교 물리학과 교수와 연락을 주선해 설명까지 듣게 했다. 이 정도는 기본이다.

그런데, 그 대치동에서 가장 열심히 공부하는 최상위권 학생들이 공통적으로 따르는 공부법이 있다. 학생들만이 아니다. 최상위권 학생의 부모님들도 마음으로 따르는 공부 방법이다. 그게 무엇일까?

'과정중심 공부법!'

과정중심 공부의 원리를 아는 대치동 사람들은 온 가족이 강한 믿음으로 실천한다. 다른 곳에 사는 사람들은 이런 공부법이 있는지조차 모른다. 그러나 시간을 거슬러 따져보면 대치동 최상위권 학생들만 이렇게 공부한 것은 아니었다. 그동안 사교육에 의존하지 않고 전국 수석을 차지한 사람들이 해왔던 공부법이다.

과정중심 공부법이란 대체 무엇인가?

**'중학교 학군'을 따라 이사하는 사람들**

대도초등학교 2017년 현황
6학년 11학급 391명
5학년 9학급 345명
4학년 8학급 342명
3학년 9학급 378명
2학년 7학급 274명
1학년 8학급 275명

고등학교가 특목고, 자사고, 일반고로 나뉘면서 이전의 고교 학군 쏠림 현상은 줄었다. 특목고와 자사고는 학군과 관계없이 모집하기 때문이다. 이런 상황에서 진정한 학군은 '중학교 학군'이 되었다. 좋은 학군과 최고의 사교육 인프라를 자랑하는 대치동은 초등학생 전학이 쇄도한다.

대치동 대도초등학교의 1학년은 275명인데, 6학년이 391명이나 된다. 초등학교 이전에도 대치동으로 오겠지만 중간에 전학 오는 학생이 30퍼센트나 된다. 대치동에 있는 대곡초교, 대현초교, 대치초교 등도 상황은 비슷하다. 대치동의 좋은 중학교에 들어가려는 전학생으로 대치동의 초등학교의 학생 수는 역피라미드 분포를 이룬다.

### '시험 결과'가 아니라 '인생 전체'를 본다

모든 시험은 성적이나 합격 여부로 평가된다. 대부분의 학생과 부모들은 '결과'만을 중시한다. 그러나 '과정'을 중심에 두면 시험 결과에 목을 맬 필요가 없다. '공부하는 과정'을 중심에 두면 '인생 전체'를 보게 된다. 공부는 삶의 한 부분이고, 인생을 준비하는 과정이다.

중앙일보에서 전교 1등의 책상을 조사하면서 용인 외대부고 전교 1등 김동환 군을 소개한 적이 있다. 김 군은 단순히 성적을 올리기 위한 공부를 하는 것이 아니라 과정 자체를 즐기면서 공부했다. 시험과 관련이 없어도 관심이 생기면 매일 밤 1시간씩 영문 원서까지 읽어서 호기심을 풀었다. 공부 방법 역시 마찬가지였다. '시험 성적만 올리려 하기보다 교과서 내용을 완전히 파악'하려고 노력했다.[1] 이 책에 나오는 최상위권 과정중심 학생들의 공통점이다.

무하마드 알리는 '나비처럼 날아 벌처럼 쏜다'는 유명한 말을 남긴 전설적인 복서다. 은퇴할 때 그의 전적은 56승 5패였다. 그는 회고록에서 말한다. "챔피언이란 마음 깊은 곳에 있는 것으로부터 만들어지는 것이다. 갈망, 꿈, 비전이 그것이다."[2] 때문에 진짜 승부는 링에 오르기 전에 결정된다. 연습에서 얼마나 땀을 흘렸는지, 몸 상태는 최고로 유지하고 있는지, 반드시 이기겠다는 투지를 가지고 있는지가 승부를 판가름한다. 공부도 마찬가지다. 진정한 공부의 승자는 결과로 자신의 가치를 정하지 않는다.

'최고의 노력을 다 쏟아부었는가?'

성적 같은 결과는 공부 과정의 부산물일 뿐이다. 과정중심에서 중요한 건 결과를 잘 받기 위한 기술이 아니다. 진정으로 공부하려는 마음가짐과 자세, 태도다.

# 02 무엇보다 중요한 건 '공부근육'

과정중심

> "로마는 하루 아침에 만들어지지 않았다."
> – 12세기 프랑스 속담

### '공부근육'을 형성하는 과정이 필요하다

운동선수가 운동을 잘 하려면 몸에 근육이 형성되는 과정이 있어야 한다. 달리기를 잘하기 위해서는 다리의 근육이 생겨야 한다. 활쏘기를 잘하려면 활을 제대로 잡고 쏠 수 있는 팔 근육부터 길러야 한다. 축구에서도 상하체 근육은 물론 기본 체력이 뒷받침되지 않으면 결코 훌륭한 선수가 될 수 없다.

공부도 마찬가지다. 공부를 잘 하려면 '공부하기 위한 근육'이 반드시 필요하다. 그러나 많은 사람들이 너무나 당연한 사실을 간과한다. 공부를 잘하기 위해서는 좋은 머리만 있으면 된다고 생각한다. 자식이 공부를 잘한다고 자랑할 때 옆에서 오랜 기간 자식의 '공부근육'이 만들어지도록 신경 쓴 자신의 노력은 쏙 빼버린다. 머리 좋다는 이야기만 한다. 어떤 사람들은 돈이면 다 되는 줄 안다. 뛰어난 실력을 가진 족집게 선생을 모셔다 가르치면 저절로 공부 잘하게 되는 줄 안다. 사실 좋은 머리는 공부에 오히려 방해될 때가 많다. 돈으로 할 수 있는 공부는 한계가 분명하다.

**아무리 영재라도 노력 없이는 뒤처진다**

한국인 엄마와 독일인 아빠를 둔 클라우디아 사이델(한국이름 나래) 양은 2017년 가을 16세에 UCLA대학원에 입학했다. 사이델 양은 생후 9개월에 정확한 문장으로 말을 하고, 3세 때 책을 줄줄 읽었다. 8세에 IQ검사를 하고 멘사에 등록된 영재다. 영재 프로그램을 운영하는 초등학교에 다녔지만 획일화된 생활에 적응을 못하고 홈스쿨링을 했다. 그래도 공부를 잘해 11살에 고교 과정은 건너뛰고 대학교 과정을 공부했다. 그러면 그녀에겐 무언가 특별한 공부 비법이 있을 것 같다. 하지만 사이델 양의 공부법은 단순하고 평범하다.

'누구보다 열심히 한다!'

사이델 양은 한 인터뷰에서 "물리 과목을 싫어한다. 그래서 공부하는 데 시간을 더 투자한다."면서 "머리가 좋든 좋지 않든 공부는 열심히 노력하는 만큼 결과를 얻는 것 같다."고 말했다. 사이델 양의 어머니는 "아무리 영재라도 노력 안 하면 소용없다는 걸 가르치려고 지금도 아이큐는 알려주지 않고 있다."고 밝혔다.[3]
원하는 최고의 결과를 얻으려면 스스로 공부 자체를 통해 성취감을 느낄 수 있어야 한다. 공부를 하는 과정 자체가 행복해야 삶의 가치를 찾게 되고 잠재력도 발휘한다.

운동하는 사람에겐 '운동근육'이 필요하듯, 공부하는 사람에겐 '공부근육'이 필수적이다. '공부근육'은 '두뇌근육'과 '행동근육'으로 이루어진다. '두뇌근육'은 두뇌 활동과 함께 심리적인 마음가짐과 열망으로 구성된다. '행동근육'은 습관이고 태도다. 어떤 운동이든 기초를 잘 다져야 탄탄한 실력이 쌓인다. 공부도 처음부터 '공부근육'을 잘 만들어야 한다. 공부근육이 깊고 튼튼하게 뿌리를 내려야 한다. 하지만 공부근육이 뿌리를 내리는 과정은 매우 더디고 힘들다.

**공부근육은 눈에 보이지 않는다**

공부근육은 뇌에 저장되는 기억과 같은 신경망의 회로나 몸에 배는 습관처럼 무형의 것이다. 눈에 보이지 않기 때문에 끊임없이 관리해야 한다. 사용하지 않으면 모래성처럼 사라진다. 공부근육이 한순간에 사라져도 당장은 알아채지 못한다. 그래서 심각하다. 어릴 적 영재로 보이던 아이가 10세 전후로 평범해지는 건 이 때문이다. 대부분의 부모는 왜 그렇게 되었는지 영문도 모른다.

어린 시절 천재로 빛나다가 한순간에 몰락하는 사람들을 종종 볼 수 있다. 대부분 조기교육으로 만들어진 두뇌근육이 어느 순간 급격하게 약해지기 때문이다. 어릴수록 두뇌근육을 만들기가 쉽다. 뇌를 가장 잘 발달시킬 수 있는 최적의 시기는 0~3세까지고, 그 다음은 4~10세까지다. 행동근육도 마찬가지다. 나이가 어릴수록 공부근육은 쉽게 만들어진다. 어릴 때는 뇌 가소성이 풍부하기 때문이다. 이 시기에 공부근육이 튼튼하게 자란다면 더할 나위 없이 좋다.

하지만 어린 시절 공부근육을 만들지 못했다고 해도 너무 후회하지 않아도 된다. 뇌 가소성은 시간제한이 없고, 몸은 언제든 좋은 습관을 받아들일 준비를 하고 있다. 다만 일찍 시작할수록, 어린 나이에 공부근육이 만들어질수록 좋은 건 분명한 사실이다.

세 살 버릇은 여든까지 간다. 좋은 것이든, 나쁜 것이든. 그러나 가장 중요한 것은 한번 만들어진 공부근육을 얼마나 오래도록 효율적으로 지속시키느냐의 문제다.

## 03 공부하려는 '마음과 태도'가 먼저다
과정중심

> "아무것도 변하지 않을지라도
> 나 스스로가 변하는 순간 우주가 변한다."
> - 오노레 드 발자크(프랑스의 작가)

### 공부보다 앞서야 하는 건 도덕적 품성

이제는 품성이 갖추어져 있지 않으면 제대로 성공할 수 없는 시대다. 어느 분야에서든 도덕적 삶에서 실패하면, 평생 쌓아온 경력과 신망까지 날아갈 수 있다. 모나 살린은 스웨덴 총리 지명 1순위 여성 정치인이었다. 고졸 학력이지만 최연소 국회의원으로 정계에 입문해 노동부, 평등부 등의 최연소 장관을 거치며 부총리에 올랐다. 그런데, 한 석간신문에 '모나 살린이 법인 카드를 개인적 목적으로 사용했다. 비록 후에 변제했지만 공직자 공금유용금지법에 저촉된다.'는 내용의 짧은 기사가 실렸다. 그녀가 쓴 돈은 소액에 불과했다. 게다가 얼마 후에 자신의 급여로 다 변제했다. 그러나 그녀를 믿고 응원하던 스웨덴 사람들의 마음까지 변제할 수는 없었다. 촉망받던 여성 정치가의 정치 인생이 막을 내렸다. 이런 일은 지금도 전 세계에서 수도 없이 일어난다. 공부근육을 만드는 과정에서도 품성교육은 매우 중요하다.

### 공부근육은 품성교육을 통해 만들어진다

똑같이 의사의 꿈을 꾸는 두 학생이 있다. A학생은 돈 잘 버는 안정적인 직업을 위해 의사가 되려고 한다. B학생은 불치병으로 고통받는 인류를 구제하는 슈바이처 같은 의사를 꿈꾼다. 물론 나이가 들고 세상물정을 알아가면서 어린 시절의 꿈은 퇴색하기 마련이다. 하지만 A학생과 B학생 가운데 어느 학생이 공부하다 난관에 부딪치거나 고통이 찾아올 때 더 잘 극복하겠는가? 당연히 B학생이다. 어른도 마찬가지다. 민주화운동 하다가 끌려온 사람과, 도둑질하다 잡힌 사람 가운데서 누가 감옥 속에서 고통을 더 잘 참아내겠는가?

도덕적인 품성을 갖추고, 공부를 통해 무엇인가를 이루겠다는 꿈을 가진 상태에서 공부하는 학생들은 힘든 공부의 과정을 더 잘 견뎌낸다. 그런 학생은 자발적인 공부도 가능하다. 동기부여의 수준이 높기 때문이다.

### 공부의 왕도는 내면적 차원에 존재한다

과정을 중심에 두는 공부는 무엇보다 자세와 태도를 중시한다. 정답을 가려낼 줄 아는 공부 기술에 앞서서 진짜 공부하려고 하는 마음가짐이나 품성을 키우고 발전시킨다. 공부의 기본은 태도와 습관이다. 공부하는 방법이나 기술은 학생마다 다르지만, 공부하는 학생의 마음가짐은 모두 비슷하다. 공부의 왕도는 외면적이거나 기술적인 것이 아니다. 내면적이고 심리적인 차원에 존재한다.

과정을 중심에 둔 학생은 최선을 다하는 삶의 자세를 가지고 있다. **학생이 최선을 다해야 할 분야는 공부다. 공부 '기술'보다 앞서는 건 공부 '태도'이고, '마음가짐과 품성'이다. 최선을 다하는 삶, 그리고 스스로에게 당당한 최고의 삶이 중요하다.** 학교 생활 역시 마찬가지다. 학교 선생님에게 학생으로서 예의를 다하고, 학교에서 배우는 내용에 충실해야 한다.

학교 공부를 충실히 하는 방법은 간단하다. 학교 수업을 열심히 듣고 예습과 복습을 철저히 하면 된다. 예습은 공부의 재미와 자신감을 준다. 복습은 선생님에게 배운 것과 교과서를 완벽하게 알고 이해하는 과정이다.

### 공부의 재미는 공부근육 형성의 증거

2014년 수능 자연계열 표준점수 1위 김연경 양은 이렇게 말했다. "제일 좋아하면서도 자신 있는 과목이 '수학'이었다. 스트레스 받는 일이 있거나 짜증나는 일이 있으면 수학 문제를 풀었다. 무아지경으로 풀다 보면 잡생각이 달아난다." **전교 1등이었던 그녀의 공부 비법은 '과정을 즐기면서 재미와 열정으로 예습과 복습을 철저히 한 것'이다. 그녀는 수업시간에 승부를 보라고 한다.** "내 머리가 스펀지와 같다고 생각하고 선생님의 말씀을 모두 흡수하려고 노력을 많이 했다. 예습을 한 뒤 수업을 들으면 이해하는 데 있어 속도 차이가 확연하다. 그리고 그날 수업은 그날 복습하는 것이 목표였다."[4]

　예습-학교 수업-복습은 학생이 공부근육을 튼튼하게 만들어가는 가장 단순하면서도 훌륭한 방법이다. 이 과정을 성실히 반복하면 누구나 공부 잘하는 학생이 된다. 이때 부모는 인내심을 갖고 아이를 지켜봐야 한다. 습관으로 몸에 인이 박일 때까지 세심하게 신경 쓰고 도와줘야 한다. 학생의 마음가짐은 그와 가장 가까이 있는 사람들의 마음가짐과 직결되기 때문이다.

### 열망해야 어딘가에 닿고 무언가를 얻는다

　한 세대 전까지는 현재의 어려움(가난)에서 반드시 탈출하겠다는 각오와 열망인 '헝그리 정신'이 가장 강력한 공부의 동기였다. 부모님들 역시 힘든 경제적 여건에서도 자식에 대한 뜨거운 교육열을 가지고 있었다. 교육에 대한 열정은 한국 경제발전의 원동력으로도 작용했다. 당시 집안의 기대주들은 가족 전체의 대표선수로 공부했다. 힘들게 돈 벌어 집안을 꾸려가는 부모님을 가난에서 해방시키려는 마음을 가지고 공부했다.

　그러나 이제는 세상이 변했고 사람도 바뀌었다. 부모가 최선을 다하는 모습을 보이지 않는데, 자식만 공부에 열중하는 경우는 없다. 예전에는 부모와 상관없이 학생 자신의 '헝그리 정신'만으로도 공부에 마음과 뜻을 두는 경우가 종종 있었다. 그러나 지금은 가난해도 헝그리 정신은 없다. '즐기라'고만 하지 '최선을 다하라'고 말해주지 않는 사회가 되었기 때문이다. 그래서 지금 학생들에게 더욱 필요한 건 공부하고자 하는 '동기'와 '열망'이다. 그 '동기'와 '열망'은 하늘에서 떨어지지도, 땅에서 솟아나지도 않는다. 부모와의 관계 속에서 끊임없이 함께 만들어가야 한다.

### 과정중심 마음가짐은 과정중심 가족관계에서 나온다

'헝그리 정신'이 없는 학생이 '진짜 공부'를 하려는 마음은 가족과의 관계 속에서 만들어진다. 열망하지 않으면 최고가 될 수 없고, 습관이 없이 최선을 다한다는 건 불가능하다. 어릴 적 열망과 습관은 부모가 만들어줘야 한다.

과정중심 공부는 학생만이 아니라 부모에게 더 많은 인내와 노력을 요구한다. 때론 매우 고통스럽게 느껴진다. 하지만 과정중심 공부가 진행될수록 가족관계는 아름답고 끈끈해진다. 갈수록 강력해진다. 가족 간에 화목한 연대의 힘이 작용한다. 공부로 묶인 관계 속에서 행복한 가족으로 탈바꿈한다. 공부의 과정에 참여한 모든 사람의 인성에 새로운 자극과 변화가 생겨난다. 과정중심의 마법이다.

### 태도와 품성을 바꾸면 전교 꼴찌도 수능 1등급 된다

고등학교 전교 꼴찌 학생이 있었다. 성적만이 문제가 아니라 수시로 사고를 치던 학생이었다. 오토바이를 훔쳐 타고 다니다 걸려서 검찰에 송치된 적도 있었다. 학생의 아버지는 어느 기업의 회장이고 어머니는 학교 선생님이었다. 학생의 어머니가 과정중심의 학원에 찾아와 데리고만 있어달라고 부탁을 했다. 선생님은 사정사정하는 어머니 앞에서 도저히 거절할 수 없었다.

그래서 학생이랑 세 가지 약속을 했다. 첫째, 학교에 지각하지 않기. 둘째, 학교 숙제 반드시 하기. 셋째, 매일 선생님에게 와서 확인하기.

이 세 가지 사항을 한 번이라도 어기면 학원에서 자르기로 했다. 학생은 1년을 꼬박 약속을 지켰다. 결국 그 해 수능시험에서 전 과목 2등급으로 올라섰다. 다음 해 재수를 해서 전 과목 1등급이 되어 자신이 원하던 학교로 진학했다.

### 교육을 품성으로 접근하면 학생이 바뀐다

학원에서 학생에게 직접 가르친 건 없었다. 다만 생활 태도와 품성을 바꿔주었다. 긴 시간 동안 꾸준하고 확실한 애정을 갖고 대해주니 학생의 습관이 달라지고, 태도가 변했다. 결국 공부하려는 마음이 생긴 것이다. 학원 선생님도 이렇게 바꿀 수 있는데, 부모가 시간과 애정을 갖고 학생을 변화시키고자 진심을 다한다면 왜 안 되겠는가?

**마음을 비우고 과정중심으로 접근하면 반드시 해법이 생긴다.** 성적보다 중요한 건 인성이다. 능력이 부족해서 공부를 못할 수는 있어도 인성을 기르면 바르게 살아나갈 힘을 얻는다.

## 04 인류 최고의 '두뇌근육' 윌리엄 사이디스의 비극

과정중심

> "천재는 1%의 영감과 99%의 땀이다."
> – 토마스 에디슨(미국의 발명가)

### 60억분의 1의 확률, IQ 250

인류 역사상 최고의 IQ를 가진 사람은 누구일까? 아인슈타인? 레오나르도 다빈치? 아이작 뉴턴? 스티븐 호킹?

현재까지 공식적으로 확인된 사람은 윌리엄 제임스 사이디스다. 그의 IQ는 250이 넘었다. 60억분의 1의 확률로, 세계 최고의 천재였다. 그의 아버지 보리스 사이디스는 러시아에서 이주한 유대인이었다. 몇 개 국어에 능통한 수재이며 하버드대학교를 2년 만에 졸업한 심리학 박사였다. 어머니도 의대 교수였다. 보리스는 아들의 이름을 미국 심리학의 개척자이자 자신의 동료였던 윌리엄 제임스에게서 따왔다. 윌리엄의 부모는 아들의 교육을 위해 자신들이 아는 모든 방법을 동원했다. 엄마는 교수도 관두고 아예 교육에 전념했다.

윌리엄은 생후 6개월 만에 말을 배웠다. 18개월 때 〈뉴욕타임스〉를 읽었다. 3세 때 장난감 회사에 주문을 요청하는 편지를 혼자 타이핑했다. 4세 무렵 아버지 생일에는 라틴어로 된 책을 낭송했고, 해부학에 관한 논문을 집필했다. 5세 때는 복잡한 열차 시간을 모두 기억해냈고, 역사상 어떤 날짜의 요일도 모두 계산해 알아맞혔다. 6세 때, 영어는 물론 러시아어, 프랑스어, 독일어, 히브리어, 터키어, 아르메니아어를 깨치고 대학 수준 수학 시험에 합격점을 받았다. 스펀지가 물을 빨아들이듯 세상의 모든 지식을 흡수했다. 7세 때 하버드대학 해부학 시험에 합격했다. 8세 때 MIT 입학 시험에 합격했고, 하버드대학에 원서를 냈지만 입학은 거부당했다. 실력이 모자라서가 아니었다. 단지 나이가 너무 어리다는 이유였다. 그러나 이 천재를 위해 하버드는 특별학생 자격을 부여했다. 결국 11세 때 하버드대학에 입학했다.

### 20세기 최고의 위대한 수학자 탄생?

윌리엄은 역대 최연소 입학생이었다. 12세 때, 하버드대학교 수학클럽에서 100여 명의 교수를 앞에 두고 4차원 입방체 기하학에 관한 강연을 했다. 그때 MIT의 한 교수는 그에게 "20세기 최고의 위대한 수학자가 될 것"이라고 극찬했다. 〈뉴욕타임스〉는 "과학적 교육의 놀라운 결과"라며 천재의 탄생을 축하했다.

인류사 최고의 천재는 그 후 어떻게 되었을까?

불행하게도 윌리엄 사이디스의 삶은 비극의 연속이었다. 대학에서는 10년의 나이 차이가 있는 학생들과 제대로 어울리지 못했다. 대학원에서는 질시와 왕따 때문에 신경쇠약과 대인기피증을 앓았다. 젊은 혈기로 한때 사회주의자들과 반전운동에 참여했다가 구속되기도 했다. 석방된 뒤에는 정신병원에 가두겠다고 협박하는 부모와 의절했다. 그 후 아버지의 장례식에도 참석하지 않았고, 유산마저 거부했다. 그는 사람들의 관심에서 벗어나 그저 보통 사람으로 조용히 살고자 했다. 하지만 언론은 그를 가만두지 않았다. 〈뉴욕헤럴드〉가 숨어 지내던 그를 집요하게 찾아내 다시 세상에 드러냈다.

"역사상 가장 위대한 천재는 지금 주급 23달러를 받고 금고지기를 하고 있다!"

## 세기의 천재가 인생의 쓸쓸한 결말을 맞은 이유

40여 개 언어를 할 줄 알았던 윌리엄 사이디스는 다양한 논문과 책을 발표했다. 새로운 형태의 달력을 만들어 특허를 출원하기도 했다. 그러나 천재의 업적이라기엔 미미했고, 여러 가지 가명을 쓴 데다 어디에서도 특별하게 인정받지 못했다. 인류 최고의 천재는 죽을 때까지 현실의 삶에 뿌리를 내리지 못했다. 외롭고 불우한 인생을 살다가, 결국 46세에 뇌출혈로 홀로 사망했다. 그제야 의절했던 아버지 무덤 옆에 묻혔다.

'천재의 탄생'이라고 경의를 표하던 〈뉴욕타임스〉는 그의 죽음 앞에서 이렇게 결론을 내렸다.

"과학적인 강제 교육의 멋지고 아름다운 승리다."

윌리엄 사이디스는 인류 최고의 두뇌근육을 갖고 있었다. 그런데, 왜 비극적인 삶을 살았을까? 이유는 두 가지다.

첫째, 그의 '두뇌근육'은 인류 역사상 최고로 발달했지만, '행동근육'은 어린 아이 수준에 머물러 있었다. 천재적 지능지수를 가져 '두뇌근육'은 그 누구보다 뛰어났다. 그러나 습관과 태도를 통해 오랜 시간에 걸쳐 만들어지는 행동근육은 튼튼하게 자라나지 못했다. 노벨상 수상자들의 평균적인 IQ는 '천재'로 불리는 수준이 아니다. 오히려 노벨상을 수상하기 위해서는 꾸준하고 오랜 연구가 필요한데, 이는 그만큼 '행동근육'이 더 중요하다는 사실을 알려준다.

둘째, 그의 부모는 결과를 중시하고 과정을 중심에 두지 않았다. 공부는 삶의 과정 속의 한 부분이라는 사실을 간과했다. 사랑하는 자식을 빨리 최고의 자리에 안착시키고 싶은 마음이 오히려 그의 앞길을 가로막았다. 어린 시절에는 친구도 사귀며 사회성을 배우고, 인성을 형성하고, 역경을 헤쳐나가면서 '삶의 과정'을 반드시 밟아나가야 한다는 진실을 깨닫지 못한 것이다.

**지능보다 인성과 사회성을 길러라**

2017년 서울대 경영학과에 입학한 고병욱 군은 대원외고 재학시절 학교에 가면 가장 먼저 한 일이 청소였다. 가장 먼저 등교해 청소를 하고 있으면 나중에 온 친구들이 하나둘 함께 도왔다. 그는 리더의 자격으로 '솔선수범과 상부상조'를 들었다. 어머니가 직장생활에 바쁘셨기 때문에 어린 시절 외할머니의 보살핌을 받았던 고 군은 그때 집중적으로 인성을 키웠다.

"다른 사람을 배려하는 마음은 모두 할머니에게서 배웠다. 할머니가 아니었으면 나만 아는 이기적인 사람으로 컸을지도 모른다."[5]

'조금이라도 더 높은 점수'만 받으려는 학생과 '세상을 좀 더 살기 좋은 곳'으로 바꾸고 싶어서 공부하는 학생이 있다. 똑같은 공부를 해도 누가 현실을 깊게 보고 나중에 더 멀리 가겠는가?

'지능'보다 중요한 건 '인성'과 '사회성'이다.

## 인성이 좋아야 성공한다 – '성취'보다 '성숙'의 대화를 하라!

보통 가정에서는 아이들에게 '성취'를 강조하고 있다. 세계일보와 서울대 연구팀이 서울지역 6개 초·중·고등학생 976명을 대상으로 설문조사를 진행했다. 가정 내에서 보호자가 강조하는 이야기와 관련된 문항이었다. 대화는 성숙지향형, 성취지향형으로 분류된다.

| 성숙지향형 대화 | 성취지향형 대화 |
| --- | --- |
| 이웃과 사회에 도움되기 | 공부, 성적, 입시 관련 내용 |
| 사회적 약자에 대한 배려 | 사회에서 인정받는 직업 |
| 사람 됨됨이의 중요성 | 공부 잘하기 |
| 이웃과 더불어 사는 삶 | 남보다 앞서기 |

조사에서는 성취지향형 대화를 나누는 가정이 59퍼센트로 절반이 넘게 많았다. 성취지향형 대화가 많은 학생은 시민성이 떨어졌다. 예컨대 교칙 준수, 다수결 원칙 존중, 절차 중시 등에서 시민성 수준이 낮은 것으로 분석되었다.[6] 많은 가정에서 성숙보다 성취를 강조하는 대화를 나누면서 학생들의 시민성을 떨어뜨리고 있다. 그러나 실은 성취, 즉 성공에는 '인성'이 중요하다. 노벨상 수상자이자 경제학자인 제임스 헥먼은 한 논문에서 '양심과 성실성, 인내심, 자제력 등이 성공을 불러온다'고 발표했다. 연구진은 수천 명의 IQ, 성적, 성격, 소득, 범죄기록, 건강상태, 심리적 만족감 등을 연구했다. 헥먼의 연구에 따르면 많은 사람들이 성공의 지표라고 믿고 있는 IQ마저도 1~2퍼센트의 영향만을 미쳤다. 오히려 성공에는 인성이 더 많은 영향을 끼치고 있었다.[7]

## 05 88연승 신화 존 우든 감독의 과정중심 철학

과정중심

> "성공은 마음의 평화이며
> 마음의 평화란 도달할 수 있는 최상이 되기 위해
> 최선을 다했음을 아는 데에서 오는 자기 만족이다."
> – 존 우든(미국의 농구감독)

### 905승 205패, 경이적인 승률의 농구 지도자

전설적인 농구선수 마이클 조던보다 더 전설적인 농구감독이 있다. 그 사람의 이름은 바로 존 우든이다. 존 우든은 감독 생활 41년 동안 905승 205패, 승률 81.5퍼센트라는 경이적인 대기록을 세웠다. 미국 대학챔피언십에서 10회 우승, 7년 연속 우승을 했고, 88연승을 했다.

그는 대학교에서 영문학을 전공하고 시를 부전공했다. 학생 시절 미국 농구 국가대표였고, 대학챔피언십 우승팀에서 뛴 적도 있다. 하지만 그는 위대한 농구선수라 불리기엔 경력이 모자랐다. 원래 감독을 꿈꾸었던 것도 아니었기 때문에 처음부터 지도자 수업을 체계적으로 밟은 것도 아니었다.

그는 대학을 졸업한 뒤 영문학 교수가 되길 원했다. 실제로 졸업한 대학에서 연구원 자리를 제의받았다. 하지만 이른 나이에 결혼을 했기 때문에 그에겐 좀 더 높은 연봉이 필요했다. 마침 고등학교 영어 교사

겸 운동부 감독 자리도 들어왔다. 갈림길이었다. 결국 교수를 꿈꾸던 그는 연봉이 더 높은 곳을 첫 직장으로 택했다. 운명은 그를 지도자의 길로 이끌었다.

### '세상의 모든 기회'는 크다

존 우든은 자신이 선택한 직업에서 최선을 다했다. 모든 힘을 쏟아붓고 최고의 역량을 발휘했다. 시간이 흘러, 그는 미국 농구 역사의 위대한 전설이 되었다. 미국 스포츠채널 ESPN에서는 그를 '금세기의 감독'이라고 칭했다.

존 우든 감독의 철학은 한마디로 '과정중심'이다. 그에게 최고의 성공은 능력을 최대한 발휘해서 얻은 만족감과 그로 인해 얻은 마음의 평화다. 그는 감독으로서 매 경기에 임하는 선수들에게 항상 이렇게 강조했다.

"경기가 끝났을 때 머리를 높이 들고 이 자리에 돌아올 수 있도록 해라. 그러기 위해선 한 가지 방법밖에 없다. 코트에서 최선을 다해라. 너희가 가지고 있는 모든 것을 다 쏟아부어라."[8]

존 우든 감독은 상대와 경쟁하지 않고 자신과 경쟁하도록 선수들을 지도했다. 상대 팀 전술이나 실력을 신경 쓰지 않았다. 그의 신념은 "승리를 위해 중요한 건 오직 최선을 다하는 것이다."였다. 그는 선수들에게 가르쳤다.

"경쟁자를 신경 쓰지 말고, 오히려 경쟁자가 밤잠을 설칠 정도로 노력하라!"

존 우든은 품성과 태도를 중시했다. 그는 선수를 선발할 때도 그 어떤 능력보다도 인성을 가장 우선시했다. 매 순간을 소중히 여기고, 최선을 다할 것을 강조했다. "모든 기회는 크다. 만약 너에게 코트에서 뛸 시간이 2분만 주어졌다면 2분 동안 네가 할 수 있는 최고의 플레이를 펼쳐라."[9]

### 성공이란 결과가 아니라 여정 그 자체

그는 선수들에게 용기와 자신감을 가지라고 주문했다. 최선을 다했다면 그것으로 그만이다. 마음의 평정을 잃지 말아야 한다. 그래야 다음에 또 도전한다. 하지만 믿음과 용기가 없다면 어떤 경쟁에서든 지게 된다. 존 우든에게 성공은 득점이나 순위가 아니었다. 자신이 할 수 있는 만큼 최선을 다하는 것이었다. 그에게 성공이란 결국, 결과가 아니라 여정 그 자체다.

'어떻게 경기에 임하고, 어떻게 경쟁을 계획하고, 어떻게 준비하고 연습하고 실행하는가?'

이 과정 안에 모든 것이 다 담겨있다. 그에게 가장 큰 만족감을 주는 건 승리의 결과물이 아니다. 노력을 쏟아부으며 준비하는 과정 그 자체이다. 할 수 있는 모든 노력을 다 기울였다면 결과가 어떻게 나오든 패자가 아니다. 그러나 최선을 다하지 못했다면 승자가 될 수 없다.

존 우든이 말한다. '진정한 성공은 어떠한 상황에서도 자신의 능력과 기술과 잠재력을 극대화시키기 위해 온갖 노력을 다하는 것'이다.

"다른 사람들이 당신보다 더 많은 재능을 가지고 있을 수 있으며, 당신보다 덩치가 더 크고 빠르며, 순발력이 뛰어나고 더 높이 점프할 수 있을지 모른다. 하지만 팀 정신과 충성심, 열정, 협동심, 의지력, 성실성, 승부근성, 인격 면에서는 어느 누구도 당신을 능가하게 해서는 안 된다. 방금 말한 그러한 자질들을 개발하고 유지하기 위해 노력하라. 그러면 성공은 저절로 따라온다."[10]

공부도 마찬가지다. 결과보다 중요한 건 과정이다. 소중한 것은 결과를 만들어가기 위해 최고의 모든 노력을 다해 준비하고 실현해가는 과정 그 자체다. 과정중심의 철학을 마음으로 받아들이면 시험과 인생에서 승리자가 될 확률은 압도적으로 높아진다.

2016학년도 수능시험에서 서장원 군은 만점을 받았다. 당시 청주 세광고등학교 3학년이었다. 수석을 한 뒤 그가 라디오 방송에 출연했다. 사회자가 "예습, 복습 충실히 한 거 말고 진짜로 어떻게 공부했어요?"라고 물었다. 그때 그는 '예습, 복습 철저히 하고 학교 수업에 충실한 건 맞는 말'이라고 웃으며 대답했다. 그리고 이렇게 덧붙였다.

"제일 중요했던 것은 미련이 남지 않을 만큼 열심히 공부했다는 사실 같습니다."[11]

### 과정중심 공부 Q & A

**Q 전교 하위권 학생이 사교육 없이 중위권으로 올라가는 방법은 무엇일까?**
**A** 먼저 왜 하위권인지를 살펴봐야 한다. 중2~3학년이나 고등학생은 친구와 어울리거나 게임에 중독되어서 그럴 수도 있다. 하지만 초등학생이나 중학교 1학년 학생이 전교 하위권이라면 부모님이나 집안의 환경이 주원인이다. 이유는 대부분 다음과 같다.

1) 부모가 아예 아이의 공부에는 관심이 없는 경우
2) 아이의 적성이나 능력은 상관없이 기대치를 정해놓고 몰아붙이는 경우
3) 과정을 함께하기보다는 목표 달성만을 강요하는 경우

부모가 공부에 대한 의지가 있고, 자식이 잘되기를 바란다면 공부 분위기를 조성해주어야 한다. 아빠는 날마다 술 마시고, 엄마는 늘 TV나 스마트폰을 들여다보고 있으면서 자녀가 공부 잘하길 기대해서는 안 된다. 자식이 열심히 공부하기를 원한다면 먼저 부모부터 바뀌어야 한다. 아이가 늦게까지 공부를 하는데 부모가 자고 있어서는 안 된다. 아이가 조금이라도 더 공부하길 원한다면, 같이 공부하지 않더라도 책을 보든 자신의 일을 하든 그 시간만큼 곁에 있어주어야 한다.

무엇보다 부모가 저녁 시간 이후를 함께해야 한다. 아빠가 너무 바쁘면 엄마만, 엄마가 너무 바쁘면 아빠만 해도 된다. 같이 책을 읽으면 좋다. 책 읽는 습관은 자연스럽게 공부 습관으로 연결된다. '책을 보고 있는 부모'는 아이에

게 상당한 압력이자 본보기가 된다. 아빠, 엄마가 책을 보고 있는데 아이가 혼자 게임을 하거나 TV를 보고 있을 수만은 없다. **공부는 습관이고 환경이다. 그 습관과 환경을 만드는 건 부모고 집안 문화다.**

**Q 그럼 사교육 없이 중위권에서 상위권으로 올라가려면?**
A 상위권으로 올라가려면 반드시 필요한 것이 '자기주도적 공부 습관'이다. 공부를 잘하려면 생활이 단순해야 한다. 놀 때 놀더라도 매일 반드시 일정한 시간을 정해 규칙적으로 공부해야 한다. TV나 스마트폰, 게임으로부터는 멀어져야 한다.
학교 생활은 당연히 충실히 한다. 학교 수업은 학원이나 선행학습보다 더 중요하게 생각해야 한다. 그렇지 않다면 과정중심의 공부 습관을 만들 수 없다. **공부는 일주일 단위로 예습하고, 매일 복습한다. 교과서와 자습서를 두고 같은 내용을 반복해서 공부한다. 자습서로 미리 예습하고, 선생님에게 배운 교과서로 복습한다.** 학교에서 나눠주는 프린트물도 잘 챙긴다. 그날그날 수업 과목에 따라 하루도 빠짐없이 계속한다. 혹시 하루 이틀 사정이 생겨서 못한 부분은 주말 시간을 활용해서 빠진 시간을 보충한다. 방학 때는 마찬가지로 한 학기 분량을 과목별로 미리 예습하고, 부족한 과목은 따로 보충한다.

1년 이상 꾸준히 이렇게 하다 보면 습관이 몸에 배게 된다. 이런 생활을 반복하면 반드시 상위권으로 올라간다. **어려운 점은 꾸준히 해야 한다는 것이다. 이 패턴만 지켜나간다면 반드시 공부 잘하는 학생으로 바뀐다.**

### 과정중심 부모 교육 지침서 1

### 1. 모든 과목의 내신 관리를 철저히 해라

내신 관리를 한다는 것은 곧 학교 생활에 충실하다는 의미이다. 중학교 때 학교 생활에 충실했던 학생은 고등학교에 올라가서도 그렇게 한다.

주요 과목만 신경 쓰고 비주요 과목을 소홀히 하는 불성실한 태도는 전체적인 학습 태도에 좋지 않은 영향을 미친다. 과목을 가리지 않는 학습 태도와 고른 내신 성적은 자신감을 주고 확실한 동기부여도 된다. 수행평가의 경우 대치동의 우등생들은 120퍼센트를 한다. 학교에서 어떤 주제에 대한 정보를 20개 정도 알아오라고 하면, 50개씩 준비하는 것은 예사다. 외국의 자료가 필요하면 부모가 나서 인맥을 동원해 현지의 최신 정보를 공수받을 정도다.

### 2. '결과'가 아니라 '태도'에 대해서 잔소리 해라

별다른 노력을 하지 않아도 성적이 잘 나오는 아이들도 분명히 있다. 적당히 놀면서 벼락치기를 했는데도 성적이 제법 나오면 공부는 더욱 하기 싫어진다. 공부는 하고 싶을 때 하고 싶은 만큼 하겠다는 자만심이 싹튼다. 이런 아이들의 경우 '더 좋은 성적을 받기 위해' 평소에도 공부하라는 잔소리는 효과가 없다. 아이들은 부모님이 괜히 트집을 잡는 것이라고 생각한다. 결과보다 태도를 이야기하는 것이 과정중심 공부다. 더 바람직하고 효과도 좋다.

"네 자만심이 더 걱정이 되는구나. 중요한 것은 결과가 아니고 과정이야. 결과가 좋다고 해도 과정이 부실하면 나중에 어떻게 되겠니? 모든 노력은 너 자신을 발전시키기 위해서 하는 거야."

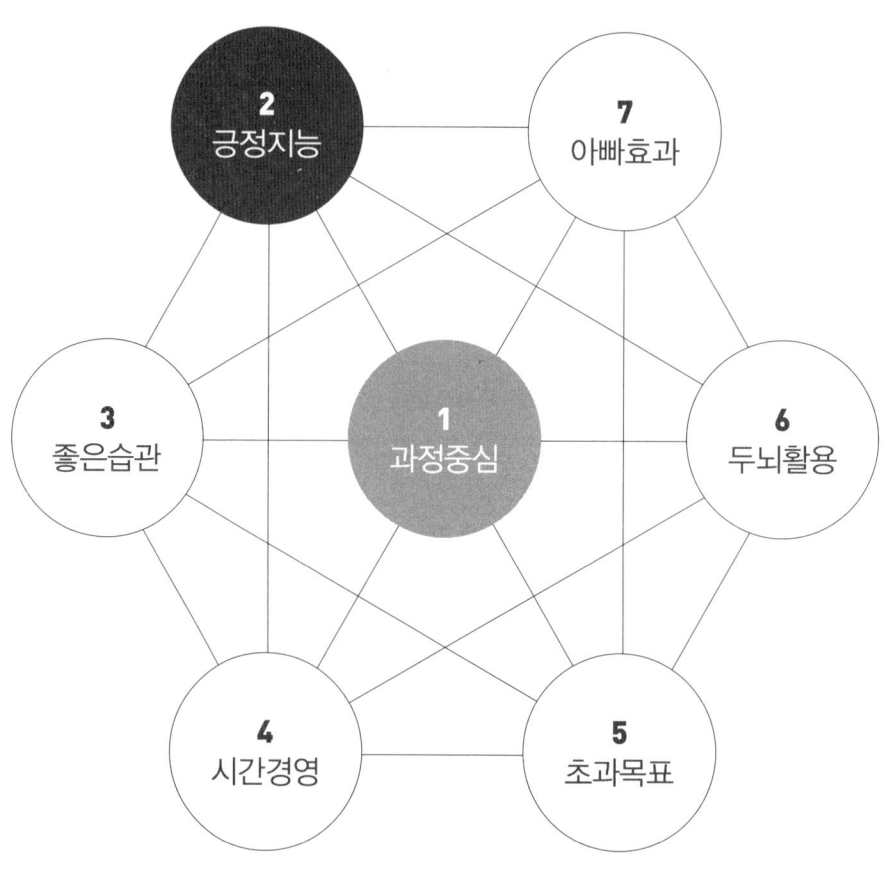

# 2장

## 긍정지능을 가져라

"어느 항구로 가야할지 모른다면
제 아무리 순풍이 불어도 소용없다."
– 세네카(고대 로마의 철학자)

**INTRO** 공부의 왕도는 내면에 존재한다

01 자신감은 공부의 원천 기술이다
02 왜 긍정지능을 선택하는 것이 유리한가?
03 실수 앞에서의 겸손한 태도와 열린 사고
04 실수를 받아들이고 극복하려는 긍정적 태도
05 자신과 경쟁해야 진정한 전교 1등이 된다
06 최상위권에 가기 위한 태도 – GRIT

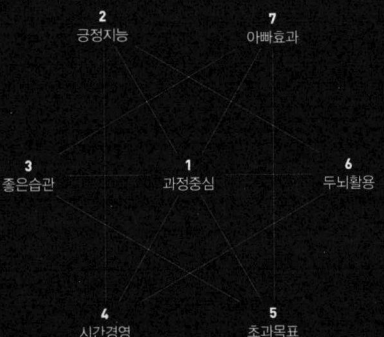

**INTRO** 공부의 왕도는 내면에 존재한다

과정중심으로 공부하는 최상위권 학생들은 어딘가 다르다. 평범한 모습으로 똑같은 공기를 마시지만, 다른 차원에서 살아간다. 이 학생들은 실수를 실력이라 여기고, 열린 사고를 한다.

뇌는 사람이 긍정적인 마음가짐일 때 훨씬 더 효율적으로 가동된다. 에디슨은 백열전구와 축음기를 발명할 때, 수천 번 실패해도 항상 '한 번 더' 실험을 했다. 에디슨은 긍정의 대륙에서 사는 사람이었다. 그에게 긍정지능이 없었다면 백열전구는 세상에 나오지 못했다. 만약 그에게 성공할 때까지 계속하는 '한 번 더' 정신이 없었다면 다른 사람이 전구를 발명했을 것이다.

과정중심으로 공부하는 학생들도 마찬가지다. 그들은 긍정적인 마음 자세를 가지고 끝내 자신이 생각하는 정상까지 도착한다. 이것이 두 번째 공부의 왕도다.

긍정의 대륙으로 건너가라!

# 01 자신감은 공부의 원천 기술이다

긍정지능

> "우리의 인생은 우리의 생각에 의해 만들어진다."
> – 마르쿠스 아우렐리우스(로마의 16대 황제)

**공부에서 머리보다 중요한 건 자신감**

공부를 잘하려면 잘하고 싶다는 '열망'과 잘하겠다는 '의지'가 필요하다. 내면적인 열망은 자신감으로 표출된다. 자신감이 있으면 공부를 잘하게 되고, 공부를 잘하면 무슨 일에든 자신감이 충만해진다. 자신감은 공부를 잘하게 만드는 원천 기술이다. 자신감을 가진 뇌가 공부하는 실력을 키워준다.

긍정지능의 첫 번째 요소는 자신감이다. 그렇다면 자신감을 어떻게 가질 것인가?

어린 아이가 자신감을 스스로 가지기는 힘들다. 부모가 자신감을 가질 수 있도록 도와줘야 한다. 그 토대는 믿음이다. 아이에게 '너는 잘할 수 있다'는 믿음을 줘야 한다. 진심을 다해 믿어줘야 한다. 한두 달로 끝내선 안 되고, 지속적으로 언제나 믿어줘야 한다. 긍정적인 기대나 관심이 대상에게 좋은 영향을 미친다는 피그말리온 효과는 공부까지도 관통한다. 아이는 부모의 믿음과 기대를 먹고 자란다. 부모는 아이와 친밀한 관계 속에서 믿음을 쌓아나가야 한다. '**과정을 함께하면서 믿어주면**' 아이는 반드시 공부에 자신감을 갖게 된다.

한수빈 군은 중3 때 전교 200등이었다. 너무 무서운 아빠 때문이었다. 아빠는 어느 날 한 군의 심리검사 결과지를 보고서야 그 사실을 알게 되었다. 거기에는 '아버지를 무서워해요.' '자존감이 몹시 낮아요.'라고 적혀 있었다. 강압적이고 엄한 훈육방식을 고수했던 아빠는 그때부터 자신을 바꾸었다. 늘 안아주고 믿어주며 격려를 아끼지 않았다.

한 군은 놀랍게도 웃음을 되찾고 자존감을 회복했다. 계속 향상되는 성적으로 공부에도 자신감을 갖기 시작했다. 아빠는 한 군의 학업을 위해 책을 함께 읽었고 아침마다 직접 깨우며 노력했다. 아무리 피곤해도 아침은 꼭 아들과 함께 먹었으며 사랑한다는 말을 잊지 않았다. 결국 한 군은 2014년에 서울대 인문계열에 합격했다.[1]

공부에 자신감을 갖게 되면 긍정적인 아이로 변하고, 자신의 미래를 향해 꿈을 꾼다. 숨어있던 잠재 능력도 분출된다. 긍정의 순환이 이루어진다. **아이에 대한 믿음은 어리면 어릴수록 효과가 훨씬 크다. 그러나 빠른 시작보다 훨씬 중요한 건 지속성이다.** 어느 때부터 시작하더라도 진심을 다해 꾸준히 믿어줘야 한다. 그러면 그 자신감의 싹은 조금씩 자라나 언젠가는 반드시 활짝 피어난다. 수능을 1년밖에 남겨두지 않은 고3 학생이라도 마찬가지다. 인생은 길다. 당신의 자식을 믿어라.

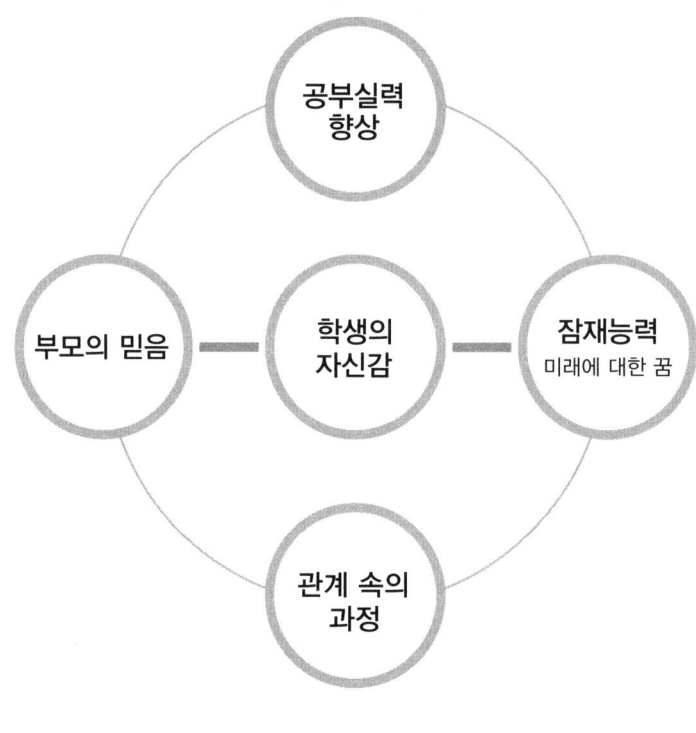

긍정의 순환 과정

## 믿음은 인생을 바꾸고 새로운 현실을 창조한다

스콧 애덤스는 미국 최고의 시사만화가다. 그는 젊은 시절 공장에서 말단 직원으로 근무했다. 그가 가진 능력은 뛰어나지 않았다. 다만 그림을 조금 그릴 줄 아는 것과 사회 문제에 관심이 많은 것, 두 가지 장점이 있었다. 그리고 그는 꿈이 있었고, 꿈꾸는 자신을 믿었다. 그는 공장 사무실의 작은 책상에서 매일 10분씩 시간을 내서 자신의 꿈을 글귀로 적었다.

'나는 반드시 유명한 시사만화가가 될 것이다!'

하루도 빠짐없이 매일 하루에 15번씩 이 글귀를 노트에 정성껏 손글씨로 적었다. 오랜 기간 글귀를 반복해서 쓰다보면 자신감은 더욱 충만해지고, 몸에 변화가 온다. 믿음은 일상의 작은 실천을 동반하게 만든다. 그는 자신이 그린 만화를 각종 신문사와 잡지사에 투고했다. 거절당하는 게 일상이었지만 결코 포기하지 않았다. 그는 자신을 믿었고, 또 매일 글귀를 반복해서 썼다.

그러다 그는 다른 방법을 찾았다. 여기저기 투고하는 대신 블로그를 운영하기 시작했다. 그리고 부지런히 업데이트하면서 사람들의 의견을 받았다. 만화는 더 좋은 방향으로 발전해나갔다. 결국 스콧 애덤스는 기회를 얻어냈다. 그 지역의 중앙지에 연재되었고, 다른 지역으로 뻗어나갔다. 그는 시사만화가로 이름이 알려지게 되었다. 그때껏 썼던 글귀대로 된 것이다. 그러나 스콧 애덤스는 멈추지 않았다. 글귀를 수정해서 다시 15번씩 매일 노트에 적었다.

'나는 반드시 세계 최고의 만화가가 될 것이다!'

## 긍정지능은 기적을 만드는 연금술사

처음 글귀를 쓰기 시작한 뒤부터 무려 30년간 그는 이렇게 반복해서 자신의 희망을 손으로 15번씩 썼다. 그는 결국, 어찌 보면 당연하게도, 세계 최고의 시사만화가가 되었다. 자신에 대한 믿음은 먼저 자신을 변화시키고, 그리고 자신을 둘러싼 현실을 변화시킨다. **무언가가 되겠다는 마음을 먹고 매일 생각하다 보면, 우선 몸에서부터 작은 변화가 생긴다. 일상의 작은 습관들이 열망하는 쪽으로 향한다.** 몸과 마음이 모두 바뀌어가는 것이다. 오랜 기간 지속하다 보면 그 변화는 어느 순간 현실이 된다. 원하는 목표가 이루어지는 것이다. 꿈은 꾸는 만큼 현실이 된다. 기대와 믿음이 현실로 바뀐다.

긍정적인 사고방식으로 실패를 극복한 대표적인 사람은 에디슨이다. 전구의 필라멘트를 만들면서 실패를 거듭하자 제자가 말했다.
"선생님, 조건에 맞는 실험은 다 해보았습니다. 선생님은 불가능한 일을 하려고 하십니다."

이 말에 에디슨은 이렇게 응답했다.
"많은 사람들이 인생에서 실패하는 이유는 성공이 얼마나 가까이 있는 모르고 포기하기 때문일세. 조건에 맞는 결과를 얻을 때까지 실험을 반복하게. 그러면 불가능이 가능으로 바뀔 걸세."

긍정지능은 실패를 성공으로 바꾸는 기적의 연금술사다.

### 놀라운 긍정의 한마디 - 스콧 애덤스의 인생역전

스콧 애덤스는 전 생애에 걸쳐 '긍정의 한마디'를 사용했다. '긍정의 한마디'의 효과는 다음과 같다. **첫째, 목표를 구체적으로 설정하게 한다. 둘째, 목표를 향한 실행 방법을 연구하게 한다. 셋째, 끊임없이 옳은 진로를 향해 수정하고 바로잡게 한다. 넷째, 결국 성공을 이루어낸다.**

그는 어느 날 '경련성 발성장애'라는 병을 얻었다. 이는 뇌에서 보내는 신호가 꼬여 성대에서 반응을 하지 않는 병이다. 점차 긴 문장을 말하기 어려워졌고 나중에는 한마디도 말할 수 없게 되었다. 그러나 결코 포기하지 않았다. 그는 끊임없이 속으로 되뇌었다.
"나, 스콧 애덤스는 제대로 말하게 될 것이다."

그는 '제대로 말하게 된다'는 목표를 실행할 방법을 연구하기 시작했다. 먼저 찾을 수 있는 치료 방법들을 모두 시도해봤다. 그러나 소용이 없었다. 구글에서 '경련성 발성장애'가 언급된 문건이 업데이트될 때마다 휴대전화가 울리도록 조치해두었다. 별 쓸모없는 것들이었다. 후두암일 수 있다는 의견도 있었다. 가슴 졸이며 정밀검사를 한 결과, 별 것 아니었다. 그는 계속해서 더 나은 방향으로 나아가면서 방법을 수정했다.
어느 날 일본인 의사가 목 수술로 경련성 발성장애를 고쳤다는 기사가 떴다. 그 기사를 들고 담당 의사를 찾아갔다. 담당 의사는 최고 전문가를 소개해주었다. 그 전문가는 또 다른 전문가를 소개해주었다. 점점 길이 연결되고 있는 것 같았다. 그 의사는 성대와 뇌를 연결하는 신경을 절단한 뒤, 다른 신경으로 경로를 내는 수술을 시도했다. 85퍼센트의 성공률이라고 했다. 수술 후에도 당장 회복되지 않았다. 진전이 더딘 지루한 재활 과정을 몇 년이나 견디고 그는 드디어 정상적인 의사소통을 하게 되었다. 그가 희망으로 나아갈 때 끝까지 붙잡은 건 '긍정의 한마디'였다.

스콧 애덤스가 말한다. "문제를 해결할 가능성이 별로 없다고 생각하더라도, 그 가능성을 잘못 계산했을 가능성을 절대 배제하지 말라."[2]

### 긍정의 힘, 엉덩이의 힘이 승리하는 공부

#### '끝까지 간다'는 긍정적인 생각

서울대학교 주요 학과에 합격하려면 상위 0.1퍼센트 안에 들어야 한다. 대학수능시험을 치르는 인원이 60만 명이라면 600등 이내에 들어야 한다는 이야기다.

현재 중학생이 이 점을 생각한다면 까마득하기만 하다. 불가능하다는 생각이 들고, 가는 길이 지옥처럼 여겨질 수 있다.

그러나 중학교 3년, 고등학교 3년을 합치면 무려 6년이나 된다. 지금 당장 실전 마라톤에서 60만 명 가운데서 몇백 등 안에 들기는 어렵다. 그러나 6년 동안 계속되는 마라톤에서 600등 안에 들어가야 하는 경기라면 다르다. 도태되지 않고 꾸준히 끝까지 달리기만 하면 된다. 왜냐하면 6년 동안 고통을 이겨내고 뚝심 있게 밀고 나가는 사람이 많지 않기 때문이다. 그래서 서울대는 머리가 아니라 엉덩이로 가는 것이다.

부모가 함께해야 하는 이유가 여기에 있다. 대부분의 학생들이 도태된다. 홀로 힘든 과정을 오랫동안 이겨내기는 힘들기 때문이다. 따라서 탈락하지만 않아도 목표에 다다르게 된다. 천 리 길도 한 걸음부터다. 한 걸음 한 걸음 걷다 보면 아무리 높은 정상이라도 밟게 된다. 과정을 중심에 두고 길게 보면 긍정의 시야를 확보하게 된다.

**공부는 긍정의 자세가 무엇보다 유리한 게임이다**

"끈기와 우직함이 내 무기"라고 말하는 잠실여고 2학년 전교 1등 이민혜 양의 하루 공부 시간은 최대 12시간이다. 이 양은 "계획했던 하루 공부를 잘 마치고 내 머리를 쓰다듬으면서 '잘했어'라고 스스로를 칭찬할 때 기분이 정말 좋다."고 한다. 칭찬을 하면 "자신감도 생기고 내일도 잘하자고 마음먹게 된다."고 한다. 사람 이름을 못 외워 국사 공부할 때 고생을 많이 했다면서 대신 '우직하고 끈기 있게 달라붙는다'고 했다. **이 양은 자신의 전교 1등 비결에 대해 딱히 내세울 것 없는 '엉덩이의 힘과 긍정의 힘'이라고 대답한다.**[3]

야구나 축구도 학생들이 택할 수 있는 꿈이다. 그러나 야구나 축구는 최고의 선수냐 아니냐에 따라 천지차이가 난다. 모 아니면 도인 현실이다. 예체능을 선택하는 경우는 초등학교 때부터 부모가 반드시 옆에 붙어서 같이한다. 부모와 자식이 모두 같이 열심히 하는 사람들끼리의 경쟁이다. 부모와 자식이 함께 노력하며 경쟁을 해 오직 1등을 해야 한다.
하지만 공부는 수석을 하지 않고 합격만 해도 된다. 공부가 어렵게 느껴지지만 생각해보면 상당히 유리한 게임이다.

## 02 왜 긍정지능을 선택하는 것이 유리한가?

긍정지능

"대부분의 사람들은 자신들이 행복해지려고 결심한 만큼, 꼭 그 만큼만 행복해진다."

― 에이브러햄 링컨(미국의 제16대 대통령)

### 노예에서 해방된 에픽테토스의 긍정의 철학

그리스의 철학자 에픽테토스는 원래 절름발이 노예였다. 발을 절고 자주 두들겨 맞고, 다른 사람의 소유물로 취급받았음에도 그는 자신이 행복하다고 생각했다. 에픽테토스의 주인은 그의 태도가 이상하다 못해 어처구니없었다. 하지만 오래도록 지켜보고 에픽테토스의 행위가 가식이나 위선이 아니라 진실임을 알게 되었다. 깊은 감명을 받은 주인은 자기에게도 행복해지는 법을 가르쳐달라고 했다. 행복으로 가는 길을 알려주면 자유를 주겠다고 약속했다.

에픽테토스는 주인에게 물었.
"이 세상에 사람이 자신의 힘으로 자유자재로 제어할 수 있는 게 무엇이 있습니까?"
머뭇거리는 주인에게 에픽테토스가 담담하게 알려주었다. "그건 바로 자신의 생각입니다." 이어서 그는 이렇게 말했다.

"당신이 원할 때 어떤 일이 벌어지기를 바라지 말고, 어떤 일이 벌어졌을 때 그게 바로 자기가 원하는 일이라고 생각한다면 인생이 수월하게 풀릴 겁니다."

에픽테토스는 그 어떤 비참한 환경에도 굴하지 않고 인생이 행복하고 멋진 것이라고 생각했다. 그런 삶의 기회를 주신 신에게 감사했다. 주인은 비로소 행복의 실체를 깨달았다. 약속대로 에픽테토스는 노예 신분에서 해방되었다. 자유인이 된 에픽테토스는 학교를 세우고 훌륭한 철학자의 삶을 살았다. 로마 군사들이 전장에 나가기 전에 에픽테토스의 어록을 읽으며 용기를 얻었을 정도였다.

긍정지능은 사람의 운명을 바꾼다.

**긍정적인 사람이 성취가 크다**

긍정적인 사람이 부정적인 사람보다 더 많은 능력을 발휘하고 잠재력을 실현한다. 당연히 긍정적인 학생이 부정적인 학생보다 공부를 더 잘한다.

자신이 이루고자 하는 목표에 대해 긍정적으로 생각하면 우선 동기부여가 강해지고 집중력이 높아진다. 집중력과 동기부여가 높아지면 들이는 시간에 비해 효율성이 증가한다. 왜 그럴까? 이렇게 되는 과정을 조금 더 자세히 살펴보자.

우선, 어떤 목표든 멀리 있지 않고 가까이 있다고 생각할수록 달성하기가 쉽다. 과녁이 크면 클수록 화살로 쏘아 맞힐 수 있는 확률이 높아지는 것과 같은 이치다. 다음 두 가지 그림을 보라.

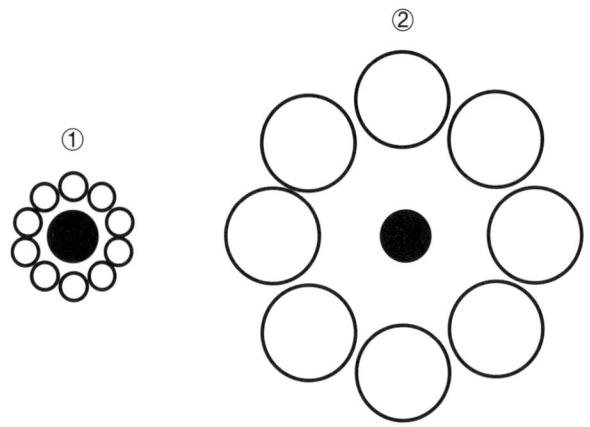

그림 1) 에빙하우스 착시

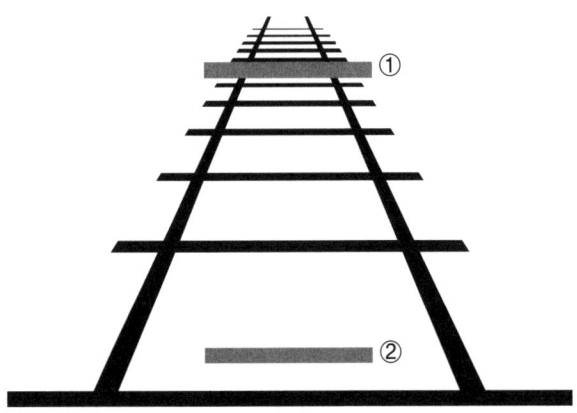

그림 2) 마리오 폰조 착시

그림 1)은 에빙하우스가 만든 착시 그림이고 그림 2)는 마리오 폰조의 착시 그림이다. 사람은 물체의 크기를 비교할 때 배경을 바탕으로 판단한다. 그림 1) 안의 ①과 ②의 까만 원 중 어느 것이 더 크게 보이는가? 그림 2)의 ①과 ② 막대기 중에서는 어떤 것이 더 길게 보이는가? 각각 ①의 까만 원과 막대기가 더 크게 보일 것이다.

사실 그림 1)의 두 까만 원은 크기가 같고, 그림 2)의 두 막대기는 길이가 같다. 그러나 우리는 주변의 그림 때문에 그림 1)의 ①이 더 크다고 생각하고, 그림 2)의 ①이 더 길다고 생각하는 것이다. 이처럼 사람은 조건에 따라서 같은 것도 다르게 인식한다. 그리고 인식은 실제 과정과 발휘하는 능력에도 영향을 미친다. 그림 1)의 까만 원에 구멍을 뚫어놓고 공을 떨어뜨려 넣는 실험을 했다. 두 구멍의 크기는 같았지만 사람들은 ①에 공을 넣는 것을 더 많이 성공했다. '구멍이 더 크다, 더 쉽게 넣을 수 있다'는 긍정적인 생각 덕분이었다.

목표 역시 원이나 막대기처럼 생각해보라. 목표도 우리가 생각하는 것에 따라서 충분히 다르게 생각할 수 있다.
목표가 가까이 있다고 인식하면 당연히 더 열심히 노력하게 된다. 목표가 진짜로 가까이 있는 것이 아니라, 가까이 있다고 생각하는 것이 중요하다. 목표를 더 가깝게 인식함으로써 더 강한 힘과 능력을 발휘할 수 있다.

### 당신이 생각하는 것이 현실이다

매일 반복해서 목표를 생각하고 일상의 작은 습관으로 실천해나가면 목표는 마법처럼 현실이 되어 다가온다. 마라톤이나 달리기를 할 때 골인 지점이 보이면 자연스럽게 마지막 스퍼트를 한다. 목표가 바로 눈앞에 보이게 되면 더욱 동기부여가 되고 성취를 향한 노력이 배가되기 때문이다.

예일대학교 교수였던 클라크 헐은 이와 같은 사실을 과학적으로 증명하기 위해 쥐를 이용해서 실험을 했다. 그때 쥐들이 미로에서 출구에 가까워질수록 속도가 확연하게 빨라진다는 사실을 발견했다. 출구에는 음식물을 두었는데, 목표가 있는 출구가 가까워질수록 쥐들의 행동이 더욱 빨라졌다. 이를 '목표 가속화 효과(goal gradient effect)'라고 한다. 하버드대학교 심리학 교수였던 윌리엄 제임스는 이렇게 말한다.

"우리의 인식은 부분적으로는 눈앞에 있는 실제 대상에 대한 감각에서 기인한다. 그리고 나머지는 항상 우리의 머릿속에서 일어난다."[4]

**현실의 많은 부분이 외부 세계만이 아니라 내면에서 만들어진다. 긍정지능을 선택해야 하는 이유다.** 목표를 정하고 긍정의 순환을 자꾸 현실 속에서 이루다 보면 결국 원하는 목적지에 도착하게 된다.

그러면 공부하는 학생은 긍정지능을 어떻게 현실에 적용하는가?

## 03 실수 앞에서의 겸손한 태도와 열린 사고

긍정지능

"탁월함이란 어제보다 더 나은 오늘이다."
– 톰 피터스(미국의 경영컨설턴트)

### 시험은 실수와의 전쟁이다

지금 수능시험의 과목은 적고 출제 범위가 교과서 위주로 한정되어 있다. 대한민국에는 수능시험을 보면 만점을 맞을 만한 최상위권 학생들이 수백 명 이상 있다. 고등학생들은 과목별로 1등급에 몇만 명 이상 몰려있다. 게다가 절치부심하면서 실력을 다지고 있는 재수생이나 삼수생까지 합하면 최상위권은 더욱 촘촘하다. 그러나 정작 수능만점자는 몇 명밖에 나오지 않는다. 그렇다면, 시험의 결과를 좌우하고 합격의 당락을 가르는 건 무엇일까?

그건 바로 실수다. 수능시험은 실수와의 싸움이다. 공무원 시험을 비롯한 다른 모든 시험 역시 마찬가지다. 단 한 번의 시험과 그 결과가 모든 것을 판가름한다. 대한민국에서 대부분의 중요한 시험은 실수와의 전쟁이다.

실수는 누구에게나 일어난다. 대부분의 학생이 실수 때문에 한두 문제 더 틀린다. 어려운 문제는 몰라서 틀린다 할지라도 쉬운 문제를 틀리는 이유는 실수다. 실수는 별별 형태와 방식으로 일어난다. 답을 한 칸씩 내려쓰는 대형 실수도 있고, 깜빡 잘못 보는 단순 실수도 있다.

어처구니없는 실수가 6년 이상의 고생을 한순간에 물거품으로 만든다. 물론 한 번의 실수가 인생 자체를 끝장내지는 않는다. 재수를 하든, 가고 싶은 학과나 학교를 한두 단계 낮추든, 조금 다른 방법을 찾으면 된다. 하지만 사람들은 실수로 인해 생긴 상처를 쉽게 회복하지 못한다.

겸손하지 않은 학생들은 자신의 오류를 인정하지 않는다. 실수를 지적하면 짜증을 낸다. 트집을 잡는다고 생각한다. 하지만 실수를 극복하기 위해 필요한 건 겸손한 태도와 열린 사고다. 실수 앞에서 승자가 되려면 우선 변명하지 말아야 한다. 좋든 나쁘든, 설령 잘못된 판정으로 생긴 결과일지라도, 실수는 실력이라고 받아들이는 열린 생각과 태도를 가져야 한다.

**박지성과 김연아의 생각과 태도**
**"무엇이 축구영웅과 피겨여제를 만드는가?"**

스포츠 경기에서 한순간의 실수나 오심 때문에 우승을 못하거나 금메달을 따지 못했다는 변명이 통하는가?

지금은 축구행정가로 활동하는 박지성 선수가 맨체스터 유나이티드에서 뛰던 때의 일이다. 우승을 놓고 치열하게 다투던 첼시와 시즌 막바지에 맞붙었다. 한창 경기 중에 박지성 선수가 페널티 박스 안에서 첼시 수비에 걸려 넘어졌다. 페널티킥을 줘야 할 정도로 결정적 상황이었다. 그러나 심판은 외면했다. 맨체스터 유나이티드는 결국 패배했다. 박지성은 경기장에서 조용히 침묵했다. 그리고 나중에 이렇게 말했다.

"심판 판정도 경기의 일부다."

삶에서도 이런 일은 언제든지 일어날 수 있다. 피겨를 예로 들어 보자. 결정적인 대회에서 우승을 하지 못했을 때 김연아와 아사다 마오의 태도를 기억하는가? 2014년 소치올림픽에서 석연치 않은 은메달을 목에 걸었지만 김연아는 자기가 최선을 다한 것으로 만족한다며 결과를 겸손하게 받아들였다. 그러나 아사다 마오는 예상과 다른 결과 앞에서 화가 나서 어쩔 줄 몰라하며 울어버렸다.

원래 어린 시절의 자질은 아사다 마오가 훨씬 우수했다고 한다. 주니어 선수 시절의 아사다 마오는 넘볼 수 없는 막강한 상대였다. 국력을 바탕으로 한 일본의 대대적인 지원도 어마어마했다. 그러나 시간이 흐를수록 최정상이냐 아니냐를 판가름한 건 실력도 실력이지만, 결과 앞에 대처하는 태도였다.

**펑펑 울어버린 아사다 마오, 리포트 성실히 쓰는 김연아**

　2014년 소치동계올림픽 여자 피겨스케이팅 쇼트경기에서 아사다 마오는 첫 과제인 트리플 악셀을 하다 엉덩방아를 찧으며 실수를 하기 시작했다. 이어 착지 실수, 회전수 부족에다 뛰어야 할 점프도 다 뛰지도 못했다. 피겨 팬들은 경쟁자 김연아가 나오는 경기에 대한 중압감 때문에 첫 점프에서부터 실수한 것 아니냐는 반응을 보였다. 결국 30명 중 16위로 경기를 마쳤다. 아사다 마오는 울먹거리며 어찌할 바를 몰라 했다. 2016년 프랑스 파리 그랑프리에서 최악의 성적인 9위에 그쳤을 때도 비슷했다.

　"활주도, 점프도 무엇 하나 잘된 것이 없다. 나 스스로 분하기도 하고 실망스럽기도 하고 한심하기도 하다."
　아사다 마오는 일본 매체와의 인터뷰에서도 눈물을 감추지 못했다.

　김연아는 경기장에서나 은퇴 후에나 흐트러진 적이 없었다. 그녀는 대학교에서도 성실하게 생활했다. 대회 때문에 시험을 치를 수 없게 되자 김연아는 시험을 대체하는 리포트 과제를 받았다. 학교에서는 부정행위를 방지하기 위해 컴퓨터로 쓰지 말고 손으로 써서 내라고 했다. 그녀는 불평 한마디 없이 써서 제출했다. 김연아의 이런 태도가 그녀를 영원한 피겨 여제로 불멸하게 한다.
　김연아는 이렇게 이야기한다.

"누구에게나 우연을 가장한 기회가 찾아온다. 하지만 그것을 붙잡아 행운으로 만드는 것은 자신의 몫이다. 그 작은 우연을 지금 내가 누리고 있는 행운으로 만드는 과정은 무수한 고통과 눈물방울들을 모아 등수를 매길 수 없는 트로피를 만드는 것과 같다."[5]

### 실수는 왜 생기는가?

시험에서 실수는 여러 가지 이유로 생긴다. 우선 시간이 부족하기 때문이다. 머릿속에 저장된 기억이 희미해서 알고는 있지만 정답인지 자신이 없을 때가 있다. 문제지에 적은 답을 옮겨 적다 a를 b라고 착각하기도 한다. 조급해서 +를 −로 쓰기도 한다. 시험이 계속되다 보니 집중력이 떨어져 문제를 잘못 보기도 한다. 수학 과목에서 계산이 복잡해서 실수하거나 아니면 정신을 딴 데 팔기도 한다.

하지만 그 어떤 실수에도 변명은 도움이 되지 않는다. 혼이 나가지 않고서야 2+2를 5라고 적는 실수를 하는 사람은 없다. 실수는 0.8×3×7 같이 조금이라도 복잡한 계산에서 나온다. 실수는 누구에게나 똑같이 제한된 시간 속에서 내가 펼쳐내는 능력이 부족하기 때문에 생긴다. 어느 구석이든 내가 부족해서 실수한다는 사실을 겸손하게 인정해야 한다. 실수 앞에 겸손하면 성급하지 않고, 자만하지도 않게 된다.

### 국보급 센터 서장훈의 결벽증적인 연습

스포츠에서 실수는 너무나 흔한 일이다. 지금은 방송에서 예능인으로 활약하는 서장훈은 국보급 센터라고 불리던 국가대표 농구선수였다. 그가 얼마 전 길거리에서 진행된 한 방송 프로그램에서 선수 시절의 결벽증적 습관에 대해 이야기한 적이 있다.[6] 그는 자유투의 실수를 줄이기 위해 공을 바닥에 3번씩 튀기다가 던져서 들어가면 3번 튀기고 자유투를 던지는 연습을 계속했다고 한다. 그러다 한 번이라도 안 들어가면 방법을 바꿔서 7번 공을 튀기고 자유투를 던졌다. 몇십 번이고 상관없이 연습을 계속하다가 안 들어가면 또 바꿔서 연습을 했다. 그렇게 무수히 반복을 했다.

그동안 그는 얼마나 많은 자유투 연습을 했겠는가?

경기 막판에는 한두 개의 자유투가 결정적인 흐름을 좌우하거나 승부에 쐐기를 박는다. 그 실수를 없애고 작은 그물망 안으로 공을 정확히 넣기 위해 평상시에 시뮬레이션 행위를 끊임없이 반복했다. 실전에서 실수하지 않는 몸과 마음을 만들기 위해 뼈를 깎는 연습을 한 것이다. 국보급 센터는 한순간에 만들어지지 않는다.

최상위권 학생이 되기 위해서는 실수 앞에서 무너지지 않아야 한다. 실수를 극복하기 위해 끊임없이 노력하는 사람이 어느 분야든 결국 정상에 오르는 법이다.

## 04 실수를 받아들이고 극복하려는 긍정적 태도

긍정지능

> "우리를 건드리는 것은 물건 자체가 아니라,
> 우리가 그 물건에 대해 갖고 있는 시각이다."
> – 에픽테토스(그리스의 철학자)

### 실수에 대처하는 전교 1등의 방법

윤형민 군은 현재 명문 고등학교의 전교 1등이다. 지난 학기 시험에서 과학 문제 2개를 틀렸다. 예상과 다르게 틀린 문제 앞에서 처음엔 실수라고 우겼다. 하지만 거기서 멈추지 않았다. 이것이 그를 보통 학생이 아니라 전교 1등으로 만드는 비결이다. 그는 다시 찬찬히 돌이켜 살펴보았다.

"정말 실수인가? 아니면 공부를 덜했는가? 공부를 덜했다면 방법이 있지만 진짜 실수라면 대책이 없다. 하나면 몰라도 두 개 이상 틀렸으니 이건 실수가 아니다."

실제로 공부한 시간은 꽤 많았다. 이유가 뭘까? 윤 군은 과정 전체를 다시 훑어보았다. 분석을 하니 원인은 간단했다. 다른 과목에 비해서 구석구석 공부하지 않고 90퍼센트 정도 안다고 생각한 지점에서 공부를 중단한 것이다. 이전 시험에서 1등을 했었기 때문에 자만했다. 다른 학생들도 열심히 한다는 사실도 무시했다. 잘하는 학생들이 모인 학교에서 고3 학생들은 누구나 열심히 하니까 한두 문제 실수하면 성적은 순식간에 뚝뚝 떨어진다.

전교 1등이나 전교 50등이나 실수의 유형은 비슷하다. 골고루 실수하고, 이유도 제각각이다. 그러나 최상위권 학생일수록 실수를 실력으로 받아들이고, 하위권으로 갈수록 실수를 핑계로 돌린다.

"내가 아는 문제인데, 틀렸어!"라는 말은 진실이 아니다. 모르거나, 최소한 제대로 알지 못하는 거다. 다른 학생들은 5분 걸리는데 나는 5분 10초가 걸린다면 이해력과 독해력이 부족한 탓이다. 다른 사람들이 30초면 푸는 문제를 내가 35초에 푼다면 그만큼 계산 능력이 모자란 것이다. 제한 시간 안에 문제를 풀고 해결해야 진짜 실력이다. 50분에 30문제를 다 풀어야 하는데, 10분을 더 준다면 당연히 점수는 올라간다. 다시 풀어서 틀렸던 문제를 맞는 것도 마찬가지다. 한 번 더 풀어서 잘 풀게 되는 건 당연하다. 실수는 실력 차이에서 온다.

사격 연습할 때는 백발백중 잘 맞추던 사람이 막상 전쟁터에서는 한 명도 못 맞춘다. 오히려 적의 총탄 앞에서 속수무책이다. 평소에 잘한 것이 무슨 의미가 있겠는가? 돌아오는 건 죽음뿐이다. **실전에서 제 실력을 발휘하는 것이 진정한 실력이다.**

## 결정적인 순간 실수하지 않기 위한 훈련

실수를 극복하려면 왜 실수했는지를 알아야 한다. 실수에 길들여지지 말고, 실수를 길들여야 한다. 평상시의 실수는 혹독한 대가를 치르지 않는다. 평소에 혼자 하는 실수를 잘 관리해야 한다. 많이 실수하고 많이 극복해봐야 한다. 그래야 결정적인 순간 실수를 하지 않게 된다. **정상에 도달하려면 무엇보다 실수를 잘 관리해야 한다.**

실수를 하지 않는 최상위권 학생들은 실수에 철저히 대비한다. 시험에서 자신이 주로 실수하는 부분에 동그라미를 그리든 밑줄을 치든 표시를 한다. 표시된 부분을 보고 또 보면서 고도로 집중한다. 평소에도 실수를 반복하지 않기 위해 연습한다. 실전처럼 시험 문제를 푸는 훈련도 한다. 문제 푸는 속도를 빠르게 한다. 주어진 제한 시간 안에 문제를 풀면서 실수가 없도록 두 번 세 번 확인한다. 실수가 완전히 없어질 때까지.

실수를 줄이는 가장 기초적인 방법은 시간을 정해놓고 푸는 연습을 하는 것이다. 스톱워치로 실전 대비 80퍼센트 정도의 시간제한을 둔다. 적응될 때까지 계속 체크한다. 실전에 맞추어 긴장된 상황을 조성한다. 주변 상황이 시끄러워서 집중을 못하는 것도 실수의 원인이다. 시끄러워도 계속 집중할 수 있는 힘을 키워야 한다. 외부의 요인과 상관없이 집중하는 훈련이다. 공부는 집중력을 높여가는 과정이다. "하나도 틀리지 말아야지."하는 확실한 자세를 끝까지 유지해야 한다.

### 100점이 아니라 120점을 목표로 공부하라!

내 안의 실수를 줄이기 위해서는 실수를 감안해서 공부해야 한다. '이렇게까지 공부할 필요가 있을까?'하는 태도를 가지면 안 된다. 자만을 부르고 실수로 이어지기 때문이다. 공부의 기본보다 성적을 우선시하면 결과중심적인 태도로 흐른다. 공부의 기본을 강조하면 과정중심으로 가게 되고, 점수에 치중하면 결과중심으로 빠지게 된다.

과정중심 공부의 목표는 시험에 나오는 걸 맞추는 것이 아니고 완전히 아는 것이다. 교과서나 문제집을 대할 때 필요한 건 호기심이다. 시험 출제 여부보다 완전한 이해를 목표로 한다. 배경지식도 샅샅이 찾아봐야 한다. 그러나 결과중심의 학생은 공부하는 내용이나 문제 유형이 시험에 나오는지를 신경 쓴다. 이렇게 성적만 신경 쓰다 보면 기본을 소홀히 할 수밖에 없다. 과정중심의 학생은 자신이 얼마나 완벽하게 알고 있는지를 중요시한다.

100점을 목표로 하면 150퍼센트, 200퍼센트를 공부해야 한다. 최상위권 학생들은 실제로 200퍼센트를 공부한다. 교과서를 다 외우지 않아도 1등급 점수는 나올 수 있다. 교과서를 전부 외워서 유리한 문제는 정작 한두 개 나올까 말까이다. 그 한두 문제까지 포기하지 않기 위해서 모두 외우는 것이다. 그리고 아는 것에서 실수할 수도 있다. 2016년 수능시험 만점자였던 서울대 경영학과 서유리 양은 이렇게 말한다.

"이런 게 나올까 하는 부분이 있는데, 혹시 모를 문제들까지 다 알아놔야겠다는 마음으로 공부했다. 100점을 받기 위해선 120점을 목표로 공부해야 한다. 수험생에게 이만하면 됐다는 생각은 금물이다. 이렇게까지 공부해야 하는 생각이 들 만큼 물샐 틈 없이 공부해야 100점을 받을 수 있는 것 같다."[7]

### 전교 1등에게는 오답노트가 없다

전교 1등은 완전한 이해를 위해 배경지식까지 샅샅이 찾아본다. 모르는 문제를 체크하는 것이 아니라, 완벽히 알게 된 문제를 체크해서 빼나간다. 조금이라도 의심이 나면 다시 본다. 이것이 전교 1등의 공부법이다.

2017년 서울대학교에 입학한 배민준 군의 고등학교 1학년 1학기 내신 성적은 4.6등급이었다. 그런 그를 최상위권으로 만든 공부 비결은 한 문제라도 제대로 아는 것이었다. 공부할 때 틀린 문제만 보는 것이 아니라 헷갈렸던 문제, 보기 중 하나라도 이해가 되지 않았던 문제, 맞혔지만 찍어서 맞힌 문제 등을 모두 다시 공부했다. 그는 인터뷰에서 "그런 문제들을 모조리 틀린 것으로 가정해 점수를 내면 정신이 번쩍 든다."라고 말했다.[8]

### 오답노트는 공부 못하는 비결이다!

**정상권에 있는 공부 잘하는 학생들은 '범위 내에 모르는 것을 없애 나가기 위해' 공부한다.** 모르는 것이 하나도 없도록 아는 것으로 다 채워 나가며 '빈 구멍을 모두 메꾸듯이' 공부하는 것이다. 반면 보통의 학생들은 '시험에 나올 만한 것'만 공부하려고 한다. '범위와 체계를 생각하지 않고 문제를 풀든 무엇을 하든 무조건 많이 공부하면 장땡'이라고 생각한다.

오답노트는 틀린 문제를 체크해서 풀어보는 것이기 때문에 결국 사후관리다. 오답노트를 작성하는 것 자체는 효과가 있다. 틀린 문제를 한 번 더 풀어보기 때문이다. 그러나 나중에 점검할 때 오답노트만 보는 것은 문제다. 오답노트가 있으니 그것만 보게 된다. 무엇을 모르고, 무엇을 아는지 불투명해진다. 그러면 성적은 떨어진다. 공부를 못하게 제한하는 비결이나 다름없다.

100개의 문제를 풀어 5개를 틀렸다고 해보자. 그래서 5개만 오답노트를 작성했다. 그런데 일주일 후에 풀어도 같은 문제를 틀릴까? 아니다. 다른 문제를 또 틀린다. 저번에는 1번, 17번이 틀렸다면, 이번에는 1번은 맞고 뜬금없이 55번을 틀릴 수도 있다. 오답노트 작성한 문제를 맞았다고 해도 다음에 다른 문제가 틀리면 아무 소용이 없다.

## 실수하지 않고 시험을 잘 준비하는 법

1. 교과서와 자습서의 체계를 익히고 다른 사람에게 설명할 수 있을 정도로 완벽히 이해한다.
2. 실전 시험에 대비해 기출 문제를 반복해서 풀고 여러 가지 유형을 익힌다.
3. 스톱워치로 제한 시간을 정해놓고 문제를 푸는 연습을 반복한다.
4. 실수가 자꾸 나오는 문제의 경우는 완벽하게 암기해서 문제를 풀어본다.
5. 실전 환경에 적응해서 푸는 훈련을 반복해서 꾸준히 한다.

## 05 자신과 경쟁해야 진정한 전교 1등이 된다

긍정지능

> "길을 가다가 돌이 나타나면 약자는 그것을 걸림돌이라고 하고,
> 강자는 그것을 디딤돌이라고 말한다."
> – 토마스 칼라일(영국의 역사가, 비평가)

### 판정에 항의하기 전에 먼저 자신의 실력을 돌아봐라

현재 전교 1등인 고등학생 윤형민 군의 이야기다. 2학년 1학기 중간고사에서 영어 시험을 봤는데 1등급이 나왔다. 그런데 어떤 학생이 항의를 했다. 고등학교 수업을 하다 보면 반마다 진도가 다른 경우가 있다. 진도가 빠른 반에서 외워야 할 단어를 정리해준 것이 시험 지문에 나온 것이다. 특정하게 그 반에 유리한 상황이니 공정성을 상실했다는 것이다. 그 학생의 항의가 받아들여지자 다른 학생들은 다른 문제로 또 여기저기 불만을 제기하고 항의했다. 결국 4문제가 모두 정답으로 처리되었다.

윤 군은 조금 어려웠던 그 4문제를 모두 맞았다. 오히려 쉬운 문제를 하나 틀렸을 뿐이다. 그런데 4문제를 다 맞게 해주니 불리한 상황이 되고 말았다. 결국 윤 군은 1등급에서 4등급으로 내려갔다. 난감해

진 선생님이나 학부모들이 윤 군에게 문제를 제기할 것을 요구했지만 윤 군은 굳이 그렇게 하지 않았다. 왜 항의하지 않느냐는 사람들에게 윤 군은 그때 속으로 이렇게 대답했다.

'제가 틀린 문제를 항의한다고 제 실력이 향상되는 건 아닙니다. 그냥 감수하고 기말고사 잘 보기 위해 더 노력하겠습니다.'

윤 군은 더욱 분발해서 공부했다. 기말고사 영어 시험은 매우 어려웠다. 윤 군은 1문제를 틀렸지만, 다른 학생들은 훨씬 많이 틀렸다. 결과적으로는 학기 전체에서 1등급을 받았다. 그는 한때의 점수에 연연하지 않고, 꾸준히 실력을 쌓아갔다. 흔들리지 않고 과정중심적인 생각과 실천으로 바람직한 결과를 얻은 것이다. 실제 윤 군의 마음가짐은 이랬다.

'판정은 내 영역이 아니다. 항의할 시간에 공부하는 게 더 낫다.'

## 과정중심은 '타인이 아니라 부족했던 어제의 나'와 싸운다

심리학자 버나드 와이너는 현상의 원인을 어떻게 파악하느냐에 따라 동기가 결정된다고 말했다. 어떤 학생이 시험을 못 보았을 때, 학생이 생각할 수 있는 실패 원인은 네 가지로 압축된다. 재능, 노력, 운, 과제난이도이다. 이때, 외적이거나 고정된 요소는 당사자가 바꿀 수 없는 것이다. 학습 동기는 원인을 '노력'이라고 생각했을 때만 나온다.

| 재능 (내적 / 고정) | 노력 (내적 / 변화 가능) |
|---|---|
| 과제난이도 (외적 / 고정) | 운 (외적 / 변화 가능) |

문제를 잘못 푼 것은 다른 누구도 아닌 바로 '나'다. 선생님도 실수할 수 있지만 그건 내 영역이 아니다. 내 영역에서 "다음 시험 더 잘 보기 위해 최선을 다하겠다."라는 긍정적 생각이 중요하다. 이런 태도가 훨씬 더 실력을 향상시킨다.

윤형민 군은 다른 학생들이 판정 번복과 그 과정에 오래도록 신경 쓰고 속 끓이는 시간에 그는 다음 시험을 더 충실하게 준비했다. 외부 요인에 좌우되지 않기 위해 노력한 것이다. 결과에 연연한다면 잘못된 결과를 남의 탓으로 돌려야만 한다. 자신의 상처 난 자존심을 보상받아야 하기 때문이다. 나는 변하지 않으면서 남 탓만 하다 보면 갈수록 더 고통스러워진다.

### 결국, 긍정의 태도가 최고의 결과를 만든다

삶에서도 마찬가지다. 일이 잘 풀리지 않는다고, 주변 사람들을 탓하다 보면 정작 해답을 찾기 힘들다. 설령 다른 사람이 99퍼센트 잘못했다고 해도 마찬가지다. 어쨌든 1퍼센트라도 잘못은 내게도 있는 것이다. 내가 무엇을 잘못했는지, 내가 채워야 했던 부분이 무엇인지 생각하고 깨달아야만 스스로가 개선할 점이 비로소 보인다. 긍정적인 사람이 결국 최고의 결과를 만들어 내는 비밀은 바로 여기에 있다.

학생들이 시험을 망칠 때는 결과중심으로 가고 있는 경우가 대부분이다. 운동 경기에서도 실력이 출중한 선수들은 심판이 오심을 했다고 필요 이상으로 항의하지 않는다. 운동 경기와 마찬가지로 공부도 똑같이 주어진 환경에서 서로 공정하게 경쟁하는 게임이다. 남을 짓밟는다고 내 실력이 올라가지 않는다. 공정한 경기라고 생각하고 즐길 수 있으려면 과정중심으로 가야 한다.

인생은 길다. 길게 보고 실수를 극복할 수 있는 내면의 힘을 길러야 한다. 어렸을 때 좋은 습관을 들여야 한다. 실수에 대한 근본적 처방으로 자신은 고치려고 하지 않고 외부의 탓으로만 돌리면 결국 언젠가는 크게 무너진다. 성인이 되면 삶 자체가 시험의 연속이다. 실수에 대해 열린 사고를 갖지 않으면 행복한 삶을 영위하기 힘들다. 열린 사고를 가져야 행복하게 살아가는 힘도 강해진다.

가장 중요한 것은 '나는 제대로 했는가?'

과정중심으로 공부하면 점수 하나하나에 연연하지 않으니까 답안지 작성할 때 실수할 가능성도 적어진다. 결과에 대한 스트레스와 긴장이 덜하기 때문이다. 현실에서는 운도 굉장히 많이 작용한다. 결과를 중심에 두면 운 때문에 스트레스를 엄청나게 받게 된다. 하지만 과정중심은 이렇게 생각한다.

'운은 내 영역이 아니다. 나는 최선을 다했는가?'

어떤 상황에서도 최선을 다하려고 노력한다. 내가 할 수 있는 걸 제대로 하면 된다. 결과중심은 운이 안 좋거나, 외부 조건이 안 좋으면 포기할 가능성이 높다. 고3 때 반 35명 중에서 20등이면 무조건 포기한다. 지금 해봤자 안 된다는 생각 때문이다. 그러나 **과정중심은 어떤 상황에서도 포기하지 않는다. 할 수 있는 한 최선을 다한다.**

현재 고등학교 전교 1등인 최윤상 군의 이야기다.

고등학교 1학년 1학기 때 몸이 아팠다. 중간고사를 한 달 앞두고 쓰러졌다. 병원 다니느라 학교를 그만둬야 하나 고민해야 할 지경이었다. 공부를 할 수 있는 상황이 아니었다. 디스크가 심해서 움직일 수조차 없었다. 만약 결과중심으로 생각했다면 좌절하고 포기했을 거다. 하지만 과정중심에서는 마지막 순간까지도 포기란 없다. 최 군은 생각했다. '내가 할 수 있는 데까지 최선을 다해보자.'

마음을 비우니 스트레스를 덜 받았다. 아픈 몸으로 이를 악물고 공부하려 했다면 스트레스가 심해서 건강이 악화되었을 것이다. 교과서와 자습서로 기본을 충실히 하고 기초를 다져가면서 누워서 공부를 했다. 무리하지 않자 몸이 나아져 다행히 시험을 정상적으로 봤고, 최 군은 전교 1등을 유지할 수 있었다.

# 06 최상위권에 가기 위한 태도 – GRIT

긍정지능

> "이 세상에서 성공하는 사람들은 자리에서 일어나
> 그들이 원하는 환경을 찾는 사람들이다.
> 그리고 원하는 환경을 찾지 못할 때에는 그들이 원하는 환경을 만든다."
> – 조지 버나드 쇼(영국의 극작가, 비평가)

**남이 보지 않는 곳에서 노력하는 자가 승리한다**

실수와 실패를 뚫고 끝내 좋은 결과를 얻는 가장 핵심적 요소는 무엇일까?

펜실베니아주립대학 심리학자 앤절라 다크워스 교수는 25세부터 65세까지의 2,000명 이상의 사람에게서 성공의 비밀을 조사했다. 조사 결과 재능보다 중요한 것은 끈기이며 노력을 계속하는 사람이 성공했다. 재능이 있다면 그것은 남이 보지 않는 곳에서도 끊임없이 노력을 하는 능력이었다. 목표를 향해 가는 과정 중에는 실패도 있고, 어려움도 있고, '내가 뭐하고 있는가' 하는 슬럼프도 오기 마련이다. 하지만 반드시 이룰 수 있다는 희망을 잃지 않고 끝까지 노력하는 끈기와 열정을 가진 사람이 성공했다. 성공에 필요한 것은 IQ가 아니라 '그릿'이었다. '물러서지 않는 투지'나 '기개'를 뜻하는 '그릿(GRIT)'은

'Growth(성장), Resilience(회복탄력성), Intrinsic Motivation(내재적 동기), Tenacity(끈기)'를 포함한다. 어떠한 절망적인 상황에서도 포기하지 않는 것을 의미한다.

"성공을 예측할 수 있었던 사람들에게서는 한 가지 공통된 특성이 보였습니다. 그것은 좋은 지능도 아니었고, 좋은 외모, 육체적 조건도 아니었고, 아이큐도 아니었어요. 그건 바로 '기개(grit)'였습니다. 기개는 목표를 향해 오래 나아갈 수 있는 열정과 끈기지요. **기개는 지구력이에요. 해가 뜨나 해가 지나 꿈과 미래를 물고 늘어지는 거예요.**"[9]

### IQ와 성공은 비례하지 않고 오히려 반비례한다

앤절라 다크워스는 조사를 하면서 IQ와 성공은 비례하지 않고 오히려 반비례에 가깝다는 사실에 놀랐다. 어떤 역경과도 맞서서 끝내 포기하지 않는 투지와 힘이 가장 중요하다. 이 단어와 비슷한 의미로 유대인들에게는 '후츠파(Chutzpah)'라는 용어가 있고, 핀란드에는 '시수(Sisu)'라는 단어가 있다. '후츠파'는 도전 정신을 뜻하고, '시수'는 담력이라는 의미다.

유웨이중앙교육 그릿연구소가 그릿과 학업성취도의 관계를 알아보기 위한 조사를 진행했다. 일반고·특목고(국제고)·자사고(전국 단위 모집) 세 곳의 협조를 얻어 재학생 636명을 대상으로 그릿 테스트를 실시했다. 일반고는 표본집단을 무작위로 추출했다.

▼ 학업성취도가 높은 학교 학생들이 그릿 점수도 높다[10]

| 구분 | 학생구분 | | |
|---|---|---|---|
| | 특목고 | 자사고 | 일반고 |
| 자기조절력 | 74.8 | 70.29 | 48.5 |
| 자기동기력 | 74.6 | 72.59 | 47.53 |
| 대인관계력 | 76.64 | 73.15 | 41.05 |
| 총점 | 78.04 | 74.25 | 44.89 |

*고교생 636명 조사    자료: 유웨이중앙교육 그릿연구소

조사 결과 학생들의 그릿 총점은 학교 유형에 따라 차이를 보였다. 일반고 학생의 점수 평균은 44.89점에 그쳤다. 반면 특목고는 78.04점, 자사고는 74.25점으로 나타났다. 특목고·자사고는 애초에 성적이 우수한 학생을 받는 곳이다. 특목고·자사고의 그릿 점수가 일반고보다 압도적으로 높았다.

학교 유형에 따라 가장 차이를 보이는 건 대인관계력이었다. 공감 능력, 관계성, 표현 능력 등의 세부 항목으로 구성된 대인관계력 점수를 비교하면 특목고(76.64점)가 일반고(41.05점)에 비해 35.59점이나 높았다. 연구진은 "그릿의 요소 중 대인관계력은 인성과 가장 밀접한 관련을 갖고 있다."며 "성적이 우수한 학교 학생들의 점수가 현저히 높다는 사실은 인성이 학업성취도에 그만큼 중요한 역할을 한다는 의미"라고 분석했다.

## 끝까지 포기하지 않는 것이 가장 중요

2010년 서울대학교에 합격한 한정섭 군은 수능시험 수학 과목 만점자다. 한 군은 모의고사를 채점한 후에 모든 문제를 다시 검토했다. 새로운 유형의 문제부터, 틀리지는 않았지만 헷갈렸던 문제까지 모조리 체크해 다시 한 번 정리했다. 그리고 실수를 했다면 실수의 원인을 정확히 파악했다.

그는 인터뷰에서 "꼭 수학뿐만이 아니라 모든 과목에서 포기하지 않고 노력하는 것은 굉장히 중요한 것 같아요."[11]라고 말했다. 실패 앞에서 무너지지 않는 그릇이 그를 수학 만점자로 만들었다.

늦었다고 생각할 때가 가장 빠른 때다. 공부하는 학생에게는 특히 더 그렇다. 늦었다는 걸 깨닫는 건 자신의 변화가 본격적으로 시작되었다는 결정적 증거다. 결심했을 때부터 할 수 있는 만큼 꾸준히 해나가면 된다. 지금까지의 성적이나 결과를 이제 와서 바꿀 수는 없다. 그러나 앞으로 나 자신의 미래는 내 힘으로 바꿀 수 있다.

지금 눈앞의 과제에 최선을 다하면 된다. 1퍼센트라도 더 나아지는 것을 목표로 삼으면 된다. 당장 성적이 오르지 않더라도 근본적인 태도, 마음가짐, 자세가 바뀐다. 그러면 결국 삶에서 원하는 목표를 이룰 수 있다.

## 꼴찌의 인생역전 공부법 – '끈기 공부법'[12]

### 처음부터 차근차근 과정을 밟은 이종훈 씨

이종훈 씨는 고등학교 때 전교 755명 중 750등으로 꼴찌였다. 학창 시절에 야구를 했기 때문에 공부를 늦게 시작했지만 노력한 끝에 사법 시험까지 합격할 수 있었다. 공부 비법은 간단했다.

1) 지금부터 시작한다
2) 기초부터 공부한다
3) 치열하게 버틴다

학창 시절, 그는 야구를 정말 열심히 했지만 결과가 항상 좋지만은 않았다. 누구보다 노력했지만 주전 선수가 되지는 못했다. 고등학교 2학년 말에 심리적으로 힘들어하는 그에게 아버지가 말씀하셨다.

"네가 야구를 한다면 끝까지 밀어주겠다. 하지만 야구를 그만두는 것도 한번 생각해봐라."

그는 진지한 고민 끝에 야구를 그만두기로 결정했다. 오랜 기간 사랑했던 야구였지만 그만둔 후로는 야구 중계조차 보지 않을 정도로 멀리했다. 그리고 공부를 시작했다. 그러나 야구만 했던 그에게 공부는 너무나 어려웠다. 책상에 앉기만 하면 졸고, 고3인데 'mommy, daddy, happy'도 몰랐다. 그런 그를 사법 시험 합격까지 이끈 건 '끈기'였다. 그에게는 오랜 운동으로 다져진 승부욕과 끈기가 있었다.

야구를 하면서 얻은 체력과 끈기, 근성, 승부욕은 그의 공부에 가장 큰 원동력이 되었다. 4~5시간만 자도 버틸 수 있는 체력과 정신력도 있었다. 야구에서 성공하지 못했다는 좌절감과 실패가 오히려 '아직 늦지 않았다', '나는 할 수 있다'라는 버팀목이 되어주었다.

그는 "처음부터 공부를 했더라면 더 잘했을 것이라고 말씀을 해주시는 분이 많습니다. 하지만 생각해보면 야구를 했었기에 지금의 제가 있다고 생각합니다. 야구를 하면서 승부욕, 근성, 끈기를 배울 수 있었습니다."라고 말했다.

**공부는 정직하다**

그는 서두르지 않고 중학교 과정부터 차근차근 공부를 시작했다. 영어와 수학은 중1 과정부터 공부했다. 나머지 과목도 기초부터 쌓아나갔다. 기초 개념이 이해되기 시작하면서 공부가 재미있어지기 시작했다. 그는 공부에 대해 이렇게 말했다.

"공부가 재미있으려면 문제가 해결되어야 해요. 고2, 3이 되어 공부를 시작하면 대부분 문제집을 펴놓고 있어요. 당연히 공부가 재밌을 리 없죠. 모르면 초등학교, 중학교 책부터 시작하는 게 순서예요."

무엇보다 그는 '공부는 노력한 만큼 결과가 나온다'는 사실이 너무나 행복했다. 그는 야구를 그만두고 첫 시험에서 반 27등이라는 놀라운 성적 향상을 보였다.

그는 6개월 만에 중학교 과정을 마쳤다. 그러나 수능까지는 너무 촉박해서 검정고시를 선택하고 재수를 했다. 1년 후 그는 수능 400점 만점에 388점을 맞았다. 그리고 사법고시도 합격할 수 있었다.

"여러분이 살면서 어떤 것에 실패했다고 생각하는 경험이 있을 것입니다. 그러나 그 실패가 실패로 끝나는 것이라고 생각하지 않습니다. 야구에 실패했던 경험이 공부할 수 있었던 원동력이 될 수 있었습니다. 어떤 결과가 나온 것은 중요하지 않습니다. 최선을 다했다면, 그때 실패를 했더라도 그 사람은 다른 길에서 성공을 찾을 수 있다고 확신합니다. **포기하지 않는다면 언제든지 인생에서 역전의 기회는 찾아온다고 믿습니다. 역전의 기회를 마련해주는 것은 그 누구도 아닌 여러분 자신입니다.**"

미켈란젤로는 쉰다섯 살에 이탈리아 피렌체 도서관을 설계했고 예순세 살에 성 베드로 성당을 건축하기 시작했다. 그때 그는 일기에 이렇게 적었다.

"나는 지금도 계속 배우고 있다. 천재는 곧 끝없는 인내심이다."
― 미켈란젤로

## 실수와 열린 사고에 대한 간단한 테스트

다음 문제를 풀어보자. 우선, 첫 번째는 예일대학교 셰인 프레데릭 교수가 만든 인지반응 검사[13] 문제다.

> 1. 야구방망이와 야구공을 합친 가격은 1달러 10센트이다. 방망이의 가격이 야구공의 가격보다 1달러 더 비싸다. 그렇다면 야구공의 가격은 얼마인가?
> \_\_\_\_\_ 센트

다음 문제는 경기도 OO초등학교 영재반 수업 중에 나오는 문제다.

> 2. 아래 9개의 점을 직선 4개를 띄지 않고 연결해서 한 붓 그리기로 이어 보라.
>
> • • •
> • • •
> • • •

(정답은 다음 장에 있다. 미리 보지 말고 풀어보고 다음 장으로 넘어가라.)

1번 문제는 이미 알고 있거나 수학적 사고에 익숙한 사람이 아니라면 틀렸을 가능성이 크다. 그러나 실망하거나 좌절하지 말라. 셰인 프레데릭 교수가 미국 MIT학생들에게 이와 비슷한 문제를 3개 출제해서 테스트했을 때 3문제 모두 정답을 맞힌 학생이 1/2도 안되었다. 겨우 17퍼센트만 정답을 모두 맞혔고, 1/3은 1문제도 정답을 맞히지 못했다.

바로 밑의 2번 초등학교 영재반 수업의 문제 역시 마찬가지다. 못 풀었다고 실망하지 마시라. 미리 배웠거나 문제 유형에 익숙했던 학생이 아닌 경우 맞힌 학생은 거의 없었다.

**알지만 틀리는 것, 그것이 실수다**

밑에 정답이 있다. 정답을 보면 어떤 생각이 드는가? 문제를 자세히 들여다 보면서, 당신이 중학교 수준의 학력 이상인 사람이라면 충분히 정답을 맞힐 수 있겠다고 생각했을 것이다. 1번은 손으로 적어서 직접 계산만 해도 충분히 맞힐 수 있는 문제이고, 2번 문제는 고정적 사고에서 벗어나면 풀 수 있는 문제다. 모르는 문제가 아닌 이 지점에 실수의 영역이 존재한다. 결국 과대평가나 과소평가가 실수를 부른다. 자신에 대한 과대평가는 성급함과 자만심, 그리고 속단으로 연결된다. 과제에 대한 과소평가는 고정관념을 낳는다. **중요한 것은 실수를 하지 않는 것이 아니라 열린 자세로 자신의 실수를 받아들이고 고치려 하는 힘을 갖는 것이다.** 실수를 극복해가는 과정에서 자신감이 생긴다. 실수를 고치려는 태도는 두려움과 불안을 최소화시킨다.

정답

1. 5센트

2.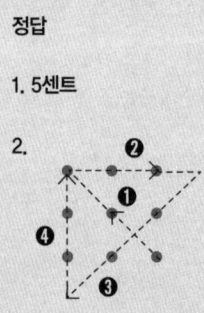

> 과정중심 부모 교육 지침서 2

### 3. 학습 계획은 10년 앞을 내다보고 세워라

아무리 내 아이라도 정확히 어떤 성향인지, 어떤 재능을 가졌는지는 부모도 알기 어렵다. 또한 내 자식에게 객관적이기도 힘들다. 아이의 적성은 되도록 빨리 파악해서 장기적인 전략을 짜면 좋다. 중학교에 입학하여 심리적성검사를 한 번쯤 받아보는 것이 전략을 짜는 데 도움이 된다.

중학교 1학년 첫 시험을 본 후에, 이에 맞춰서 더 필요한 기초를 길러줄 수도 있고, 방학 때 경험을 쌓기 위한 봉사활동을 갈지 부족한 공부를 더 할지 계획을 짤 수도 있다. 또한 학원을 선택하더라도 하나부터 열까지 스케줄을 빡빡하게 짜주는 내신관리형 학원에 보내야 할지, 최소한의 점검과 확인만 해주면서 자기주도성을 키워주는 학원에 보내야 할지 알 수 있다.

### 4. 시험 결과에 동요하지 말고 침착하게 대응하라

특히 중학교 첫 시험에 실망감을 감추지 못하는 부모들이 많다. 그러나 가장 많이 상심한 것은 아이들이라는 사실을 잊지 말자. 화도 나고 잔소리도 하고 싶겠지만 최대한 침착하게 대응해야 한다. 성적에 대해서 이러쿵저러쿵 평가하기보다는 기본 실력에 대한 대화를 나누어야 한다. **'시험을 위해 공부해야 한다'는 마음을 가지게 해서는 안 된다.** 같은 맥락에서 시험 후에도 **'시험을 봤으니 공부 안 해도 된다'는 마음도 금물이다.** 시험지를 앞에 펼쳐놓고 문제를 함께 해설해보면 금방 드러난다. 동그라미가 쳐져 있어도 찍어서 맞힌 문제라는 것을 상기시켜주고 하나하나 풀어줘야 한다.

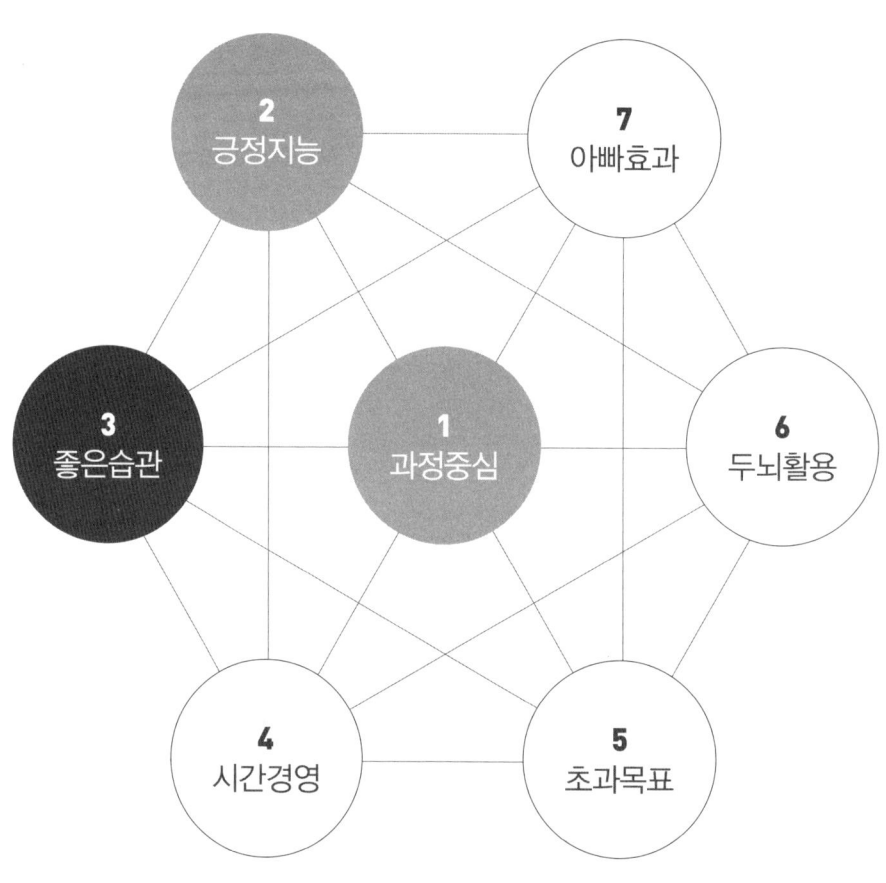

# 3장

## 좋은 습관을 가져라

> "우리가 반복하는 것이 우리 자신이다.
> 그렇다면 탁월함은 행동이 아닌 습관인 것이다."
> – 아리스토텔레스(그리스 철학자)

**INTRO** 서울대는 엉덩이로 간다

01 좋은 부모는 습관을 물려준다
02 어릴수록 화면을 멀리하는 것이 좋은 습관
03 김연아의 엉덩방아 데이비드 베컴의 프리킥
04 공부에 좋은 습관은 무엇이 있고,
　　어떻게 만들어야 하는가?
05 습관의 실체와 습관의 비밀
06 공부를 즐기는 비밀, 몰입의 습관

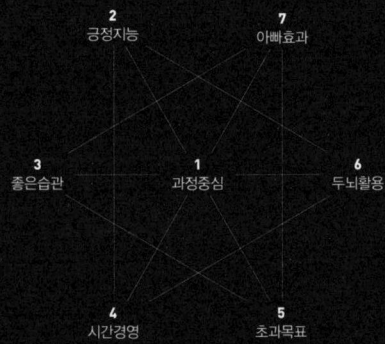

**INTRO** 서울대는 엉덩이로 간다

학생이 공부를 잘하려면 세 가지가 필요하다. 첫째, 어린 시절부터 책과 친하게 지낸 환경. 둘째, 가족 모두가 늘 공부하는 집안 분위기. 셋째, 교육열과 자식에 대한 사랑으로 무장한 극성 아빠와 엄마. 그런데 이 모두를 합쳐서 만들어지는 한 가지가 있다. 바로 좋은 공부 습관이다. 서울대는 엉덩이로 간다고 할 때, **'엉덩이'란 '오래도록 끈기 있게 집중하는 공부가 몸에 밴 상태나 습관'**을 뜻한다.

공부 습관을 제대로 갖추고 승승장구하는 학생들은 전체 학생 중 1퍼센트 정도에 불과한 소수이다. 반대로 제대로 된 공부 습관을 가지고 있지 못하여 '악순환'을 반복하는 학생들의 수는 셀 수 없을 정도로 많다. 아무리 좋은 선생님, 좋은 교재, 남아도는 시간이 있어도 쓰지 않고 흘려버리는 습관만 있다면 무용지물이다.

일상을 채우는 좋은 습관이 운명을 바꾼다.

## 01 좋은 부모는 습관을 물려준다

좋은 습관

> "성공하는 사람은 실패하는 사람들이 하기 싫어하는 일을 하는 습관을 가지고 있다. 그 사람들은 그 일을 좋아서 하는 것은 아니다. 그들의 강력한 목적의식이 싫은 감정을 극복해낼 뿐이다."
> – 앨버트 그레이(영국의 정치가)

**빌 게이츠가 아버지에게 물려받은 유산, 좋은 습관**

공부는 습관이다. 서울대는 좋은 공부 습관으로 간다. 좋은 습관을 가지고 있느냐 없느냐가 행복하고 바람직한 인생을 살 수 있는지를 판가름한다. 과정중심으로 공부하는 우수한 학생들은 공부에 좋은 습관을 가지고 있다.

습관은 선천적으로 가지고 태어나는 걸까? 그렇지 않다. 습관은 부모가 만들어준다. 만들어진 습관은 인생을 살아가는 데 있어 타고난 머리보다 중요하다. 습관은 제2의 천성이라고 한다. 습관은 인성을 닦고 태도를 바로잡아가는 끊임없는 과정 속에서 형성된다. 습관은 두 가지 범주로 구성된다. 첫째는 시간, 둘째는 반복이다.

좋은 습관을 가지기 위해서는 오랜 훈련과 반복이 필요하다. **좋은 습관을 가진 학생 뒤에는 어김없이 좋은 습관을 가진 부모가 있다.** 그래서 좋은 부모는 돈을 물려주지 않고 좋은 습관을 물려준다.** 세계 제일의 부자 빌 게이츠가 그의 아버지에게 물려받은 최고의 자산은 좋은 습관이었다.

빌 게이츠는 자신의 성공을 '독서 습관' 덕분이라고 밝힌 적이 있다. 빌 게이츠의 아버지는 주말에 남매들을 데리고 자주 도서관에 갔다. 평일 저녁에는 항상 함께 식사를 했으며 식사가 끝나고는 TV 앞에 모이는 대신 읽은 책에 대해서 이야기꽃을 피웠다. 모르는 내용에 대한 것이라면 식사 중이라고 해도 사전을 꺼내와 궁금증을 풀어주었다. 빌 게이츠는 10세가 되기 전에 도서관에 있던 백과사전을 모두 읽었고, 자연스럽게 독서 습관을 기를 수 있었다.

**우리 삶은 습관의 덩어리다**

듀크대학교에서 발표한 논문에 따르면, 우리가 매일 하는 행동의 40퍼센트는 의사 결정의 결과가 아니라 습관이라고 한다. 사람들은 습관적으로 밥을 먹고, 잠을 자고, 일을 하고 공부를 한다. 날마다 행해지는 습관은 사소해 보이지만 인생 전체에 결정적인 영향을 준다. 당연히 습관을 바꾸면 인생이 바뀐다. 성공적이고 행복한 삶을 살 수 있다.

'세 살 버릇 여든까지 간다'는 말을 습관에 적용해보면 두 가지를 알 수 있다. 첫째, 습관은 어릴수록 익히기 쉽다. 둘째, 습관은 오랜 시간 지속된다. 나이가 들수록 좋은 습관을 새로 만드는 건 매우 힘들다. 초등학생에게 습관의 싹을 틔우는 건 3개월 정도면 가능하다. 물론 이 습관이 완전히 몸에 배기 위해서는 적게는 1년에서 많게는 5년 이상 오랜 시간이 필요하다.

초등학생이 인터넷 만화, 웹툰을 보는 습관을 가졌다면 만화책 보는 습관으로 바꾸는 것은 3개월이면 된다. 만화책을 보던 아이에게 종이 책 보는 습관을 가지게 하는 것도 3개월이면 가능하다. 무언가를 보는 습관이 있기 때문에 쉽게 변화가 가능하다.

마찬가지로 책 읽기나 그리기 또는 만들기 등을 하면서 어느 정도 습관의 기초가 형성되어 있는 아이라면 집중력을 유지시키면서 공부를 하게 할 수 있다. 하지만 공부 습관 자체를 정착시키는 것은 3개월로는 부족하다. 최소한 몇 년 이상의 시간이 흘러야 한다.

책 읽기, 그리기, 만들기는 대부분 좋아서 한다. 그러나 국어, 영어, 수학, 사회, 과학 등으로 구성된 공부는 싫어도 해야 한다. 좋아서 하는 행위가 습관이 되는 것은 쉬워도, 싫어도 해야 하는 공부가 습관이 되는 것은 어렵다. 지속적인 동기부여와 환경이 뒷받침돼야 한다.

**몸에 인이 박여야 제대로 된 습관**

나이가 어릴 때 머리가 좋은 아이들은 짧은 시간만 공부해도 좋은 성적을 낸다. 그러나 중학교 고학년부터는 다르다. 아이가 머리는 좋은데 공부를 하지 않는다는 학부모들의 하소연을 자주 들을 수 있다. 어릴 적 쉽게 좋은 성적을 내는 것만 믿고 꾸준히 공부시키지 않았기 때문에 나타나는 일이다. 공부는 꾸준히 오래 해야 한다. 몸에 인이 박여야 한다. 최소 4~5년 이상 어떤 어려움이 있더라도 버텨내야 한다. 학교의 선생님들은 많은 학생들을 겪어 이 사실을 잘 알고 있다. 선생님의 자녀들이 대체로 공부를 잘하는 건 어릴 적부터 공부를 생활화시키기 때문이다. 책 읽는 버릇이나 공부하는 습관은 어릴수록 잘 만들어진다. 공부 습관은 어렸을 때 잡는 것이 가장 좋다.

### 사람은 유통기한이 정해진 상품이 아니다

그럼, 어릴 때 좋은 습관을 못 만들었다면 어떻게 한단 말인가? 벌써 중학교 3학년이라면, 아니 고등학교 2학년이나 3학년이라면 이미 늦은 것일까?

늦은 것은 맞다. 그러나 늦었다고 생각할 때가 가장 빠른 때다. 대학에 진학한 이후에도 삶은 계속된다. 학창 시절에 공부 못하고, 어릴 때 좋은 습관이 잡히지 않았다고 인생이 끝장나지 않는다. 만약 유통기한이 지난 상품이라면 당연히 버려야 한다. 그러나 사람은 유통기한이 정해진 상품이 아니다. 사람이 지닌 습관은 죽을 때까지, 죽어서도 대를 이어 계속된다.

누구나 한순간의 실수와 실패로 인생에서 힘든 순간을 만날 수 있다. 공부하는 습관이란 이런 실수와 실패를 극복하고 이겨내는 법을 익혀서 결국 올바른 삶으로 가는 과정을 배우는 것이다. 조바심하지 않고 열심히 하면 언젠가는 기대한 성과를 얻을 수 있다.

누군가 죽기 전에야 비로소 좋은 습관을 가졌다고 하자. 그것이 잘못일까? 그렇지 않다. 자신의 대에 꽃을 피우지 못해도 다음 대에서는 반드시 아름다운 결과물이 나온다.

### 66일이면 공부 습관을 만들 수 있을까?

영국 런던대학교 필리파 랠리 교수는 실험을 통해 새로운 습관이 자연스러워지는 기간을 66일이라고 밝혔다. 지원자들에게 매일 똑같은 행동을 하나씩 하도록 시켰는데 그 행동을 의식 없이 하게 되는 날짜를 조사했다. 빠른 사람은 18일 만에, 오래 걸리는 사람은 84일이 걸렸다. 평균은 66일이었다.

이러한 사실은 이제 공부에 조금만 관심이 있는 사람이라면 쉽게 알 수 있다. 더 짧은 기간에도 가능하다면서 홍보하기도 한다. 66일 공부법, 4주 트레이닝 등이 많은 사람들에게 각광받고 있다.

그러나 66일이면 2개월이 조금 넘는 기간인데, 2개월에 해결될 공부가 어디 있고, 2개월에 해결되면 세상에 공부 못할 사람이 어디 있겠는가? 물론 문제의 근본적인 해결은 어려워도 습관의 기초를 형성할 수는 있다. 하지만 공부는 끊임없는 과정의 연속이다. 이 사실을 반드시 유념해야 한다.

## 상징적·문화적 자본을 물려주려는 부모들

현대에 와서 돈이나 부동산과 같은 자본보다 문화적 자본이 중요해지고 있다. 경제적 자본은 사라질 수 있어도 문화적 자본은 사라지지 않는다. 몸과 정신에 각인이 되기 때문이다. 문화예술적 안목과 상상력을 길러주는 것은 문화적 자본을 물려주기 위한 것이다.

문화적 자본은 '예술작품을 향유하는 안목'이다. 문화적 자본은 최근 들어 사회적으로 성공하는 데 경제적 자본보다 더 중요한 자산이 되고 있다. 문화적 감수성이 성공의 중요한 요소가 되고 있다. 교육열이 높은 부모들은 그래서 이러한 문화적 감수성을 어렸을 때부터 미리 키우려고 한다.

### 문화적 자본의 세습

프랑스 사회학자 부르디외는 자본을 경제적 자본, 사회적 자본, 문화적 자본으로 구분했다. 경제적 자본은 현금이나 재산 등과 같은 경제적 자원을 말하며, 사회적 자본은 인맥을 활용한 현실적·잠재적 자원을 말한다. 문화적 자본은 한 개인에게 보다 높은 사회적 지위를 가져다주는 지식, 소양, 기술, 교육 등을 지칭한다. 문화적 자본에 대해 보다 자세히 살펴보면 아래와 같다.

· 체화된 문화적 자본 : 지식, 안목, 소양, 매너 등
· 객관화된 문화적 자본 : 책, 그림, 도구, 기계 등
· 제도화된 문화적 자본 : 학위, 학력, 자격 등

교육은 문화적 자본을 형성하는 가장 효율적인 방법이다. 그래서 교육에서 소외되거나 이탈한 사람들은 문화적 자본을 쌓을 수 없다. 이는 사회 불평등의 주요 요인이 된다.

**예를 들면, 경제적 자본은 우리 사회에서 '학력'을 만드는 데 중요한 역할을 한다.** 우리나라에서 '대학 진학은 돈으로 결정된다'는 것이 어느 정도 상식으로 통용될 정도다. 경제적 자본뿐 아니라 문화적 자본까지 세습되고 있는 것이다. 학력뿐만이 아니다. 부모가 여가 시간에 독서를 하고 문화 공연을 보러 가는가, 아니면 TV를 틀어놓고 스마트폰을 들여다보고 있는가는 자녀의 자본 형성에 큰 영향을 미친다. 우리 사회에서 문화적 자본의 차이는 또 다시 **경제적 자본의 차이로 이어지고 있다.**

▼ 소득이 높을수록 교육에 돈을 많이 쓴다[1]

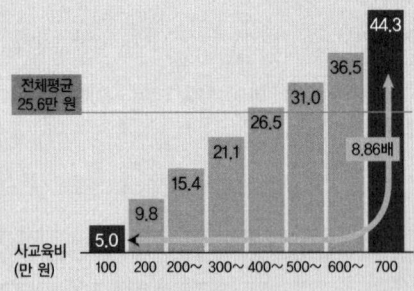

## 02 어릴수록 화면을 멀리하는 것이 좋은 습관

좋은습관

> "일상을 바꾸기 전에는 삶을 변화시킬 수 없다.
> 성공의 비밀은 자기 일상에 있다."
> – 존 C. 맥스웰(미국의 리더십 전문가)

**공부에 방해되는 습관은 끊어라**

화려한 영상과 중독성 있는 볼거리로 가득한 TV와 스마트폰은 공부하는 학생에게서 창의성과 생각하는 능력을 없앤다. 아예 생각할 여지를 차단한다. 차라리 라디오나 컴퓨터, 종이 만화가 더 낫다. 가장 좋은 것은 글이나 말로 된 콘텐츠. 글을 읽다 보면 상상을 하게 된다. 원작 도서를 보고 나서 영화를 보면 재미가 없을 때가 많다. 글을 읽을 때는 무한한 상상을 할 수 있지만, 영화는 상상력을 제한하기 때문이다. **어릴수록 스스로 상상할 수 있는 힘을 키워야 한다. 그래야 뇌가 골고루 발달한다.** 좌뇌와 우뇌가 두루 자극을 받고 발달해야 무한한 잠재력을 발휘할 수 있다.

청소년기에 문자나 활자 중독에 빠지기도 한다. 특히 만화는 쉽게 중독이 된다. 청소년기에 문자 중독이 생긴 사람은 무언가라도 봐야 하는 습관을 지니게 된다. 신문이든 뭐든 읽지 않으면 불안해지는 것이다. 하지만 활자 중독은 일반적인 수준에서라면 별 문제가 없으며, 인생 전체에 도움이 되는 경우가 더 많다. 그러나 화면 중독은 나쁜 영향만 미친다. 라디오나 문자 매체를 읽으면 머릿속에서 상상이라도 하게 된다. 그러나 스마트폰은 상상을 거의 대부분 잠식해버린다.

시험에서 성적을 올리는 것만이 목표라면 평상시에 게임을 하거나 TV를 보는 습관이 상관없을 수도 있다. 하지만 상상력은 한순간에 길러지지 않는다. 최고의 창의성도 오랜 기간의 지속적이고 규칙적인 훈련과 좋은 습관에서 나온다.

### 뇌의 중독이 아니라 선택적 애호로 만들어라

게임에 빠져 살면서 프로게이머가 되겠다는 학생들이 많다. 안타깝게도 게임에 빠져 사는 아이는 프로게이머가 될 수 없다. MRI로 판독한 결과 게임을 할 때 게임중독자와 프로게이머는 다른 부분의 뇌를 사용하고 있었다. 프로게이머가 게임할 때의 뇌는 일하고 공부하는 뇌다. 그러나 게임중독자의 뇌는 감각적 자극을 처리하는 부위만 활성화되어 있었다.

아이들이 게임할 때의 뇌는 중독자의 뇌다. 게임에 빠져 있는 아이들은 프로게이머가 연습하듯 0.1초를 단축하기 위해 수백 번 반복하여 연습하지 않는다. 게다가 하나에 중독되면 다른 것에 중독되기도 쉽다. 어릴수록 중독에서 빠져나오기 어렵다. 중독이 뇌의 일부분으로 자리잡기 때문이다. 담배나 도박을 어렸을 때 배운 아이들은 성인이 되어서도 끊지 못한다. 어릴 적 좋아하던 음식이 자꾸 생각나는 이유도 여기에 있다. **좋은 건 어렸을 때 많이 해봐야 하고, 좋은 습관은 어렸을 때 많이 만들어야 한다.**

좋은 부모는 아이에게 좋은 습관이 내면 깊숙이 자리 잡도록 한다. 하루에 1시간 TV나 스마트폰을 보는 게 아니라, 하루에 1시간 책을 보는 행복한 습관을 만들 수 있도록 유도해야 한다. 이런 습관은 온 가족이 협력해야 한다. TV에 중독되지 않도록 가족과 함께 영화관에 가서 영화를 보는 것도 좋다. 영화 관람은 가족의 문화 활동이다. 아이 역시 제대로 놀았다고 생각한다. 그러나 일상적인 TV시청은 그렇지 않다. 좋은 경험으로 기억되지 않으며 나쁜 습관으로만 남을 뿐이다. 스마트폰 역시 온갖 게임과 동영상에 중독되기 쉽게 만든다.

영화관에 갈 시간과 여유가 없다면 일주일에 한 번씩 IPTV로 온 가족이 영화를 같이 볼 수도 있다. 어떤 영화를 볼지 미리 같이 선택하고 시간 규칙을 정해 영화를 보면 된다. 화면에 중독되기보다 영화라는 문화가 가진 매력에 빠지게 된다. **중독이 아니라 선택적 애호가 되도록 부모가 습관을 만들어줘야 한다.**

다이어트도 마찬가지다. 일상생활에서 좋은 습관이 몸에 붙으면 간혹 아이스크림을 먹는 건 큰 문제가 되지 않는다. 몸에 나쁘긴 하지만 간식일 뿐이다. 하지만 중독이 되어 밥처럼 주식으로 먹는다면 매우 해롭다. 공부하는 학생에게 TV와 스마트폰은 아이스크림과 같다.

**말의 목을 벤 김유신, 베틀의 줄을 끊어버린 맹모(孟母)**

삼국을 통일한 장군 김유신과 관련해 기생 천관녀 이야기가 있다. 김유신이 화랑도의 일원으로 문무를 연마하던 시절의 일이다. 화랑도는 신라의 국가 청소년 인재양성집단으로, 15~18세 사이의 진골귀족 출신 자제들을 뽑아 운영했다. 김유신은 친구들과 어울려 술집에 드나들다 천관녀라는 기생에게 마음을 뺏겼다. 기생에 빠진 김유신을 보고 그의 어머니가 눈물을 흘리며 꾸짖었다.

"나는 이미 늙었다. 밤낮으로 네가 성장하여 공명을 세우고 임금과 어버이를 위해서 영예롭게 되기를 바랐는데, 이제 네가 동네 불량배들과 어울리고 기생집에서 놀아난다는 말이냐?"[2]

어머니 앞에서 김유신은 다시는 기생집 앞을 얼씬거리지도 않겠다고 맹세했다. 그러던 어느 날 술을 마시고 집으로 오는 길에, 졸고 있는 김유신을 태운 말이 습관적으로 천관녀가 있는 기생집을 향해 가고 말았다. 문득 정신을 차려 보니 기생집 앞이라는 걸 깨닫게 되었다. 어머니 앞에서의 맹세가 생각난 김유신은 칼을 빼서 말의 목을 베어버렸다. 칼로 말의 목을 벤 것은 김유신이지만 그 칼을 뽑게 한 것은 어머니의 하염없는 눈물이었다.

맹모삼천지교로 유명한 맹자의 어머니도 마찬가지다. 맹자는 어려서 아버지가 돌아가셨다. 맹자의 어머니는 아버지 없이 자라는 맹자를 걱정하여 더욱 엄하게 교육에 신경을 썼다. 그런데 어느 날 서당에 간 맹자가 공부가 힘들다고 도망쳐 왔다. 맹자의 어머니는 집안에 있는 베틀의 줄을 끊어버리며 꾸짖었다. 당시 옷감을 짜는 베틀은 가난한 집의 전 재산이나 마찬가지였다.

"네 공부는 나의 베짜기와 다름없다. 이 베는 한 올 한 올 이어져야 옷이 만들어진다. 모름지기 학문이란 베짜기처럼 밤낮을 가리지 않고 부지런히 연마해야 이룰 수 있는 것이거늘 네가 공부를 그만둔다는 말이냐. 나도 더 이상 베를 짤 수 없겠구나!"[3]

맹자는 어머니의 노여움 앞에서 얼굴을 들지 못하고 돌아가서 다시 공부에 열중했다. 시대와 상황은 다르지만 교육열이 높은 부모들의 마음은 이들과 다 똑같다. 맹자의 어머니처럼 베틀의 줄을 끊거나, 김유신의 어머니처럼 하염없는 눈물로 꾸짖는 대신 망치로 스마트폰을 부순다. 김유신처럼 나라의 대들보 같은 장군 혹은 맹자처럼 위대한 학자가 되거나, 최소한 바르고 행복한 삶을 살기를 바라는 마음으로.

### 대치동의 남다른 휴대폰 문화

중학생이 스마트폰이 없이 생활이 가능할까? 전혀 불가능하지는 않지만 매우 힘들다. 학교에서는 모두 걷으니 없어도 괜찮다. 그러나 방과 후에 친구들과 SNS 없이 생활하는 것은 상상하기 힘들다. 반 전체 카톡방에서 빠져나오기가 어렵다. 틈만 나면 스마트폰을 들여다보며 온갖 영상과 게임을 즐기고, 친구들의 이성교제와 이별에 흥분한다. 하지만 대치동에서는 스마트폰이 없어도 교우관계가 불가능하지 않다. 대치동 중학교 2학년 최상위권 학생인 한우정 군은 휴대폰 없이 학교에 다닌다. 학교 생활이나 친구관계에 아무런 지장이 없다. 단지 자기가 갖고 싶은 것을 안 갖고 있을 뿐이다. 그런 친구들이 주변에 적지 않다.

문화의 차이다. "○○는 공부하는 애라서 휴대폰 없어. 엄마한테 전화해줘야 돼." 이 정도로만 반응한다. 별종이나 왕따가 아니다. 자기가 선택한 학교 생활의 한 형태일 뿐이다. 그리고 최상위권 학생들은 휴대폰이 있는 학생들도 폴더폰이 대다수라 어차피 SNS가 되지 않는다. 물론 모둠활동 정보 같은 것은 부모들이 연락하여 해결해준다.

대치동의 교육열 높은 부모들은 아이가 중학생일 때 컴퓨터 게임이나 스마트폰 중독에 빠지지 않도록 심혈을 기울인다. 아이가 시험이 끝나서 할 공부가 없으면 함께 영화를 보거나 여행을 가버린다. 그냥 두면 또래들이랑 어울려서 컴퓨터 게임이나 스마트폰 놀이 말고는 할 게 별로 없기 때문이다.

지금은 고등학교에 다니는 최상위권 학생인 박상민 군도 대치동에서 생활하던 중학교 시절 부모님이 스마트폰을 3개나 부쉈다. 중학교

2학년 때 '다른 아이들은 반에서 5등만 해도 뭐 사주고 난리가 나는데 나는 왜 1등 해도 영화 한 편 보고 땡이냐!?'고 불평을 했다.

결국, 박 군의 부모는 두 가지 약속을 했다. 첫째, 일정 시간만 한다. 둘째, 게임은 하지 않는다. 그리고 최신형 스마트폰을 구입했다.

그러나 중학생이 그 규칙을 제대로 지킬 수 있겠는가? 보통 어른도 힘든데 중·고등학생이 놀거리가 가득한 스마트폰을 절제하기란 불가능하다. 부모님은 상징적으로 박 군이 지켜보는 데서 스마트폰을 부쉈다. 그러나 얼마 지나지 않아 또 졸랐고, 이번에도 철석같이 약속을 하고 스마트폰을 구입했다. 하지만 또 마찬가지였다. 규칙은 지켜지지 않았다. 다시 스마트폰을 망치로 부쉈다. 이렇게 세 번쯤 반복하고 나서야 박 군은 스마트폰으로부터 완전히 격리되었다.

### 스마트폰은 학생에게 꼭 부정적일까?

인터넷뱅킹, 전자메일 확인, 자동이체 확인, 외부에 체류할 때의 업무 보고나 지시 등 성인이 스마트폰을 사용해야 할 이유는 수없이 많다. 그러나 초·중·고등학생에게 스마트폰이 필요한 이유는 없다. 아이가 스마트폰이 필요한 이유를 열심히 설명한다고 해도 그것은 갖고 싶은 마음을 정당화하고 있는 것일 뿐이다. 학생들에게 스마트폰은 거의 필요가 없다. 학교에서 실시하는 UCC 출품대회에 나간다고 해도 디지털 카메라를 이용하거나 부모님의 스마트폰을 빌리면 된다.

스마트폰에는 청소년들에게 중독성 있는 게임이 무궁무진하고, SNS문화는 중독성과 함께 전염성까지 있다. 공부 시간과 수면 시간이 부족하다면 스마트폰이 원인일 가능성이 매우 높다. 스마트폰의 중독성은 학생의 시간을 무한대로 잡아먹고, 전염성은 좋은 습관을 여지없이 망가뜨려 나쁜 습관이 몸에 깃들게 한다.

게임이나 SNS기능이 탑재된 스마트폰이 손에 있는데 청소년기의 학생이 어떻게 중독이 안 될 것인가? 중독이 안 되는 것이 신기한 일이다. 부모가 맞벌이라서 아이와 수시로 연락해야 할 수도 있다. 하지만 연락만이라면 폴더폰으로도 충분히 가능하다. 스마트폰은 쓰면 쓸수록 기본적인 연락 기능은 10퍼센트도 남아 있지 않게 된다. 갈수록 화면 중독에만 빠진다.

SNS문화는 집중력을 앗아가는 귀신이고, 블랙홀처럼 시간을 잡아먹는다. 이러한 사실은 공부하는 학생만이 아니라 성인도 마찬가지다.

### 청소년들의 스마트폰 중독

2017년 현재 스마트폰 보급률은 80퍼센트가 넘는다. 아이든 어른이든 스마트폰을 갖고 다니지 않는 사람이 드물다. 문제는 부작용이다. 전 연령층에서 스마트폰 중독이 늘고 있다. **그중 청소년들의 스마트폰 중독은 시간이 갈수록 사회 문제로 바뀌고 있다.**

한 조사 결과, 청소년의 '과의존위험군' 비율이 다른 연령층보다 눈에 띄게 높았다. 과의존위험군은 개인의 삶에서 스마트폰 이용이 차지하는 비중이 증가하고, 이용조절력이 감소하여 문제를 경험하는 상태를 말한다.

▼ 청소년의 스마트폰 중독이 심각하다[4]

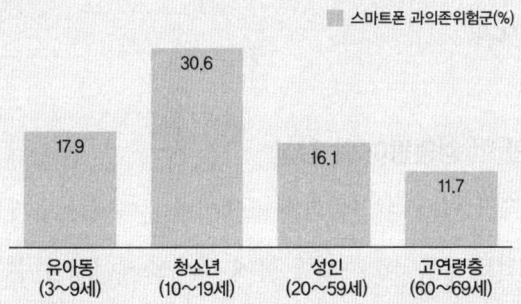

2016년 연령별 스마트폰 중독 실태조사 현황(한국정보화진흥원, 이데일리)

스마트폰에 중독된 청소년들은 스마트폰을 하루 평균 23번 사용했으며, 1회 사용시에 19분씩, 하루에 총 7.3시간을 사용했다. 스마트폰에 중독된 청소년들은 카카오톡이나 페이스북과 같은 모바일 SNS메신저를 가장 많이 하며, 그 다음으로 모바일 게임을 많이 한다.

## 03 김연아의 엉덩방아 데이비드 베컴의 프리킥

좋은 습관

> "행동을 뿌리면 습관을 거두고,
> 습관을 뿌리면 성격을 거두고,
> 성격을 뿌리면 운명을 거둔다."
> – 조지. D. 보드맨(미국의 목사)

수만, 수억 번의 빗물이 바위를 뚫는다. 작은 습관은 최고가 되는 가장 강력한 무기다. 작은 습관이 어떻게 세계 최고를 만드는지 두 명의 운동선수를 예로 들어 보자.

### 피겨 여제를 만든 '1만 번 엉덩방아'의 진실

김연아는 스무 살이 조금 넘는 나이에 피겨 스케이팅 분야에서 세계의 제1인자, 피겨의 여제로 우뚝 섰다. 일곱 살에 피겨 스케이트 선수가 되기로 결심한 김연아는 스무 살 되던 해 일기에 이렇게 썼다.

"13년 동안 훈련을 하면서 그 수를 헤아릴 수 없을 만큼 엉덩방아를 찧었고, 얼음판 위에 주저앉아 수도 없이 눈물을 흘렸다. 하지만 그런 고통이 있었기에 지금의 자리까지 한 걸음 한 걸음 올라설 수 있었을 것이다."

세계적인 선수가 되려면 만 12세 이전에 피겨의 다섯 가지 트리플 점프를 모두 완성해야 한다. 반 바퀴를 도는 점프부터 시작해서 오랫동안 스케이트를 타면 2회전까지는 누구나 할 수 있다고 한다. 그런데 '2회전 반'으로 가려면 높고 험한 산을 넘어야 한다. 그 반 바퀴를 더 돌기 위해 김연아 선수는 날마다 무수히 넘어졌다.

김연아는 매일매일 훈련하면서 한계를 체험했다. 늘 스스로와 싸웠다. 항상 일정한 상태의 실력을 유지한다는 건 너무나 힘든 일이다. 근육이 터질 것 같고 숨이 턱까지 차올라 주저앉고 싶을 때가 한두 번이 아니었다. 지금도 인터넷으로 김연아가 훈련하는 동영상을 쉽게 검색해서 찾아볼 수 있다. 1~20분 연습하는 동안 몇 번이나 넘어져 엉덩방아를 찧는지 확인해보라. 하루 연습하는 동안 수십 번 넘어져 엉덩방아를 찧는 것을 볼 수 있다.

무수히 엉덩방아를 찧는 딸을 보며 엄마는 마음이 너무 아팠다. "도대체 어떻게 해야 우리 애가 안 넘어질 수 있을까?" 평범한 주부였던 박미희 씨는 운동하는 딸을 뒷바라지하며 매일 고민했다. 그리고 그 고민을 해결하려고 노력하다 피겨스케이트 전문가가 되었다.
그녀는 날마다 주의 깊은 관찰과 연구를 하다가 김연아 선수에게 두 가지 작은 습관을 주문했다. 첫째, 회전하고 나서 착지할 때 허리를 꼿꼿이 펴고 똑바로 서라. 둘째, 운동을 시작하거나 끝낼 때 반드시 스트레칭을 하고 몸을 풀어라.

연습이 너무 힘드니 조금이라도 쉽게 하고 싶은 건 인지상정이었다. 끝나면 당연히 바로 쉬고 싶었다. 하지만 훈련 때마다 엄마 박미희 씨는 두 가지 작은 습관을 야단치고 싸워서라도 관철했다. 그렇게 싸우면서 작은 딸이 제발 안 넘어지고, 제발 안 다치길 간절히 소망했다.

**99도의 물도 1도가 모자라면 끓지 않는다**

위대한 피겨 여제는 그냥 만들어진 것이 아니다. 반 바퀴를 완성시키기 위해 김연아는 '의식적인 연습'에 몰두했다. 매 훈련마다 한계를 경험하고, 실패하고 실수를 극복해나갔다. '이만하면 된 것 아닌가?'라는 유혹과 '왜 이렇게 살아야 하나!'라는 포기의 마음은 늘 도사리고 있었다. 김연아 선수를 버티고 간 힘은 '물의 온도가 99도까지 올라도 1도를 더해 100도를 넘기지 못하면, 물은 영원히 끓지 않는다'는 생각이고, 버텨서 이겨내려는 오기였다.

엄마가 준 두 가지 작은 주문은 그 오기에 대한 냉정한 피드백이자 일상에서 지켜야 하는 습관이고 목표였다. 2회전, 2회전 반, 3회전. 원하는 만큼 회전한 뒤에 무너져 내리지 않기 위해 마지막까지 허리를 꼿꼿이 세우도록 노력했다. 운동을 시작할 때나 끝냈을 때나 반드시 스트레칭을 했다. 부상을 줄이고 운동할 수 있는 몸 상태를 유지하기 위하여. 다음날 자세를 바로잡고, 실수를 더 줄이기 위하여.

김연아가 '2회전'을 돌게 된 것은 초등학교 2학년 때였다. 이후로 꼬박 2년을 연습해 '2회전 반'을 완성했다. 열 살에서 열두 살 사이의 일이었다. 발전된 점프 동작 하나를 완성하기 위해 그때 그녀에게는 수만 번 이상의 연습과 1만 번의 엉덩방아가 필요했다. 김연아는 어렸을 적부터 '의식적인 연습'을 지속적으로 실천하면서 올바른 습관을 유지하기 위해 뼈를 깎는 노력을 했다.

### 매일의 연습이 전설의 키커를 낳다

데이비드 베컴은 현대 영국 축구를 대표하는 가장 유명한 선수 중 한 사람이다. 그는 프리킥의 마술사로 불리며 한때 세계 제일의 세트피스 전담 키커로 활약했다. 베컴은 자신의 어린 시절을 회고하며 이렇게 말한다.

"내 축구 실력은 모두 동네 공원에서 아버지와 함께 조금씩 익힌 세월의 결정체라고 할 수 있다."

베컴은 여섯 살 때부터 매일 오후 집 뒤편에 있는 작은 공원에서 축구공을 가지고 놀았다. 발이나 무릎, 머리 등을 사용해 공을 튕기는 연습을 했다. 처음에 베컴의 실력은 보통 아이들과 똑같았다. 많아야 대여섯 번 튕기면 공은 바닥으로 떨어졌다. 하지만 그는 멈추지 않고 날마다 열심히 연습을 했다. 수십, 수백 번 공을 바닥으로 떨어뜨렸지만 매번 실수를 바로잡으며 다시 배워나갔다. 집중력을 유지하고, 자세를 고쳤다. 베컴의 아버지는 퇴근을 하면 날마다 연습하는 아들 옆에서 잘할 때는 응원하고 실수해도 격려해줬다.

베컴의 실력은 날이 갈수록 서서히 좋아졌다. 여섯 달 뒤에는 50회 연속으로 공을 떨어뜨리지 않고 튕길 수 있었다. 또 여섯 달이 지나 1년이 되었을 때 베컴은 200회까지 공을 떨어뜨리지 않고 튕기게 되었다. 그렇게 그는 날마다 연습했고, 아버지는 친구처럼, 스승처럼, 버팀목처럼 아들의 곁을 언제나 지켜주었다.

3년 뒤 아홉 살이 된 베컴은 2,003회 공을 튕기는 신기록을 세웠다. 베컴이 공을 땅에 떨어뜨리지 않고 2,003회를 튕기는 신기록을 세우기까지는 몇만 번 이상 공을 떨어뜨리는 실수와 실패의 과정이 있었다. 하지만 베컴은 날마다 집중하고, 자세를 바로 잡고, 하루에 한두 개씩이라도 더 튕기려는 습관이 몸에 배도록 연습했다. 그의 아버지가 퇴근 후엔 항상 아들과 함께했음은 물론이다.

**발전하고 싶다면 스스로 채찍질하라**

드디어 공 튕기기 기술을 완성했다고 생각한 베컴이 다음으로 도전한 건 프리킥이었다. 베컴은 이제 매일 오후 아버지와 함께 공원으로 가서 빈 창고의 창문에 둘러쳐진 철망을 향해 공을 찼다. 아버지는 철망과 베컴의 중간에 서서 베컴이 자신을 피해 감아차도록 연습을 시켰다. 시간이 갈수록 차는 거리는 더 멀어졌지만 정확성은 더 좋아졌다. 날마다 수십 번 이상 차다보니 프리킥을 한 횟수가 어느 순간 5만 번이 넘어버렸다. 베컴이 연습을 하고 있으면 관중들이 그의 프리킥 묘기를 구경하기 위해 작은 공원을 메우곤 했다.

데이비드 베컴은 인터뷰에서 이렇게 고백했다.

"사람들은 내 프리킥에 관해 얘기할 때 골에 초점을 맞추죠. 하지만 나는 프리킥을 생각하면, 전에 겪었던 모든 실패가 떠오릅니다. 수많은 실패 끝에 제대로 할 수 있게 된 겁니다. 발전하고 싶다면 끊임없이 스스로 채찍질해야 합니다. 그런 과정이 없었다면 저는 결코 성공할 수 없었을 겁니다."[5]

엉덩방아를 찧지 않으려고 착지할 때 꼿꼿이 서려는 노력. 공이 땅에 떨어지기 전에 한 번이라도 더 튕겨서 오래 차려는 노력. 비가 오나 눈이 오나 날마다 몸에 인이 박이도록 했던 연습. 매일 거르지 않고 한 뼘이라도 나아지기 위해 실천했던 작은 습관들. 그 옆에서 가슴 졸이고, 자세도 잡아주고 언제나 함께한 엄마와 아빠. 작고 사소해 보이지만 이런 특별한 습관과 부모의 특별한 애정이 쌓이고 쌓여서 김연아와 데이비드 베컴을 세계 최고로 만든 것이다.

1만 시간의 법칙은 1만 시간이 쌓인다고 만들어지는 법칙이 아니다. **1만 시간의 집중적 연습 시간 동안 1만 번 이상의 실수와 싸우며 얻은 작은 승리의 습관들이 관계 속에서 만들어내는 '과정의 법칙'이다.**

## 1만 시간의 법칙과 '신중하고 의식적인 연습'의 핵심

1만 시간의 법칙은 한 분야의 전문가가 되기 위해서는 1만 시간의 투자가 필요하다는 법칙이다. 김연아와 베컴이 대표적이다. 그러나 이들 운동선수의 공통점은 따로 있다. 뇌 가소성이 풍부하고 신체 근육이 유연한 중요한 시기에 '신중하고 의식적인 연습'을 집중적으로 해왔다는 것이다.

김연아는 무수한 한계를 경험하면서 어머니가 제시하는 일상적인 목표와 피드백을 받아들였다. 베컴 역시 수천 번 실수를 경험하면서 목표를 바로 잡으며 아버지와 훈련을 거듭했다. '신중하고 의식적인 연습'의 핵심은 '열심히'가 아니라 '차원이 다르게'하는 것이다. 다음 네 가지 특징이 필요하다.

**첫째, 명확하고 구체적인 목표, 그리고 지속하기.** 큰 목표를 달성하기 위해 잘게 쪼갠 목표를 말한다. '피아노 잘 치기'의 명확하고 구체적인 목표는 '실수 없이 완벽하게 3번 연속으로 연습곡 연주하기.'이다. 이를 지속해야 한다.

**둘째, 집중하기.** 명확하고 구체적인 목표를 달성하기 위해서는 당연히 그 과제에 집중해야 한다. 그 과제가 완수되기를 열망해야 한다.

**셋째, 피드백, 그리고 다시 하기.** 실수가 있었는지, 부족한 점은 무엇인지, 실패했는지 성공했는지. 피드백은 목표까지 남은 길을 파악하게 한다. 그리고 다시 도전하게 한다.

**넷째, 컴포트존에서 벗어나 도전하기.** 컴포트존은 '편안함을 느끼는 상태'다. 컴포트존에서 벗어나지 못하면 할 수 있는 것만을 계속 반복한다. 결국 발전을 할 수 없고 도전의식을 자극하지도 못한다.

## 04 공부에 좋은 습관은 무엇이 있고, 어떻게 만들어야 하는가?

좋은습관

> "습관이란 인간으로 하여금 어떤 일이든지 하게 만든다."
> – 도스토옙스키(러시아의 작가)

**공부에 가장 좋은 습관은 독서 습관이다**

어릴 때 만들어지는 독서 습관은 최고의 공부 습관이다. 독서는 공부의 기본 바탕이다. 많은 부모들이 자신의 자녀가 많은 글을 읽고 있다고 착각한다. 그러나 교과서와 참고서를 매일 보고 많은 문제를 풀어도 실제로 학생이 진짜 소화해서 읽은 글은 거의 없다. 교과서는 대부분 선생님이 읽어주고, 참고서는 교과서의 부록이기 때문이다.

독서는 누군가의 정리된 생각을 활자라는 제한된 수단을 통해 다시 내면화하여 받아들이는 일이다. 책의 내용을 이해하기 위해서는 능동적으로 읽고 생각해야 한다. 독서를 제대로 하지 않는 학생은 영원히 누군가가 알려줘야 한다. 반대로 책을 읽는 습관이 잘 만들어진 학생은 학원에 다니지 않고도 좋은 성적을 낼 수 있다. 상식이 많은 학생인 것 같은데, 정작 자신의 생각을 제대로 이야기하지 못하는 학생이 종종 있다. 많은 학원을 다녀 주워들은 것은 많지만 정작 스스로 이해한 적이 없기 때문에 나타나는 현상이다.

책을 읽는 습관이 잘 만들어진 학생은 공부 습관에도 쉽게 적응한다. 공부 잘하는 학생들은 대부분 독서를 많이 했고, 책 읽는 습관이 몸에 잘 배어있다. 아래는 성균관대학교 도서관에서 조사한 '도서 대출량과 성적과의 관계' 그래프이다. 평균 대출 권수가 많을수록 평점이 높아지는 것이 한 눈에 보인다.

▼ 책을 많이 빌리는 학생이 공부도 잘한다[6]

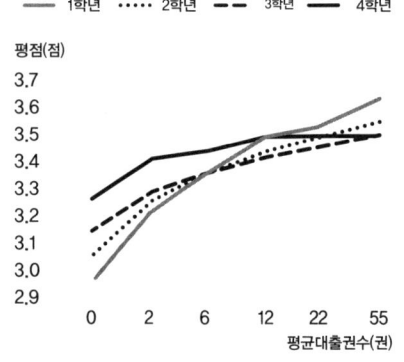

성균관대학교 평균대출량과 평점 관계

독서를 많이 하면 독해력과 판단력이 좋아진다. 생각하는 힘이 커지고 학습 능력이 향상된다. 또한 정보를 검색하고 취사선택하는 힘도 강해진다. 지식을 받아들이는 두뇌의 용량 자체가 커진다. 공부를 많이 하지 않은 것 같은데도 국어 성적이 좋거나, 영어권 국가에서 유학을 하고 온 아이보다도 영어 성적이 좋다면 많은 독서로 기초가 튼튼하기 때문이다. 최상위권에서 영어 성적을 가르는 것은 독해력이다.

석지영 교수는 아시아 여성 최초의 하버드 법대 종신교수이다. 석 교수는 "내가 무엇을 이뤘다고 한다면 그것은 어린 시절부터 습관이 된 책 읽기에서 시작됐을 것이다."라고 말한다. "책 읽기는 어린 나에게 큰 기쁨을 줬고 나만의 은밀한 즐거움이기도 했다. 어머니에게 감사하다. 도서관으로 데려가 책을 마음껏 읽을 수 있도록 해주셨으니 말이다."[7]

하지만 아이마다 성향이 달라 독서 습관을 정착시키기 어려운 경우도 있고, 그래서 어릴 때 독서 습관이 제대로 자리잡지 못했을 수도 있다. 그때는 어떻게 해야 하는가? 게다가 중학교 이상 학생의 책 읽기 습관을 단기간에 만들기는 힘들다. 이런 경우에는 신문 읽기 습관부터 길러도 된다.

### 신문 읽기 습관은 최적의 공부 습관이다

2017학년도 수능에서 사회탐구 만점을 받은 이종현 군은 신문 읽기가 습관화되어 있다. 이 군은 "신문을 보다 보면 다양한 사회 현상들이 나오는데, 사회 현상의 작동 원리를 간추려서 함축적으로 표현해놓은 것이 교과서다."라고 말하면서 신문 읽기가 습관화되면 학교에서 배우는 내용을 현실에 반영해서 공부할 수 있게 된다고 했다. 이런 식으로 현실과 연결시켜서 공부를 하면 암기가 아니라 이해를 할 수 있게 된다고 한다.[8]

일정 기간 신문을 읽다 보면 비슷한 내용을 간추려 읽을 수 있기 때문에 시간도 단축된다. 사설이나 칼럼을 하나씩 뽑아서 읽고 정리하는 것이 효과적이다. 사설이나 칼럼은 주장이 강해 편향적일 수 있지만, 주장이 강한 만큼 주제의식이 선명하다. 따라서 학생들이 독해 훈련하기 좋다. 담고 있는 내용의 깊이가 있고, 어휘 수준도 높다. 문장이 조리 있고, 글이 논리적으로 구성되어 있다. 이런 글을 수년간 꾸준히 읽으면 학생의 어휘력, 독해력, 논리력은 당연히 향상된다. 사설이 너무 딱딱하다 싶으면 개인 칼럼을 뽑아서 읽으면 된다. 개인 칼럼에는 다양한 시각과 새로운 지식이 담긴 주장이 있다.

신문 읽기는 전체적인 사고 능력 향상에 커다란 도움을 준다. 사건이나 현상에 대한 옳고 그름의 판단을 하고, 세상을 분석할 수 있는 능력을 키워준다. 신문에는 일상생활에서 쓰지 않는 생소한 용어도 많이 등장한다. 처음에는 이해하지 못해도 혼자서 찾아보기도 하고, 부모님에게 물어보기도 하면서 말뜻을 알아가게 된다. 그리고 일상에서 응용한다. 때론 독서감상문 같은 학교의 글쓰기 숙제에서 실력 발휘를 하게 된다.

### 신문을 읽고 요약 정리하라

물론 오랜 시간에 걸쳐 아이가 이렇게 성장하기 위해서는 부모가 곁에서 때로는 조력자로, 때로는 걸어다니는 백과사전처럼 도와줘야 한다. 그래서 언제든지 아이가 물어볼 수 있도록 해야 한다. 물어보면 아는 만큼 대답해주고, 모르면 대신 검색도 해줘야 한다. 같이 찾아보고, 함께 생각해보는 과정 속에서 습관은 자연스럽게 형성된다.

**① 관점이 다른 2종류의 신문을 비교하며 읽는다**
- 어떤 점이 강조되었는지, 어떤 내용이 제외되고 첨가되었는지, 기사의 내용과 신문사 간의 연관은 무엇인지, 그 연관성이 기사 내용에 어떤 영향을 미쳤는지 분석하는 것을 연습한다.

**② 사설이나 칼럼을 뽑아서 읽는다**
- 사설이나 칼럼을 읽고 나서는 글에 제시된 정보를 그대로 받아들이면 안 된다. 사실인지, 출처는 확실한지 확인하고 분석하는 습관을 들인다.

**③ 읽은 느낌을 토대로 키워드를 뽑고 요약해서 다시 쓴다**
- 다양한 관점에서 해석해보고 정보의 진위 여부를 가렸다면 그것을 토대로 신문을 요약하고 그에 대한 느낌과 의견을 적는다. 그리고 자신의 시각으로 정보를 분석하고 다시 써본다.

최상위권 고등학생인 윤정환 군은 초등학교 6학년 때, 담임선생님이 신문 읽기 숙제를 내주셨다. 선생님은 그날 신문 사설을 공책에 붙이고 반 페이지에는 요약, 반 페이지에는 자기 느낌을 쓰게 했다.
학생의 부모님은 선생님의 숙제를 매우 반기며 윤 군이 성실히 해갈 수 있도록 적극적으로 도와줬다. 매우 성실하게 준비를 해가니 선생님이 항상 칭찬을 해줬다. 1년 동안 윤 군은 신문 사설을 꾸준히 읽고 요약하는 훈련을 했다. 그 1년 동안 재미를 느끼면서 신문 사설 읽기 습관을 익혔다. 중·고등학교를 거치면서도 신문을 꾸준히 읽었다.

▼ 신문 요약 노트 구성 예시

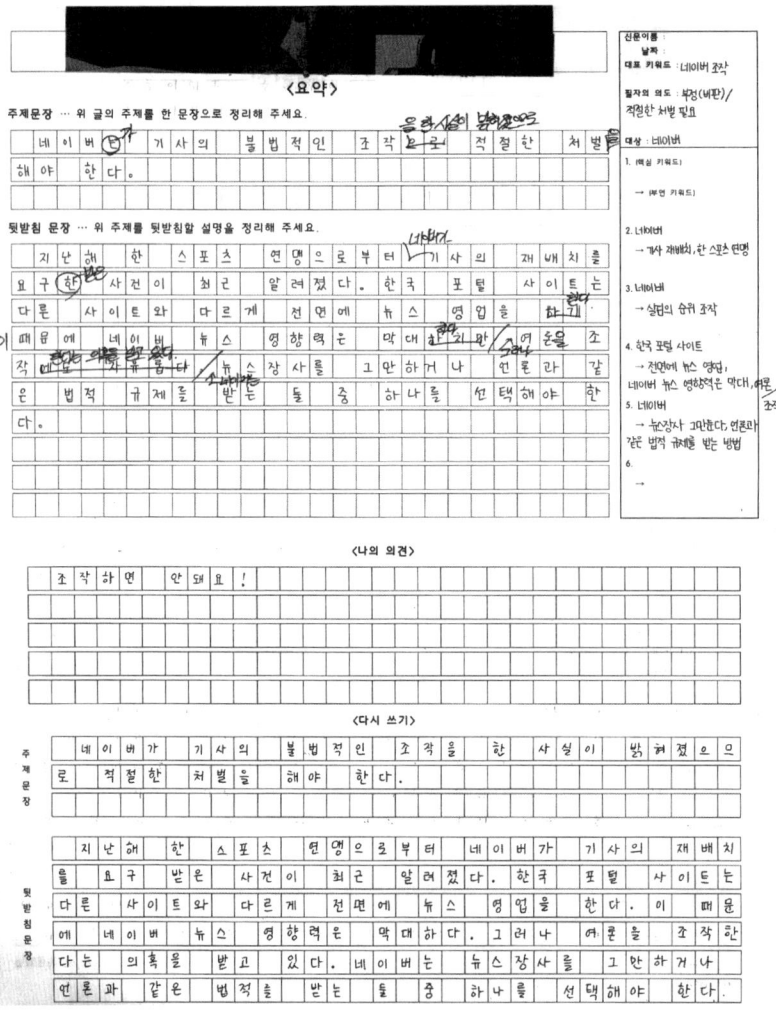

## 신문 읽는 문화를 습관화하라

'신문을 읽는 시인' 김용택은 이렇게 말했다.
"신문은 공부와 같다."

신문은 한 번 읽었다고 지식과 교양이 쌓이는 것이 아니다. 매일 매일 꾸준히 읽는 과정을 통해 지식이 쌓인다.

신문은 컴퓨터로 읽는 것보다 종이 신문 자체로 읽는 것이 좋다. 컴퓨터나 스마트폰으로 신문을 보면 수시로 자극적인 기사나 화면이 떠오른다. 어느 순간 다른 곳으로 빠져드는 건 예사다. 어른들도 순식간에 옆길로 새는데, 청소년들은 어떻겠는가? 그런 데로 관심을 두지 않는 것이 이상할 지경이다. 물론 부모가 엄선해서 사설이나 칼럼을 따로 프린트해서 보여줄 수도 있다. 하지 않는 것보다는 열 배 좋다. 하지만 신문은 신문으로 읽는 것이 좋다. 신문을 자꾸 보면 신문 문화에 빠져든다. 신문에 있는 글만 읽힐 것인가, 신문 문화에 빠져들게 할 것인가? 신문 읽기가 습관이 되면 하나의 놀이나 문화처럼 즐기게 된다. 신문에 있는 글만 읽히겠다면 굳이 신문일 필요가 없다. 비문학 지문만 해도 잘 구성된 책들이 많기 때문이다.

학생이 신문을 읽다 보면 부모와도 더 많이 대화를 할 수 있다. 가족 간에 화젯거리가 많아진다. 가장 최근의, 가장 생생하고 살아있는 대화를 하게 된다.

## 신문 읽으면 성적이 올라간다

한국직업능력개발원은 우리나라 고등학생들의 신문 읽기와 독서 습관이 향후 학업과 취업에 어떤 영향을 미치는지 2004년 당시 고3이던 학생 4,000명을 전국 단위로 무작위 표집하여 11년간 추적조사했다.

한국직업능력개발원은 '활자 매체'의 힘이 컸다고 밝혔다. 책도 효과가 있었다. 교양서적이나 문학서적을 11권 이상 읽은 학생이 한 권도 읽지 않은 학생보다 수능에서 최대 19점의 우위를 보였다. 그런데 **독서량과는 무관하게 신문을 구독한 학생의 수능 성적이 더 높았다.** '집에서 신문을 구독한다'고 답한 당시 고3 학생(1,849명)들은 언어 영역의 평균 표준점수(200점 만점)가 96.5점으로 '구독하지 않는다'는 학생(2,031명)의 평균 89.35점보다 7.15점 높았다. 수리 영역은 5.91점, 외국어 영역에서도 7.79점 더 높았다.[9]

## 신문 읽는 학생이 수학 과학 성적도 높다

일본 문부과학성의 조사에서도 신문을 읽는 학생과 읽지 않는 학생 사이의 격차가 과목에 따라 8~12점씩 나는 것으로 조사되었다. **핀란드에서도 만 15세 이상 학생을 대상으로 조사했는데, 신문을 읽는 빈도가 높을수록 언어 과목뿐 아니라 수학과 과학에서도 성적이 높았다.** 대학생도 신문을 많이 볼수록 학점이 좋았다. 미국 프로비던스 미리엄병원 행동의학과 연구진은 신문 읽는 시간이 길수록 성적이 높고, 반대로 SNS에 집중하는 시간이 길수록 성적이 낮은 것으로 나타났다고 밝혔다.

## 평소 생활 습관에서는 무엇이 중요한가?

평소 생활 습관에서 중요한 것들은 자세를 똑바로 하기, 글씨를 바르게 쓰기, 연필을 제대로 잡기와 같은 사소한 것들이다. 기본적인 태도와 작은 습관들이다. 일상생활에서 젓가락질 바르게 하기, 허리를 꼿꼿이 펴 자세를 바르게 하고 앉기. 이런 것들은 아무리 잡아줘도 흐트러진다. 초등학생이나 중학생은 말할 것도 없고, 고등학생도 마찬가지다. 부모가 잡아줄 수 있는 환경이라면 수시로 잡아주는 것이 필요하다. 물론 본인이 깨닫고 이와 같은 것들을 스스로 잡으려고 한다면 더할 나위 없이 좋다.

어린 나이일수록 글씨를 바르게 쓰는 것이 매우 중요하다. 몇 살 때 연필을 쥐고 글씨를 쓰는 것이 좋은지는 아이의 특성마다 차이는 있다. 성별의 차이뿐 아니라 개인별 특성에 따라 손 근육 발달이 다르기 때문이다. 일반적으로 처음 연필을 잡는 것은 초등학교 들어가기 전이다. 예쁘게 쓰지는 못하더라도 또박또박 정확하게 쓰는 것이 중요하다. 글씨를 제대로 쓰지 않는 학생들은 공부를 할 때도 비슷한 태도를 보이며 실수가 많다. 글씨라는 작은 습관이 잡히다 보면 성적은 당연히 좋아진다.

자세와 습관도 잡히지 않은 아이에게는 아무리 문제를 정확하게 풀라고 해도 소용이 없다. 문제를 풀면서 실수를 많이 하는 학생의 자세를 유심히 살펴보라. **실수를 많이 하는 학생일수록 자세가 바르지 않다. 옆으로 기울어 있거나 한쪽으로 치우친 경우가 많다.** 자세를 바르게 고치게 하고, 연필을 똑바로 잡게 해줘도 실수가 줄고 점수가 올라간다.

2012년 을지대학교 의예과에 진학한 박진호 씨는 고등학교 내내 전교 1등을 놓치지 않았지만 삼수를 했다. 자신 있었던 수학 과목에서 실수가 많았기 때문이다. 박진호 씨는 자신의 실수를 분석했다. 이유는 습관 때문이었다. 스스로도 알아보기 힘든 글씨, 잘 구분되지 않는 숫자들, 불규칙한 풀이 방향. 박진호 씨는 줄노트에 바른 글씨로 풀이 과정을 쓰는 습관을 들이기 시작했다. 암산이나 생략없이 꼼꼼하게 줄을 맞춰 썼다. 그러자 검산이 쉬워졌고 그 과정에서 실수를 발견할 수 있었다.[10]

텔레비전이나 스마트폰을 보는 습관도 바꿔줘야 한다. 당장 못 보게 하면 아이는 할 일이 없어진다. 초등 저학년의 어린 아이라면 시간을 내서 옆에서 책을 읽어주면 좋겠지만, 초등 고학년이거나 중학생 이상이라면 도서관에 같이 가라. TV나 스마트폰에서 만화책 보는 습관으로 바뀌더라도 도서관에 가면 학습 만화라도 보게 된다.

이 모든 걸 하나하나 함께 하면서 아이들을 좋은 습관으로 길들여지게 하려면 부모는 고행과 전쟁을 치러야 한다. **지금 대한민국에 공부하는 학생을 가진 집은 모두가 소리없는 전쟁 중이다. 그 전쟁을 무시하고 사느냐, 굴복하느냐, 그렇지 않으면 평화롭고 슬기롭게 이겨내느냐의 문제다.**

### 개념부터 잡는 공부 습관, 문제만 푸는 공부 습관

공부하는 습관을 중심으로 볼 때 결과중심 학생들은 문제풀이 위주로 한다. 과정중심 학생은 기본 개념을 이해했는지, 교과서를 제대로 숙지했는지를 중요시한다.

최상위권 고등학생인 박형진 군에게 어느 날 중학교 때부터 알고 있던 여학생이 공부하는 법 좀 알려달라고 찾아왔다. 문제는 그 여학생이 중학생 때는 반에서 1등 하던 우수한 학생이었다는 사실이다. 하지만 우수한 학생들이 몰려 있는 명문 고등학교에 와서는 속수무책이었다. 얼마나 자존심이 상했겠는가? 해도해도 안 되니까 결국 도움을 요청한 것이다. 그런데 상담을 해주던 박 군은 충격을 받았다. 과정중심으로 공부하는 입장에서 그 여학생에게 기본적인 질문만 던져보았다.

"교과서는 제대로 본 거니? 수학은 기본적인 개념을 외우고, 이해하고 구석구석 내용까지 다 봤니? 개념을 숙지하면서 서너 번 이상 보았니?"

이런 질문들에 그 여학생은 대답도 못하고 우물쭈물하다 말았다. '① 구석구석은커녕 ② 서너 번 이상의 개념 숙지'가 전혀 되어 있지 않았다. 한마디로 '아무것도 안 했다'에 가까웠다. 공부를 많이 했다고 하는데 대체 무엇을 한 걸까?
'학원 문제집만 잔뜩 풀고 있었다!'

과정중심 입장에서 보면 이해가 되지 않는 일이다. 이것이 결과중심 학생과 과정중심 학생의 분명한 차이점이다. 박 군도 스스로의 경험을 통해 과정중심의 학습을 시작했다. 한 번은 수학에서 미적분을 심하게 망친 적이 있다. 이유를 살펴보니 교과서와 자습서를 제대로 숙지하기보다 귀찮으니 문제집만 이것저것 열심히 풀었기 때문이다.

수학을 두 번 망쳤는데 두 번 다 문제집만 풀다가 시간은 시간대로 낭비하고 성적은 성적대로 곤두박질친 것이다. 이제는 '문제풀이로 공부하면 망친다'는 인식이 머리에 뿌리 깊이 새겨졌다. 영혼 없이 공부하고, 습관처럼 문제만 풀면 나오는 결과다. 원래는 하나하나 풀면서 왜 맞았는지, 왜 틀렸는지 연구하면서 공부했는데 시험을 망쳤을 때는 기계적으로 문제만 풀었다. 문제를 많이 풀었기 때문에 공부 시간은 오히려 50~100퍼센트 더 많았다. 하지만 공부한 시간과는 다르게 성적은 좋지 않았다.

재수의 아픔을 겪는 학생들 중에는 고3 시절 시간에 쫓겨 문제만 풀었던 학생들이 많다. 아무리 고3이라도 개념을 끝까지 살펴야 하는데, 2학기가 되면 자신도 모르게 문제만 풀게 된다. 문제만 풀어대면 성적은 더 이상 오르지 않거나 오히려 떨어진다. 열심히 하는데도 고3때 성적 향상이 안 되는 이유는 문제만 풀어서일 가능성이 크다. 고3 때는 모의고사 문제풀이를 자제해야 할 필요도 있다. 교과서와 개념 설명이 제일 많이 되어있는 참고서를 반복해서 보는 것이 유리하다.

### 좋은 성적은 습관이 만드는 결실

공부는 꾸준한 습관을 통해 노력으로 얻게 되는 결실이다. 이걸 깨달아 가는 과정이 공부의 왕도로 가는 길이다. 하지만 가장 피어나는 시절에 해야 하는 가장 하기 싫은 게 공부다. 피할 수 없으면 즐겨야 한다지만, 사춘기 아이들이 그 힘든 공부를 얼마나 즐기고 할 것인가? 어른들도 하는 일이 정말 싫고 지겨울 때가 많지 않은가?

좋은 습관이 만들어지기 위해서는 부모가 끊임없는 인내와 관심과 애정으로 함께해야 한다. 화도 내고, 야단도 치고, 때로는 채찍 대신 효과적인 당근도 줄 수 있다. 참고 기다리면서 칭찬하고 격려하고 믿어주어야 한다.

모든 과정 하나하나를 중심에 두고 함께하면 갈등이 줄어든다. 갈등이 있어도 대화와 교감 속에서 해결된다. 부모 스스로 자기반성과 자기교육도 하게 된다. **아이에게 과정중심을 강조하다 보면 '공부를 하는 아이에 비추어 내 생활은 올바른가?'를 생각하면서 어른도 변한다. 과정중심은 가족을 하나의 팀으로 변화시킨다.** 하나의 팀과 같은 관계 속에서 모두가 행복한 발전을 추구하게 된다.

## 바른 글씨가 뇌 발달과 인격은 물론 합격까지 보장한다

요즘 아이들은 연필보다 스마트폰이 익숙하다. 울고 보채면 부모는 습관처럼 스마트폰을 장난감 대용으로 쥐어준다. 스마트폰만 들여다보고 쓰기 훈련을 제대로 하지 않으니 초등학교 저학년은 물론 고학년도 연필을 제대로 잡지 못하는 아이가 많다. 그래도 괜찮을까?

**먼저 글씨 쓰기는 그 자체만으로도 뇌 발달에 효과가 있다.** 미국 워싱턴대 버지니아 베르닝거 교수는 "손으로 글씨를 쓴다는 건 타이핑보다 훨씬 더 많은 뇌 운동을 필요로 한다"고 밝혔다. 글씨를 쓰면 뇌에서 사고와 언어를 담당하는 부분과 정보를 저장하고 관리하는 부분까지 활발히 반응한다.[11] 손글씨를 '바르게' 쓰는 것도 역시 중요하다. 한별심리분석연구소는 '글씨 쓰기'와 성적, 인성의 연관성에 대해 연구를 진행했다. 결과, 글씨를 잘 쓰는 아이들의 경우 상대적으로 학습 태도와 성취도, 주의력과 책임감이 우수했다.[12]

전현무 씨는 4개 국어가 가능하고, 언론고시 3관왕, 대기업 4곳에 동시 합격이라는 스펙을 가진 연예계 대표 아나운서이자 예능인이다. 그가 밝힌 합격의 첫 번째 비밀은 작문 시험에서 '깨끗하게 써라!'였다. 면접관은 1,000장이 넘게 봐야 한다. 수정 표시가 난무하거나 악필이면 옆으로 치워버리기도 한다. 내용이 아무리 훌륭해도 일단 읽히려면, 깔끔한 글씨가 우선이다. 이 공공연한 비밀은 모든 시험에 보편적으로 나타나는 현상이다.

## 부모가 10살 전에 아이에게 만들어줘야 할 습관 10[13]

**1. 숙제는 식탁에서 한다**

공부방에 들여보낸다고 해서 아이가 알아서 공부를 시작하지는 않는다. 아이가 공부에 재미를 들이려면 개방된 공간에서 시작하는 것이 좋다.

**2. 밥 먹을 때는 TV를 끈다**

식사 중에 TV를 틀어놓으면 보는 것에 길들여져 말하고 표현하는 것이 어색해진다. TV를 끄고 오늘 하루 동안 무슨 일이 있었는지, 내일 일정은 어떻게 되는지 이야기를 나누는 것이 가족 관계를 돈독하게 만든다.

**3. 지구본과 사전을 가까이 둬라**

세계와 국내의 지명을 모르면 뉴스에 관심이 없어진다. 어휘력이 부족하면 공부가 어려워진다. 지구본과 사전은 호기심을 늘려주고 채워준다.

**4. 외출할 때 입을 옷은 직접 고른다**

그날 입을 옷을 직접 고르게 하면 자립심이 생긴다. 혼자입기 힘든 예쁜 옷에 집착하거나 입을 옷을 골라주면 아이의 판단력과 자립심이 자라지 못 한다.

**5. 사소한 집안일을 거들게 한다**

서툴고 느리더라도 집안일을 스스로 하게 지켜봐줘야 한다. 빨래 개기, 설거지 등 사소한 일부터 돕게 하면 아이의 성취감과 자신감이 늘어난다.

### 6. 식사 후 양치질은 빠트리지 않는다

양치질은 치아 건강을 지키는 가장 간단한 방법이다. 양치질 습관은 어릴 적 습관이 평생 가므로 올바른 양치질 습관을 들여주는 것이 좋다.

### 7. 젓가락을 바르게 쓴다

젓가락질이 서툴면 집기 쉬운 반찬을 골라 먹게 돼 편식을 하게 된다. 바른 젓가락질은 근육과 뇌를 동시에 계발시킬 수 있는 유용한 일상 훈련법이다.

### 8. 자세는 언제나 바르게 한다

자세는 척추 건강과 직결된다. 앉아 있을 때는 특히 귀, 어깨, 엉덩이가 일직선에 오도록 하는 것이 좋다. 어깨를 펴고 턱을 당긴 자세만으로도 자신감을 키울 수 있다.

### 9. 가족이 모여서 뉴스를 본다

처음에는 이해하지 못하더라도 TV 뉴스를 함께 보고 신문을 함께 읽는 것이 좋다. 가족끼리의 대화도 늘고 아이의 지적 능력이 높아지는 것은 당연하다.

### 10. 부모가 아이와 함께 책을 읽는다

시간을 정해놓고서라도 가족 모두가 책을 읽는 시간을 가져라. 같은 책을 읽고 이야기를 나눠도 좋다. 부모가 말로 설명하기 어려운 가치관이나 감정을 책을 통해 전달할 수도 있다.

## 05 습관의 실체와 습관의 비밀

좋은습관

> "습관보다 더 강력한 것은 없다."
> – 오비디우스(고대 로마의 시인)

**습관의 차이가 능력의 차이**

습관은 '지식이나 행위가 완전히 몸에 익숙해진 상태'를 말한다. 사람이 날마다 끊임없는 반복을 통해 자연스럽게 진행하는 행동 양식이다. 날마다 이를 닦거나 물을 마시는 것과 같은 반복적인 활동에서도 습관의 차이는 크다.

이를 하루에 한 번 닦는지, 세 번 닦는지, 밥을 먹고 나서 어느 정도의 시간이 경과한 뒤에 닦는지, 또 잠에서 깨면 이를 닦는지 그렇지 않은지, 잠자기 전에 닦는지 그렇지 않은지, 이를 닦는 횟수나 시점은 사람마다 다르다. 물을 마실 때도 밥을 먹기 전에 물을 마시는지, 밥을 먹고 나서 물을 마시는지, 공복에 물을 마시는지, 많이 마시는지, 적게 마시는지 사람에 따라 차이가 난다.

하루 동안 활동하는 사람의 모든 행위를 분석하면 이런 습관으로 가득 차있다. 사람의 성격, 능력, 본질의 차이는 근본적으로 이런 습관의 차이에서 비롯된다.

습관은 뇌가 에너지를 절약할 방법을 찾기 때문에 생겨난다. 의식적으로 신경을 써서 생각하지 않고 행동을 지시하면 뇌는 경제적으로 두뇌활동을 하게 된다. 당연히 뇌도 이때 휴식을 취할 수 있다. 때문에 뇌에 자극을 주지 않고 그냥 두면 뇌는 일상적으로 반복하는 대부분의 행위를 습관으로 바꿔버릴 것이다.

공부 습관이 몸에 배도록 하려면 공부를 하게 만드는 자극을 끊임없이 줘야 한다. 뇌에 공부 회로가 처음 만들어지기는 힘들지만 일단 만들어지면 그 다음부터는 공부가 익숙해진다. 이것이 두뇌근육이 형성되는 과정이다. 두뇌근육은 행동근육을 통해 몸에 정착되는데, 이 과정이 바로 공부 습관이 만들어지는 과정이다.

**공부에 필요한 두뇌근육을 만들고, 두뇌근육을 행동근육으로 정착시키면 공부 잘하는 학생이 된다. 공부 잘하는 학생과 못하는 학생의 차이는 공부 습관이 정착되었는가, 그렇지 않은가의 차이다.** 습관 분석을 통해 자세히 살펴보자.

### 1) 공부에 좋은 습관
① 매일 일정한 시간 동안 공부하며, 중간중간 휴식시간을 둔다.

② 공부할 때는 공부에만 집중하고 다른 것에는 일체 신경을 쓰지 않는다.
③ 휴식할 때는 공부에 방해가 되지 않는 방법으로 휴식한다.
④ 장기간 휴식할 때도 공부 습관이 흐트러지지 않도록 공부근육을 자극시킨다.

**1)은 왜 공부에 좋은 습관인가?**

1-① 매일 일정한 시간을 정해 공부하면 공부가 몸에 배어 습관이 되고, 공부근육이 체계적으로 발달하게 된다. 공부를 준비하는 시간이 없어져 낭비되는 시간도 없어진다. 적절한 휴식은 몸의 컨디션을 조절해주고, 장기적으로 지치지 않게 해준다.

1-② 공부할 때는 공부에 집중하고 **다른 것에 신경을 쓰지 않아야 두뇌활동이 가속화된다.**

1-③ 휴식할 때는 많이 사용한 좌뇌를 쉬게 해주고 **우뇌를 활성화해주면 공부 효율이 높아진다.**

1-④ 몸에 생기는 근육처럼 공부근육도 며칠이라도 사용하지 않으면 풀어지기 마련이다. 사정상 **장기간 휴식으로 공부를 하지 않더라도 책을 읽든 신문을 읽든 두뇌활동을 계속하면 공부근육이 유지된다.**

**2) 공부에 나쁜 습관**

① 공부 시간이 불규칙적이고, 시작과 끝과 휴식시간의 구분이 불분명하다.

② 공부할 때 동시에 다른 행위를 많이 한다.
③ 휴식할 때 공부에 부정적 영향을 줄 수 있는 휴식을 주로 취한다.
④ 장기간 휴식할 때는 공부 습관이 완전히 흐트러지도록 공부근육을 놓아버린다.

**2)는 왜 공부에 나쁜 습관인가?**

2-① 공부 시간이 불규칙적이면 공부가 몸에 습관이 되지 않고 공부근육이 제대로 발달하지 않게 된다. **휴식시간이 불분명하면 당연히 공부 시간도 불분명해진다.**

2-② 공부할 때 다른 행위를 자꾸 하면 두뇌는 **다른 것에도 많은 에너지를 써야 하기 때문에 정작 공부해야 할 내용은 소홀히 하게 된다.**

2-③ 휴식할 때 게임을 하거나 자극적인 영상 매체를 보게 되면 뇌가 쉬는 게 아니고 더 운동을 하게 된다. 자극적인 내용은 시각이나 청각에 강렬한 영향을 주어 뇌에 잔상이 남는다. **뇌가 새로운 걸 또 받아들이려면 과부하가 걸리고 효율이 매우 떨어지게 된다.**

2-④ 공부 잘하는 학생들은 장기간의 휴식이 공부에 방해가 된다고 생각한다. 며칠 공부를 못하면 나중에 더 힘들다는 것을 알기 때문이다. 운동선수가 운동을 며칠 하지 않다가 다시 하려면 힘든 것과 같은 이치다. 하지만 공부 못하는 학생들은 노는 것이 새로운 습관으로 몸에 밸 정도로 놀아버린다. 당연히 **그나마 생기려던 공부근육은 한순간에 무너져 내린다.**

## 공부에 나쁜 습관을 어떻게 공부에 좋은 습관으로 바꾸는가?
### – 공부에 나쁜 습관을 좋은 습관으로 전환하는 방법

우선 습관이 왜 형성되는지를 파악해야 한다. 뇌 과학자들은 뇌 세포를 따라 생긴 기억의 흔적이 습관이라고 본다. 인간의 뇌는 신경계의 기본 단위인 뉴런으로 이루어져 있다. 뇌에 들어있는 1,000억 개 이상의 뉴런은 시냅스를 통해 연결된다. 시냅스에 자극이 전해지면 흥분신호를 받아들여서 전달하게 된다. 하나의 자극이 주어지면, 자극에 반응하고 그에 따른 판단을 거쳐 행동을 명령한다. 일정한 행동을 습관화하려면 그에 어울리는 자극을 시냅스에 끊임없이 전달해야 한다.

나쁜 습관을 바꾸어 좋은 습관으로 만들려면 이 과정을 이해하고 훈련으로 고쳐나가야 한다. 뇌는 신호를 통해 행동을 지시하고 그것을 반복한다. 반복되는 행동은 몸이나 심리, 감정 상태로 연결된다.

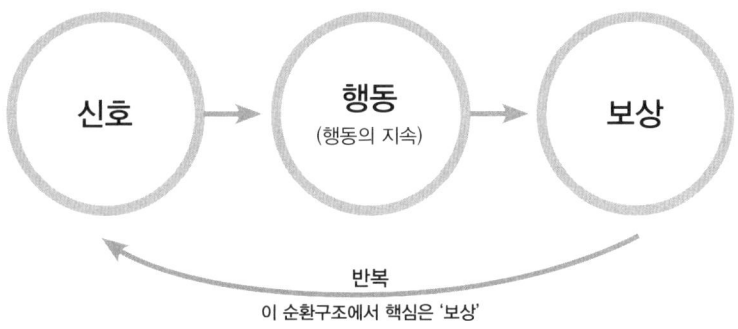

이 순환구조에서 핵심은 '보상'

쉽게 말하면, 30분 공부한 뒤에 뇌와 몸에 무슨 보상을 줄 것인가를 고민해야 한다. 30분 공부한 뇌에게 스마트폰을 보거나 TV를 시청하는 보상을 주면 좋을까? 매우 좋지 않다. 스마트폰이나 TV시청은 30분 동안 공부한 기억을 가장 약화시켜버릴 수 있는 가장 나쁜 보상이다. 차라리 음악을 듣거나 손을 움직이는 놀이를 하는 것이 낫다. 지금까지 뇌에 준 자극보다 좀 쉬운 자극을 주거나 조화가 되는 다른 자극을 주어야 한다. 좌뇌를 많이 사용했으면 우뇌를 쓰게 하는 방식이다. 집중력을 떨어뜨리는 자극은 줄여야 한다. 그래야 10분의 집중이 20분으로 바뀌고, 20분의 집중이 30분, 40분으로 늘어난다. 마찬가지로 30분짜리 1회의 집중이 2회, 3회로 늘어나는 힘도 이렇게 생긴다. 공부근육이 점점 강해지는 것이다.

서울대학교 자유전공학부에 다니는 17학번 김한슬 군은 부산 장안고 1학년 때 수학이 6등급이었다. 그는 공부를 습관화하며 열심히 노력한 끝에 마침내 서울대에 입학할 수 있었다. 그는 습관이란 무의식적인 상태에서도 반응할 수 있을 정도의 것이라고 생각했다. 이를 위해 끝없이 반복하고 또 반복했다. 눈을 뜨고 아침 2시간은 국어 공부, 야간자율 학습 시간은 수학 공부, 기숙사에서는 영어와 사회 공부. 결국엔 생활 속에 공부가 스며드는 정도가 되었다. 공부가 습관이 되기까지는 엄청나게 힘든 시간이었지만 그것을 견디고 나면 정말 귀한 열매를 얻을 수 있게 된다.[14]

### 공부에 나쁜 습관을 하나씩 분석해서 바꿔라

2-① 우선 불규칙한 공부 시간을 규칙적으로 만드는 건 쉽다. 마음

만 단단히 먹어도 되고 혹은 강제하면 된다. 무조건 계획을 세우고 공부 시간을 일정하게 정해라. 힘들면 처음에는 공부 시간을 적게 해도 된다. 점차적으로 늘리면 된다. 휴식시간도 마찬가지다. 50분 공부하고 10분 쉬는 게 힘들면 45분-15분, 40분-20분 패턴으로 바꿔도 좋다. 정 힘들다면 30분-30분도 괜찮다. **가장 중요한 점은 일정한 시각에 시작하고 일정한 시간 공부하는 것을 규칙화하는 것이다.**

2-② 공부할 때 동시에 다른 행위를 많이, 또는 자주 하는 건 공부 습관이 잡히지 않았다는 증거다. **공부할 때는 공부만 해야 한다. 공부 습관이 약하면 가만히 공부에 몰두하기가 힘들다.** 손이나 발을 꼼지락거리게 되고, 몸도 자꾸 움직인다. 스마트폰이 옆에 있으면 괜히 자꾸 확인한다. 공부하는 도구 이외의 것은 모두 치워야 한다. TV는 당연히 치우고 음악도 듣지 말아야 한다.

독하게 공부해 서울대학교 경제학과에 입학한 정슬기 씨는 습관을 유지하기 위해 엄청난 노력을 했다고 말했다. '공부하는 데 있어서 방해가 될 수 있는 요소들은 과감하게 제거하는 게 필요하다'면서 인터넷이나 휴대폰을 정지시켰다.[15]

집중에도 연습이 필요하다. 힘들면 따로 집중력 훈련을 해도 좋다. 집중력 훈련은 어렵게 생각하지 않아도 된다. 하나의 행위를 오랫동안 하는 훈련을 하면 된다. 벽에 점을 찍어놓고 움직이지 않고 오랫동안 보고 있기도 좋다. 어린 학생에게 조금 재미있게 집중력 훈련을 시키려면 젓가락으로 콩을 집어서 옮기는 연습을 게임 형식으로 해도 좋다. 중요한 것은 한 가지 행위에 오랫동안 집중할 수 있는 힘을 기르는 것이다.

2-③ 쉴 때 무엇을 하고 쉬는가? 사실 이것이 가장 중요하다. 공부근육이 형성되고 있을 때 취하는 보상은 무엇이 좋은가의 문제다. 공부는 주로 좌뇌를 쓰는 행위다. **쉴 때는 되도록 좌뇌를 쉬게 하고 우뇌를 활성화시키는 것이 좋다. 공부는 주로 눈으로 하는 행위다. 쉴 때는 눈에 무리가 가지 않도록 쉬는 것이 좋다.** 당연히 스마트폰이나 게임이나 TV시청 같은 행위는 좋지 않다.

짧은 시간에 강렬한 잔상을 남기는 TV나 동영상을 보거나 게임을 하게 되면 뇌는 새로운 자극을 받게 된다. 당연히 적응하기 위해 활동해야 한다. 뿐만 아니라 감정 상태까지 그에 맞춰져야 한다. 두뇌근육과 행동근육으로 이루어진 공부근육이 만들어지기에는 최악의 조건이 된다. 그래서 공부를 잘하려면 휴식시간도 그에 어울리게 잘 보내야 하는 것이다.

굳이 TV를 보거나 게임을 해야겠다면 공부 중간의 쉬는 시간이 아니라 아예 공부하지 않는 시간에 하는 것이 좋다. 그럼 무엇을 하면서 쉬는가? 초등학생이나 중학생 정도라면 레고놀이를 할 수도 있고, 쉽고 재미있는 책을 읽을 수도 있다. 가벼운 만화책 정도를 읽어도 좋다. 되도록 가사가 없는 음악도 좋다.

1998년 대한민국 최초로 수능에서 만점을 맞은 오승은 씨는 휴식할 때 바흐의 '무반주 바이올린 파르티타'를 듣는 것을 가장 좋아한다고 했다. 대학입시에서 전국 수석을 했던 사람들은 쉴 때 주로 클래식 음악을 듣거나 악기를 연주하는 경우가 많았다. 좌뇌를 쉬게 하고 우뇌를 활성화시키는 휴식을 취하는 요령을 아는 것이다. 영어로 된 노래는 학습의 영역도 있기 때문에 도움이 될 수도 있다.

2-④ 매일 반복적으로 하는 습관을 조금씩 바꿔나가야 한다. 그러면 장기간 휴식을 취할 때도 공부근육이 흐트러지지 않는 습관이 들게 된다. **해야 할 과제는 반드시 그날 끝낸다. 장기간 휴식을 취할 때도 학생이라면 공부든 독서든 두뇌근육을 쉬게 하지 말아야 한다.** 가족과 며칠간 여행을 떠날 때라도 기차에서든 어디서든 틈틈이 독서할 시간을 충분히 찾을 수 있다. 책은 문학책도 있고, 교양서도 있고, 수학퍼즐과 같은 책도 있다. 뇌에 자극을 주면서 시간도 알차게 보낼 수 있는 방법은 찾으면 많다. 공부하고 독서하는 것이 언제나 습관이 되도록 해야 한다.

## 06 공부를 즐기는 비밀, 몰입의 습관

좋은습관

> "하나의 새로운 습관이 우리가 전혀 알지 못하는
> 우리 내부의 낯선 것을 일깨울 수 있다."
>
> – 생텍쥐페리(프랑스의 소설가)

### 습관은 몰입을 부른다

시험기간인데 책을 읽는 학생들이 있다. 독서가 그만큼 즐거운 것이다. 시간도 뺏기고 당장 눈앞의 시험에는 득이 되지 않는다는 사실을 알면서도 책을 읽는다. 게임을 하고 만화로 휴식을 취하는 것처럼, 독서로 긴장을 달랜다. 먹는 걸 좋아하는 사람들은 먹으면 살찐다는 사실을 안다. 그래도 먹는다. 술, 담배를 하는 사람들도 몸에 좋지 않은 걸 안다. 그래도 마시고 핀다. 공부가 즐겁다고 하는 아이들에게 '시험에 공부가 해가 된다, 하지마라'고 해도 계속 공부를 할까? 진짜로 해가 된다는 사실을 인식한다면 대부분 하지 않을 것이다.

학생들이 공부를 즐기게 할 수는 없을까? 공부를 좋아한다는 건 쉬운 일이 아니다. 공부는 기본적으로 고통스럽다. 학문을 업으로 삼는 교수들조차 공부를 힘들어하고 싫어하니 교수평가제를 실시한다. 세상에 좋아하는 것만 하면서 살 수는 없다. 수학이나 과학을 좋아한다고 해도 특정한 그 분야를 좋아하는 것이다. 좋아하는 영역만 좋은 점수를 맞고 다른 영역에서는 많이 틀리면 소용이 없다. 물론 좋아하는 분야에 집중해서 특별한 역량을 발휘하는 건 사회적으로 중요한 자산이다. 하지만 이런 사람이 쓰이는 영역은 정말 극소수이다. 학생들이 이런 습관을 가져서는 안 된다. 특정 영역에 종사한다고 할지라도 다양한 배경지식을 알고 있어야 하기 때문이다.

공부란 원래 즐거운 놀이가 아니다. 하지만 하기 싫은 것을 참고 하다 보면, 그 안에서 즐거움을 찾게 된다.

### 학생들이 공부하는 세 가지 이유

첫째, 공부를 하면 '이익이 되기 때문'이다. 상대주의, 공리론이다. 부모에 대한 효도를 해야 나도 좋고, 부모도 좋고, 사회도 좋다. 효도가 불편하고 힘들어도 하는 이유는 잃는 것보다 얻는 것이 크기 때문이다. 공부도 마찬가지다.

둘째, 공부는 '좋은 일이기 때문'이다. 절대주의, 의무론이다. 칸트의 정언명제와 같다. 효도가 인간으로서의 도리이고 마땅히 해야 할 일이기 때문에 하듯이 공부도 좋은 일이기 때문에 하는 것이다.

셋째, 공부를 하면 '내가 행복하기 때문'이다. 아리스토텔레스의 행복론이다. 원래 하기 싫은 것을 하면 고통이고, 하고 싶은 것을 하면 쾌락이다. 도덕적 실천은 고통에 가깝다. 그러나 어떤 일도 100퍼센트 즐거울 수 없다. 하다못해 PC게임을 하더라도 어깨는 아프다. 그렇기 때문에 인간은 고통이 있더라도 즐거움이 생기면 배울 수 있다. '착한 일'을 하면 행복해진다는 것을 가르칠 수 있다. 그렇게 하도록 칭찬하고 보상해주는 것이다. 착한 일이 자신에게 즐거운 것으로 받아들여졌기 때문에 거기서부터 즐거운 일을 찾을 수 있는 것이다. 마더 테레사 같은 사람들은 이런 원리로 평생 행복한 마음을 가지고 선행을 한다.

| 상대주의 | 절대주의 | 덕의 실천 |
|---|---|---|
| 공리론 | 의무론(칸트의 정언명제) | 아리스토텔레스 행복론 |
| "효도는 나, 부모, 사회 모두에게 이익이 된다." | "효도는 좋은 일이고 사람이 마땅히 해야 할 일이다." | "효도를 하면 내가 행복해진다." |
| "공부하면 내게 이익이 돼!" | "학생의 본분은 공부야!" | "공부를 하면 행복해!" |

공부도 즐거운 행위로 만들 수 있다. 공부 그 자체가 즐겁지는 않을 수도 있다. 하지만 일상적 습관이나 삶을 대하는 근본적 태도가 되면 가능해진다. 피할 수 있으면 피해라! 공부가 아니라 좋아하는 다른 걸 하면서 자신의 운명을 개척할 자신이 있다면 그걸 하는 게 좋다.

하지만 공부를 피할 수 없다면? 공부 안에서 즐기는 법을 찾아야 한다. 이 지점에서 습관이 필요하다. 공부가 습관이 되면 덜 힘들고, 덜 지겹고, 덜 싫어지게 된다. 때로는 즐겁고 재미있게 된다.

공부는 청소년기에 본격적으로 맞닥뜨리게 된다. 축구나 골프와 같은 예체능 분야에서 길을 찾을 것이 아니라면 공부는 무조건 해야 한다. 공부는 반드시 해야 한다는 전제를 받아들이고 거기서 즐거움과 성취감을 찾아내야 한다. 몰입해서 공부를 하다 보면 갑자기 어느 순간부터 "어려웠던 책의 내용이 전부 이해가 되고 두꺼운 책이 화살 하나로 다 꿰뚫린 듯한 느낌"이 들고, 그 순간 "아이큐가 500은 되는 것처럼 모든 것이 쉽게 느껴지고, 숨 쉬는 것 자체로도 행복한 종교적인 감정"이 들 때도 있는 것이다.[16]

### 재미있고 효율적인 공부를 위한 '몰입'

『몰입』의 저자인 서울대학교 황농문 교수는 재미있기 위해서는 '몰입'이 필요하다고 이야기한다. 몰입 이론의 창시자 미하이 칙센트미하이 교수는 미술가, 음악가, 스포츠 선수들에 관해 연구하면서, 이들이 작업할 때 다른 모든 것을 잊고 집중하는 모습에 깊은 감명을 받았다. 이러한 경험이 계기가 되어 몰입 연구에 집중했다. 칙센트미하이는 몰입(flow)은 물이 막힘없고 거침없이 흘러가는 상태이며, 행복의 본질적인 형태라고 말했다. 몰입을 하게 되면 자신의 능력을 최고로 발휘할 수 있게 된다.

습관은 몰입을 부를 수 있다. 습관과 마찬가지로 몰입 역시 무의식 혹은 잠재의식과 연결되기 때문이다. 어떤 일을 했을 때 그것이 특별한 사고를 일으키지 않고 원활히 진행되었다면 우리의 뇌는 그것을 증명된 방식으로 받아들인다. 의식보다 무의식이 훨씬 효율을 추구한다.

뇌는 의식적으로 초당 2천 바이트 정도의 정보를 처리하는 반면 무의식적으로는 4천억 바이트의 정보를 처리한다. 따라서 의식에 의존한 정보처리 속도는 무의식에 비해 느릴 수밖에 없다. 사람은 의식보다 무의식에 더 많이 의존하고, 의식보다 무의식이 더 많은 정보를 처리한다. 다시 말해 **우리가 어떤 일에 훈련을 거치는 것은 무의식을 작동하게 만드는 것과 같다.** 의식이 모든 일을 실행하는 데는 한계가 있다. 좀 더 빨리 처리하기 위해서는 무의식이 더 효율적인 것이다.

### 공부 잘하는 학생은 몰입한다

공부 잘하는 학생들은 대부분 공부 습관이 잘 잡혀있다. 일상의 시간 계획은 이미 습관이 되어서 시스템이 저절로 돌아가듯 진행된다. 최상위권의 고등학교 학생들은 대부분 중학교 때부터 정상권에 올라온 아이들이기 때문에 습관이 잘 잡혀 있다. **공부 잘하는 학생들은 책상에 앉았을 때 공부에 몰입하는 데 걸리는 시간이 짧다. 쉴 땐 쉬더라도, 공부에 들어가면 바로 집중한다.**

그러나 공부 습관이 잡혀있지 않은 학생들은 그렇지 못하다. 제대로 쉬지도 못하고, 그렇다고 공부에 제대로 집중하지도 못한다. 쉴 때는 공부 스트레스에 젖어 있다가 정작 공부할 때는 다른 것에 연연해서 몰입하지 못하는 것이다. 공부를 하겠다며 스마트폰을 들여다본다.

2015년 수능만점자 조희승 양은 '공부할 땐 무섭게 하고, 쉴 땐 푹 쉬자'고 마음을 먹었다. 공부 시간이 짧아져 부담이 줄어드니 양보다 질을 우선하자는 생각이 들어 저절로 집중할 수 있었다. 이렇게 완급을 조절한 것이 만점의 비결이었다.[17]

## 디지털 단식으로 공부 습관을 바로잡아라

### 디지털 기기, 무엇이 문제인가

에릭 슈미트 구글 전 회장은 2012년 5월, 보스턴대학교 졸업식 축사에서 다음과 같이 말했다.

"하루 한 시간만이라도 휴대폰과 컴퓨터를 끄고 사랑하는 이의 눈을 보며 대화하라."

빌 게이츠도 다르지 않다. "아이들이 열네 살이 될 때까지 휴대폰을 사주지 않았다."고 했다. IT 산업의 핵심들조차도 디지털 기기와 떨어질 것을 강조하고 있다. 그 폐해가 얼마나 큰지 미루어 짐작할 수 있다.

갈수록 현대인들은 인터넷, TV, 게임기기, 노트북, 패드, 스마트폰, SNS 등의 노예가 되고 있다. 심지어 집안에서도 식구들끼리 각자의 방에서 스마트폰으로 대화하며, 디지털 기기에 중독되어 살아간다.

**디지털 중독은 공부 습관에도 좋지 않고, 아이의 인성과 사회성 형성에도 매우 좋지 않다. 가족관계도 해친다.** 요즘에는 부모부터 디지털 문화에 중독되어 있다. 아이들은 공부하면서 스마트폰을 만지작거리거나 음악을 듣고, 쉴 때나 이동 중에는 여지없이 SNS를 한다. 밥 먹을 때도 스마트폰을 만지작거리며 끊임없이 무언가를 한다. 과도한 스마트 기기의 보급은 거북목증후군, 불면증 등 신체적·정신적 질환을 낳고 있다. **분당제생병원 가정의학과팀은 스마트폰 고위험사용학생은 일반 학생에 비해 잠드는 시간이 30분이나 더 걸렸다고 발표했다.**

### 집에서 실천하는 디지털 단식 세 가지 팁

아이에게 공부 잘하는 습관을 만들어주려면 당장 이번 주말부터 디지털 단식을 실시하라. 인터넷 시대를 이끄는 21세기 최고의 부자 빌 게이츠가 가족과 함께 'Think Week' 주간을 두고 의도적으로 디지털 단식을 하며 책과 가까이 하는 것에는 이유가 있다.

### ① 일정한 기간을 정해 집안 전체가 디지털 단식을 하라

우선 주말의 하루를 정해 온 가족이 디지털 기기로부터 벗어나는 것이다. 컴퓨터나 TV를 끄는 것은 물론이고, 스마트폰을 비롯한 디지털 기기를 모두 사용하지 말아야 한다.

### ② TV 시청을 줄이거나 없애라

종일 TV를 꺼놓기가 부담스럽다면 밥먹는 시간에는 반드시 TV를 끄자고 약속해보자. 식사 시간의 TV는 가족간의 대화를 막는 방해꾼이다. TV를 끄면 식사 시간에 가족 간의 대화가 늘어난다. 당연히 대화의 화제도 다양해진다. 무엇보다 아이들의 밥 먹는 태도부터 달라진다.

### ③ 책이나 신문을 가까이 둬라

스마트폰으로 SNS를 하거나 TV로 뉴스, 드라마를 보는 대신 책을 구비하고 신문을 구독하라. 갑자기 디지털 단식을 하면 디지털 기기의 빈자리가 크게 느껴진다. 그러나 책과 신문이 가까이 있으면 자연스럽게 책과 신문을 읽게 될 것이다.

## 최상위권은 멀티태스킹하지 않는다

### 멀티태스킹은 거짓이다

최상위권 학생들은 밥을 먹을 땐 밥을 먹고, 잠을 잘 땐 잠을 잔다. 공부할 땐 공부하고, 놀 때는 디지털 기기 없이 논다. 이런 생활을 통해 아이들은 점점 집중력이 좋아지고 공부하는 습관이 잡히게 된다.

2009년 스탠퍼드대학교의 클리포드 교수는 대학생 100명을 대상으로 멀티태스킹하는 사람의 능력을 연구했다. 이들은 멀티태스커들의 정보를 걸러내는 능력, 일들 간의 빠른 전환 능력, 일하면서도 유지되는 높은 기억력에 대해 밝힐 의도였다. 하지만 뜻밖에도 연구팀은 멀티태스커들에게서 장점은커녕 끊임없이 그들의 단점밖에 찾을 수 없었다. 결국 "멀티태스커들은 무엇 하나 제대로 하지 못하고 오히려 산만할 뿐이다."[18]라는 결론을 얻었다. **여러 가지 일을 동시에 하는 사람들은 무언가 특별한 능력이 있을 줄 알았더니, 오히려 멀티태스킹 능력이 뛰어날수록 주의가 산만하고 맡겨진 일의 완성도가 떨어진다는 사실이 증명된 것이다.**

영국 서섹스대학 연구팀은 이를 증명했다. 멀티태스킹을 하면 뇌에서 인지 기능을 담당하는 영역(전방대상피질)의 크기가 줄어든다는 것을 확인했다.[19] 멀티태스킹이 뇌의 구조를 바꾸어 놓은 것이다. 전방대상피질은 집중할 때 활성화된다. 이것이 줄어들었다는 것은 멀티태스킹이 집중을 방해한다는 의미다.

## 멀티태스킹 대신 몰입하라

뇌는 한 번에 한 가지 일을 할 때 가장 높은 효율을 낸다. MIT 신경과학자 얼 밀러는 이렇게 말했다.

"우리의 뇌는 멀티태스킹을 잘할 수 없도록 만들어졌다. 멀티태스킹을 수행할 때 실제로는 한 가지 일에서 다른 일로 매우 빠르게 전환할 뿐이다."
이렇게 뇌가 빨리 전환할 때는 시간과 노력, 그리고 뇌 세포가 필요하다. 두 가지를 동시에 하게 되면 일이 느려지고 효율성이 떨어지게 된다.

강성태 공신닷컴 대표는 '멀티태스킹은 없다'고 단호히 말한다. 컴퓨터에서 여러 가지 프로그램을 한꺼번에 실행시키는 것이 비효율적인 것처럼 말이다. 음악을 듣더라도 가사가 인지되지 않는 음악을 골라 들어야 한다. 그는 "하는 것도 아니고 안하는 것도 아닌 게 제일 최악이다. 놀 때 신나게 놀고 공부할 땐 하늘이 무너져도 모를 만큼 공부에만 집중해야 한다."라고 말한다.[20]

수많은 인재들이 주어진 시간에 양질의 성과를 내고 성공하는 비결은 '집중력'이다. 정보 격차보다 무서운 것은 집중력의 격차다. 학업의 성장을 위해서는 멀티태스킹에서 벗어나 몰입해야 한다.

과정중심 부모 교육 지침서 3

### 5. 학습 습관과 생활 습관을 별개로 취급하지 마라

흔히 학습 습관과 생활 습관을 별개라고 생각하는 부모들이 많다. 공부만 한다면 보상으로 스마트폰을 쥐어준다. 공부하다가 피곤하면 양치질은 빼먹을 수도 있다. 공부하느라 바쁜데 굳이 집안일은 도울 필요가 없다.

그러나 사소한 생활 습관 하나하나가 학습 습관으로 이어진다. 밥 먹을 때는 밥만 먹는 아이가 공부할 때도 공부만 한다. 아무리 바쁘고 피곤해도 해야 할 일은 해야 한다고 생각하는 아이는 공부도 그렇게 한다. 어른을 공경하는 태도는 수업시간에 선생님의 말을 경청하게 만든다. **공부를 잘하는 아이로 만들고 싶다면 생활 습관과 태도부터 바로잡아야 한다.**

### 6. 한 번이라도 몰입을 경험하게 해라

아이가 진학할수록 할 일은 많아진다. 할 일이 많아지면 좀처럼 집중이 어렵다. 저 많은 일을 언제 다하나 귀찮음이 앞서고, 다 못할까 무섭고, 빨리 해야 하니 초조하다. 아이도, 그 모습을 지켜보는 엄마도 마찬가지다.

자연스럽게 짧은 시간 내에 몰입하는 능력이 필요해진다. 몰입하는 습관을 만들기 위해서는 어떤 일이든 몰입을 해야 한다. 굳이 공부가 아니라도 좋다. **한 번이라도, 어떠한 일이라도 몰입을 해봐야 하는 이유가 있다. 몰입은 그 자체만으로도 보상을 남기기 때문이다. 열심히 해서 끝냈다는 뿌듯함, 나도 집중할 수 있다는 자신감이다.** 이러한 감정은 귀찮음, 좌절감, 두려움, 초조함 등을 물리치고 집중할 수 있는 습관을 만들어준다.

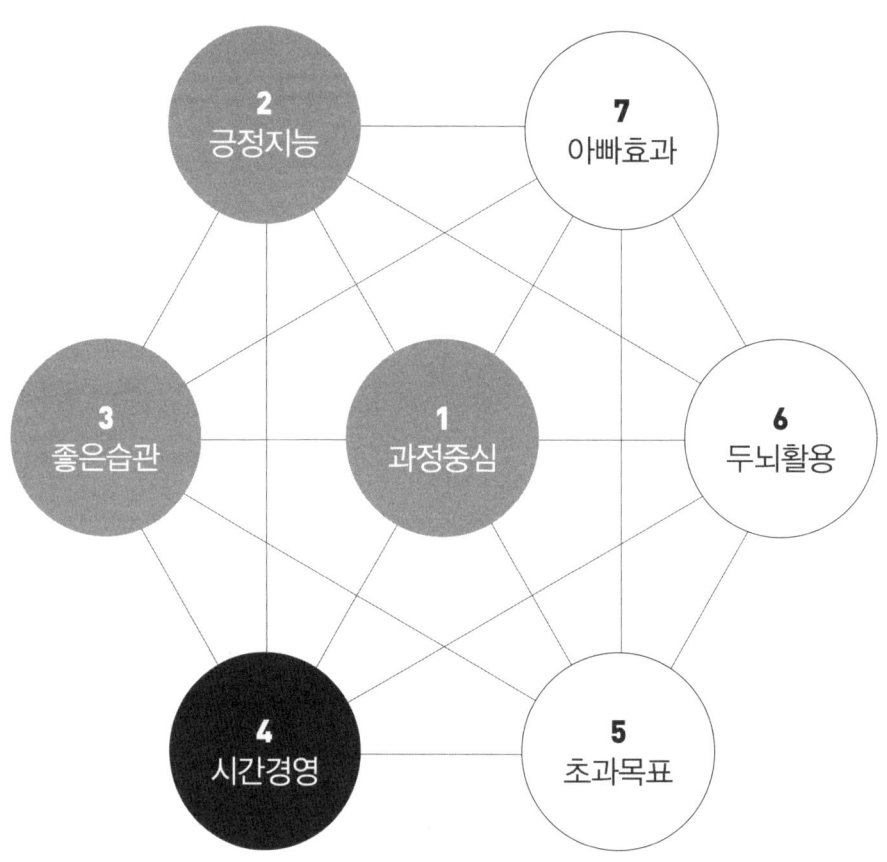

# 4장

## 시간의 지배자가 되라

"인간은 항상 시간이 모자란다고 불평을 하면서
마치 시간이 무한정 있는 것처럼 행동한다."
– 세네카(고대 로마의 철학자)

**INTRO** 하버드대학생들의 성공과 실패를 가르는 요인

01 시간의 지배자가 되려면 파킨슨의 법칙을 깨라
02 통시간은 몰입하고, 자투리 시간은 활용하라
03 수업에 충실하라 – 최상위권 학생들의 평범한 비밀
04 시간을 정복한 남자 류비셰프의 시간 관리 비법
05 혼자 공부하는 시간을 확보하라

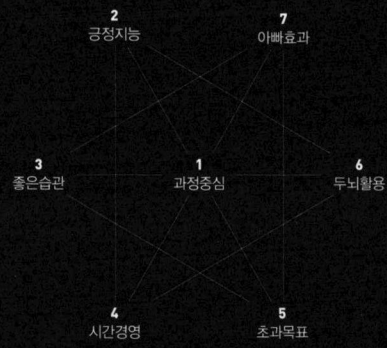

## INTRO 하버드대학생들의 성공과 실패를 가르는 요인

하버드대학교 교육학과 리처드 라이트 교수가 15년간 1,600명 이상의 하버드대학생들을 연구하고 분석했다. 주요 테마는 다음과 같았다.
"세계에서 가장 똑똑한 수재들이 모인 하버드대학교에서, 최상의 대학 생활을 보내는 가장 성공적인 학생은 누구인가? 또한 그렇지 못한 학생은 그 이유가 무엇일까?"

대학생들의 심층인터뷰에서 얻은 가장 중요한 대답은 두 가지였다.

1) 성공적인 학생들은 '시간'을 대하는 태도가 다르고, '중요성'을 확실히 안다. '시간을 관리하는 방법'을 알고, 더 배우려고 노력한다.
2) 실패하는 학생들은 '시간을 관리하고 배정'하는 일을 무시한다. 계획표를 짤 때 집중과 선택을 못하고, 시간을 낭비하는 경우가 많다. 결국 시간을 함부로 대한다.

하버드대학생만이 아니라 공부하는 사람에게 시간은 무엇보다 소중하다. 네 번째 공부의 왕도는 시간 경영이다. 성공적인 시간 관리는 공부와 인생의 성공을 부른다.

## 01 시간의 지배자가 되려면 파킨슨의 법칙을 깨라

시간경영

"승자는 시간을 관리하며 살고,
패자는 시간에 끌려 산다."
- 시드니 J. 해리스(미국의 언론인)

**실패하는 사람들은 마감이 닥쳐야 한다**

파킨슨의 법칙이 있다. 영국의 경영연구가이자 역사학자인 파킨슨이 발견한 것으로 '어떤 일이든 주어진 시간이 다 사용될 때까지는 늘어진다'는 경험 법칙을 말한다. 사람들은 시간에 일을 맞추는 게 아니라 일에 시간을 맞춘다. 마감 시간이 오후 8시라고 주어지면 오후 6시에 일은 끝나도 8시까지 시간을 끈다. 원고 마감이 내일이라면 내일 제출하지만 다음 주라면 그때까지 끌다가 날짜가 닥쳐서야 제출한다. 시간 경영을 못하는 사람일수록 이런 현상은 심하다.

리처드 라이트 교수의 조사에서 성공적인 하버드대학생들은 갑자기 과중한 과제를 받아도 당황하지 않았다. 이유는 간단하다. 보통 사람들과 달리 파킨슨의 법칙에 끌려다니지 않았기 때문이다. 그들은 과제를 일주일 후에 제출하라고 하면, 그때 맞춰서 완성하지 않는다. 효과적인 시간 관리를 통해 그 전에 끝낸다. 중요하거나 시간 배분상 필요하다고 생각하면 핵심역량을 동원해서 가장 먼저 끝낸다. 주말에는 원하는 과외 활동까지 자유롭게 즐긴다. 당연히 마지막으로 점검까지 한다. 그리고 과제를 월요일에 여유 있게 제출한다.

실패하는 하버드대학생들은 일주일 내내 미루고 끙끙대다가 주말이 다 되어서야 과제 해결을 위해 시간을 투입한다. 그 전에 벌써 많은 시간을 허비한 상태다. 성공적인 학생들과 달리 주말 과외 활동도 못한다. 다음 주를 건강하게 보낼 힘도 없다. 효과적인 재충전을 못했기 때문이다. 그 사이 또 다른 과제가 주어지고 자꾸 밀린다. 시간은 갈수록 모자란다. 과제의 수준은 당연히 하락하고 이것저것 일이 겹쳐서 관리가 안 된다. 스트레스가 쌓여 생체리듬도 깨지고 슬럼프가 온다. 아예 포기하고 설상가상 방탕한 시간을 보낼 수도 있다.

**인생을 지배하려면 시간을 경영하라**

하버드대학교는 미국은 물론 전 세계에서 인재들이 모여드는 학교다. 교수든 학생이든 모두 우수하니 엄청나게 공부해야 버틸 수 있다. 조금만 방심하면 뒤로 처지는 건 예사다. 시험을 잘 보는 능력만으로는 우수한 대학 생활을 해나갈 수가 없다. 쏟아지는 리포트와 과외 활동, 다양한 과제를 소화하려면 시간 경영은 필수다.

그래서 하버드의 성공적인 대학생들은 시간을 아낀다. 하루 24시간을 밀도 있게 조직하고, 일주일 168시간을 효과적으로 배분하고 활용한다. **하버드에서도 우수한 학생으로 살아가는 핵심 요인은 시간을 효율적으로 경영하고 지배하는 것이다.**

2017년 서울대 경영학과에 입학한 김민우 군은 사교육 전혀 없이 공부했다는 것으로 유명하다. 그의 공부 철학은 단순 명료하다. 본인의 실력을 끌어올리는 데 도움이 되지 않는 것들을 버리는 것이다. 사설 학원을 따로 알아보고, 등록하고, 이동하는 시간도 결국 낭비되는 시간인 셈이다. 또 그는 자투리 시간에 많은 공부를 했다.

"쉬는 시간 10분이면 국어 지문 하나를 읽고 문제를 풀기 딱 맞는 시간이다. '고작 10분'이라고 생각할지 모르지만 하루를 모으면 한 시간이다. 이 한 시간이 매일 쌓이면 결코 무시할 수 없는 시간이 된다."

그는 자신이 어느 정도까지 지치지 않고 공부를 할 수 있는지를 미리 파악해 그에 따라 학습 스케줄을 조정했다. 거기에 따라 휴식시간도 정해졌다. 철저한 계획에 따라 학습 시간과 휴식시간을 가짐으로써 몸이 패턴에 적응하도록 한 것이다.

시간을 지배하려면 시간을 소중하고 경건하게 대해야 한다. 시간을 효과적으로 관리하고 설계해야 한다. **시간은 단순히 째깍거리는 시계의 움직임이 아니다. 사람이 살아가는 활동 전체이다. 시간이 곧 인생이다. 인생을 지배하려면 시간을 잘 활용해야 한다.**

## 02 통시간은 몰입하고, 자투리 시간은 활용하라
**시간 경영**

> "시간은 인간이 쓸 수 있는 가장 값진 것이다."
> – 테오프라스토스(고대 그리스의 철학자)

### 청소년기 시간을 지배하는 제1원칙 – 좋은 습관

청소년기는 세상에 나갈 준비를 하는 시기다. 한 번 지나간 청소년기는 되돌아오지 않는다. 그래서 시간은 더욱 소중하다. 청소년 시기 공부하는 학생에게 시간은 성패의 결정적 요인이다. 시간을 어떻게 활용하느냐가 모든 걸 결정한다. 하지만 다른 모든 것이 불공평해도 물리적 시간은 공평하게 주어진다. 진정한 승자는 그래서 시간과의 싸움에서 승리한 자. 시간과의 싸움에서 승리하는 제1의 원칙은 주어진 시간을 제대로 활용하는 좋은 습관을 갖는 것이다.

### 통시간과 자투리 시간의 전략적 관리

중학교 3년 전체를 시간 단위로 환산하면 26,280시간이다. 고등학교 3년 역시 26,280시간이다. 검정고시나 예체능을 하지 않고 평범하게 학교에 다니는 학생들은 3년간 대략 11,880시간(수업일수 220일×18시간×3년)을 잠자고 밥 먹고 학교 생활하는 데 쓴다. 학교에서 수업을 받지 않는 시간까지 계산해보자. 잠자는 시간과 밥 먹는 시간을 넉넉히 잡아 11시간으로 잡고 남은 일수 145를 곱하면 3년간 4,785시간이다. 26,280시간에서 이 두 뭉치의 시간(11,880+4,785)을 빼면 9,615시간, 대략 1만 시간이 남는다. 고등학교 3년 역시 마찬가지다.

학교에서 보내는 시간은 1년에 4~5천 시간으로 중학교와 고등학교가 비슷하다. 중·고등학교 생활에서 이 시간들의 중요성은 더 말할 나위 없이 결정적이다. 또한 학교 생활 이외에 주어진 각각 1만 시간이 중요하다. 중·고등학교 시간 경영의 핵심은 이 두 시간 뭉치를 어떻게 알차게 보내느냐가 관건이다. 다음은 중·고등학생의 기본적인 시간을 통시간(주요 시간)과 자투리 시간(사이 시간)으로 나눈 것이다. **통시간은 전략적으로 관리해야 한다. 통시간을 어떻게 효과적으로 보내느냐가 중·고등학교 생활의 성패를 가른다. 다음으로 자투리 시간을 잘 활용해야 통시간의 효율을 극대화할 수 있다.**

| 통시간(몰입 전략) | 자투리 시간(활용 전략) |
|---|---|
| 아침 시간 (몰입 + 활용) | 등하교 시간 (활용) |
| 학교 수업 (몰입) | 수업전후 및 점심 쉬는 시간 (활용 + 몰입) |
| 학원 수업 (몰입) | 이동시 막간 시간 (활용) |
| 자습 시간 (몰입) | 화장실 볼일 보는 시간 (활용) |
| 가족 식사 시간 (토론) | 공부하다 쉬는 막간 시간 (활용) |
| 주말 시간 (몰입 + 활용 + 몰입) | 잠자기 전 막간 시간 (활용+몰입) |
| 기타 시간 (몰입 + 활용) | 기타 시간의 막간 시간 (활용+몰입) |

**다음은 통시간을 전략적으로 관리하는 방법이다**

첫째, 학교 생활을 알차게 보내야 한다.
둘째, 매일 방과 후 시간과 주말을 알차게 보내야 한다.
셋째, 자기주도적으로 공부하는 시간을 확보하고 습관화해야 한다.
넷째, 방학 기간에는 부족한 과목 보충, 체력 단련으로 전략적 시간 관리를 해야 한다.

위 네 가지를 잘하는 구체적인 실천 방법은 다음 네 가지다.

**첫째, 학교 수업에 충실해야 한다**

학교 수업에 충실하는 것은 무엇보다 중요하다. 과정중심으로 공부하려면 중학교 때부터는 반드시 학교에 충실해야 한다. 초등학교 시절부터 모든 수업을 성실히 듣는 습관이 몸에 배도록 해야 한다. 설혹 학원을 다니더라도 학교 수업을 소홀히 해서는 안 된다. 수업시간에 충실한 습관이 있다면 도덕 시간에는 불성실하다가 수학 시간에만 성실하다든가 하지 않는다. 국·영·수만 열심히 하라는 말은 어린 학생들에게 절대 하지 말아야 한다. 필요하고 중요한 것만 배우려는 자세를 가지면, 정작 중요한 것도 소홀히 하게 된다. 기술가정, 도덕, 체육 시간이라도 철저히 집중하고 열심히 참여해야 한다.

어느 곳이든 전교 1등 학생들의 공부 방법은 바로 학교 수업에 충실하는 것이다. 쉽고 당연한 말 같지만, 많은 학생들이 실천하지 않는다. 이미 알고 있는 것이니 졸고, 들어봤자 모르니 졸고, 시험에 나오지 않는다고 존다. 선생님들에게서 좋은 평가를 받을 수도 없다. 모든 선생님에게는 배울 점이 있다. 선생님 탓, 과목 탓을 하며 집중하지 않는 태도는 버려야 한다. 실력이 부족한 선생님이라도 학생보다는 더 많이 알고 경험한 사람이다. 게다가 학교 시험 문제도 출제한다.

모든 학교 수업에 최선을 다하게 하는 것은 학생들의 인성을 위해서도 중요하다. 생각해보라. 큰 병이 들었을 때 돈이 안 되는 환자를 대충 진료하는 의사를 찾아가겠는가? 사소한 일이라고 대충 하는 직원에게 중요한 일을 맡기겠는가?

**둘째, 매일 매주말 예습과 복습을 철저히 해야 한다**
예습과 복습은 예나 지금이나 변함없는 전교 1등의 비결이다. 예습과 복습 둘 다 중요하다. 일찌감치 예습·복습 습관이 잡힌 학생들은 시간이 흐를수록 최상위권으로 간다. 게다가 수업 중간 틈틈이 쉬는 시간, 점심 후 남는 시간처럼 자투리 시간에 간단히 들여다보는 예습이나 복습은 최강의 시간 활용이다. 이걸 반복하다 보면 결국 최상위권으로 도약한다. 공부에 자신이 없는 학생, 상위권으로 도약하고 싶은 중위권 학생이라면 예습을 강화해야 한다. 예습은 공부에 자신감을 갖게 하고 흥미를 주기 때문이다. 예습이 생활화되어 있는 학생은 복습을 더욱 신경 써야 한다. 복습은 배운 것을 완벽하게 이해할 수 있도록 돕는다.

예습과 선행은 다르다. 예습은 곧 배울 것을 익히는 것이지만, 선행은 먼 훗날 배워야 할 것을 배우는 척 하는 것이다. 충분한 실력과 복습이 따르지 않는 선행학습은 오히려 학생들의 실력을 망친다. 알지 못하면서 안다고 착각하기 때문이다. 그러고는 정작 배워야 할 내용을 무시한다. 선행학습을 하고자 한다면 학교 수업을 충실히 소화한 후에 그 내용과 연계해서 적당한 분량을 해야 한다.

### 셋째, 자기주도 학습으로 진짜 실력을 키워야 한다

현재 중학생이라면 목표가 어디인지, 목표에 따른 올바른 원칙은 무엇인지를 정확히 파악해야 한다. 남들이 다 한다고 해도 과감히 무시할 줄도 알아야 한다. 학교 수업도 제대로 못 따라가면서 '이 시기에는 이 정도까지는 봐줘야 해'라는 주변의 부추김에 넘어가서는 안 된다. 수학·과학 올림피아드학원은 영재고나 과학고를 목표로 하는 아이들에게만 도움이 된다. 그렇지 않은 학생은 다니지 말아야 한다. 쓸데없이 시간을 낭비하지 말고 정말 필요한 공부, 중요한 공부에 주어진 시간을 집중해야 한다. 이를 위해서는 혼자 공부하는 시간을 어떻게 활용하느냐가 결정적이다. **최상위권 학생은 오히려 학원에 의존하지 않는다. 혼자 공부할 시간을 확보하기 위해서다.**

하루는 24시간이다. 오후 4시에 학교가 끝나는 중학생의 경우, 10시에 잔다고 하면 산술적으로 6시간, 12시에 잔다고 하면 8시간이 주어진다. 이 중에 반만 투자해도 하루에 3~4시간, 월요일부터 금요일까지 15~20시간이 된다. 주말에는 10시간씩 확보하면 총 30~40시간이

나온다. 고등학생의 경우도 크게 다르지 않다. 운동이나 휴식을 포함해도 적으면 20시간에서 많으면 40시간 내외의 시간을 확보할 수 있다. 이 시간에 대한 전략적 관리가 중·고등학생 공부의 성공과 실패를 좌우한다.

### 넷째, 방학 중 시간 관리를 전략적으로 잘해야 한다

학생들에게 의미가 있고 활용할 수 있는 방학은 총 12번이다. 초6 겨울방학, 중학교 3년의 여름방학과 겨울방학 6번, 고등학교에서는 3학년 여름방학까지 5번.

여유 있게 한 달씩만 잡아도 최소 총 12개월, 1년의 시간이다. 조금 더 넉넉히 잡으면 초5의 방학까지 14번이다. 그러면 1년이 넘는 시간이 생긴다. 이 방학을 어떻게 보내느냐가 중요하다. 우선 방학 때는 체력 보충도 해줘야 한다. 중1~2학년까지는 상대적으로 체력에 더 많은 신경을 써야 한다. 휴식이나 취미로 활용할 수 있는 예체능에도 이 시기에 시간을 투자해야 한다. 그리고 기초체력을 키우듯이 공부 측면에서도 기초적인 공부의 힘을 배양하는 데에 집중해야 한다.

또한 방학 동안 다음 1학기 진도 분량을 전략적으로 예습을 해야 한다. 예를 들어 초등학교 6학년 겨울방학 때는 중학교 1학년 1학기 진도를 예습하는 것이다. **복습도 빼놓을 수 없다. 부족한 과목 보충은 말할 것도 없다. 방학은 전략적 시간 관리를 해야 하는 중요한 기간이다.**

2017년 서울대 경제학부에 합격한 최지석 군은 늘 학교를 떠나지 않고 공부했다. 그의 공부 노하우는 복습이었다. 국어, 영어, 수학을 위주로 철저히 복습했다. 복습만 했을까? 아니다. 방학을 예습에 철저히 활용했다. 방학 동안 다음 학기 과정을 예습했다. 개념 위주의 책을 골라 방학 내내 반복해서 공부하는 방식이었다. 특히 방학은 모자란 공부를 채우기에 중요한 시간이었다. 1학년 여름방학 때는 보충수업을 마친 후에도 밤늦게까지 부족한 공부를 했다. 그는 스스로 정한 규칙을 3년 동안 지켰다고 한다. 방학 때의 공부는 규칙이 더욱 중요하다.[2]

**과정중심은 기초를 잡는 데 많은 시간을 쓴다**
**과정중심 공부는 초기에 많은 시간을 필요로 한다. 무엇보다 기초가 튼튼해야 하고 습관이 완전히 잡혀야 하기 때문이다.** 현재 교육 시스템은 과목수가 적기 때문에 과정중심에 유리하다. 한 과목에 많은 시간을 투자할 수 있다.

예전에는 과목 수가 너무 많았기 때문에 일부 과목은 고2 때부터 공부했다. 고2 때부터 과정중심으로 기초부터 다지기에는 위험 요인이 컸다. 시간도 부족해서 실패할 확률도 높았다. 그러나 현재의 제도에서는 주요 5과목만 보면 된다. 그러니 초등 고학년은 수학에 집중해도 된다. 과정중심으로 꾸준히 가야 한다. 물론 수학뿐만이 아니다. 과정중심 교육은 국·영·수 전 과목을 2년 정도 잡고 체계적으로 공부해야 한다.

## 자투리 시간 활용법 Q & A

**Q 자투리 시간을 어떻게 활용할까요?**

**A1. 쉬는 시간 10분 – 짧게 집중하는 연습을 하라**

시간이 정해지면 긴장하게 되어 집중이 더 잘 된다. 흐름을 이어가야 하는 공부보다는 문제를 푸는 것이 좋고, 새롭게 이해해야 하는 예습보다는 복습이 낫다. 예를 들면 국어 영역의 한 지문을 풀거나, 지난 시간에 배웠던 수학 기초 문제 5개를 푸는 것이다. 스톱워치를 놓고 시간을 재면서 푸는 훈련을 하는 것이 도움이 된다. 실제 시험에서는 시간 안배도 중요하기 때문이다.

**A2. 화장실 가는 10분 – 메모지를 활용하라**

몇 번을 봐도 외워지지 않거나 오래도록 기억해야 하는 내용이면 좋다. 개념 용어, 기초 영단어, 주요 공식이 있다면 눈에 띄는 곳마다 메모를 해서 붙여 놓는다. 화장실 문, 거울, 유리창 등. 한번이라도 더 떠올리게 되는 효과가 있다. 냉장고나 방 창문도 좋다.

**A3. 이동 시간 10분 – 단어 암기에 활용하라**

주변이 산만하고 흔들리더라도 잘 보이도록 가독성이 좋은 단어장을 만든다. 등교와 하교시 차 안, 학원에 가는 버스 안, 복도에서, 배식을 위해 줄을 선 급식실 앞에서. 언제든 주머니 속에 가지고 다니다가 꺼내어 볼 수 있다. 영단어, 한자성어, 주기율표, 지리명 등 짧은 내용이라면 작은 단어장으로도 큰 효과를 거둘 수 있다.

**A4. 아침 시간 10분 – 오늘 할 일을 떠올리고 적어라**

아침에 일어나 오늘 할 일을 떠올려보는 것이 하루 24시간을 제대로 활용할 수 있게 해준다. 반드시 해야 할 일은 적어둔다. 가능하면 언제 무엇을 공부할지까지 계획을 짜면 좋다. 하루를 대하는 마음가짐이 달라지고 자기 점검도 된다. 또한 다가올 일정도 확인할 수 있다. 시험기간에는 해야 할 공부가 늘어나 계획이 필요해지는데, 평소에 이런 습관을 들이면 시험기간에 대처할 수 있다.

**A5. 점심 시간 10분 – 몸의 균형을 맞추는 운동을 하라**

점심을 먹고 나면 이후 수업시간에 졸음이 오기도 한다. 몸을 가볍게 하고 두뇌를 깨워야 한다. 또한 오전 시간에 공부하느라 굳었던 몸을 한차례 풀어줄 필요도 있다. 목, 어깨, 허리의 근육을 풀어주는 간단한 생활 요가나 스트레칭도 좋다.

**A6. 잠 자기 전 10분 – 오늘 하루 고생한 뇌에 휴식을 주거나 명상하라**

자투리 시간마다 매번 쉴 수는 없다. 하지만 하루에 한두 번은 뇌에 휴식을 주는 일도 중요하다. '멍 때리기'는 대표적인 '휴식'이다. 눕거나 엎드리지 말고 앉아서 가장 편한 자세로 10분 동안 한 곳을 응시해라. 가만히 있는 것은 일시적으로 뇌를 쉬게 만든다. 짧은 시간이나마 밖에 나가 걷는 것도 도움이 된다. 발걸음과 호흡에 집중하면서 산책을 하면 마음을 안정시키는 데에 효과가 있다.

## 03 수업에 충실하라
### – 최상위권 학생들의 평범한 비밀

시간경영

"나는 영토를 잃을지언정, 결코 시간은 잃지 않을 것이다."
– 나폴레옹 보나파르트(프랑스의 황제)

**공부는 한정된 시간과의 싸움이다**

공부에 IQ와 같은 지능은 큰 의미가 없다. 전교 1등에서 전교 50등까지 학생들의 수준은 거의 비슷하다. 머리가 매우 좋은 학생은 수업 중인 칠판의 내용을 스캔하듯 한 번 보면 머릿속에 다 집어넣어 기억하기도 한다. 그러나 이렇게 좋은 머리를 가지고도 정작 성적이 좋지 못한 경우가 많다. 공부는 머리로만 하는 게 아니기 때문이다.

로스앤젤레스대학 무라야마 박사팀은 IQ와 수학 성적이 크게 관련이 없다는 사실을 밝혔다. 학생 3,520명의 수학 성적을 초등학교 5학년부터 고등학교 1학년까지 주기적으로 측정했다.[3] 그 결과, IQ와 성적간의 상관관계는 없었으며 오히려 낮은 IQ를 가지고도 수학 성적이 크게 오른 학생도 있었다.

공부하는 시간으로만 따지면, 오히려 최상위권이 상위권보다 실질적인 공부 시간이 적은 경우가 많다. 여기서 주의할 점은 최상위권 학생들이라고 해서 모두 칠판을 스캔하듯 한 번 보고 내용을 다 기억하는 머리를 가진 것은 아니라는 사실이다. 대신 최상위권 학생들에게는 공통점이 있다. 그들은 수업이 시작해서 끝날 때까지 몰입이라고 부를 수 있을 만큼 고도로 집중한다. 수업시간에 최상위권 학생들의 모습을 지켜보면 성적이 잘 나올 수밖에 없다는 생각을 하게 된다.

**몰입을 하면 시간 가는 줄 모르고 공부하게 된다**

시간 활용에서 중요한 것은 과정중심으로 진행하되 몰입을 하는 것이다. 몰입은 오직 그것에 집중하는 것이다. 주변에 대해서는 아무것도 신경 안 쓰고, 자신의 공부에만 집중하는 것이다. 결과중심으로 접근하면 몰입이 쉽지 않다. 성적이나 결과에 중점을 두고 몰입하려면 단기 압박을 계속 가해줘야 한다. 이 경우, 학생들은 시간이 갈수록 몹시 지치게 된다.

어차피 인내하고 공부를 해야 하기 때문에 잘하면 재미있고 못하면 재미가 없다. 공부에서 '잘한다, 나도 된다'는 느낌을 받아야 한다. 과정중심으로 해 몰입하면 무엇보다 공부에 재미가 붙는다. 첫째, 공부의 재미를 위해서는 과도한 선행보다 복습 위주로 해야 한다. 복습 위주의 공부는 상대적으로 스트레스가 적어서 시간 효율이 좋다. 공부를 잘하는 비결은 복습 위주의 몰입이다.

둘째, 열심히 문제만 풀어서는 쉽게 지친다. 머리로 문제만 푸는 것이 아니라 머리를 포함한 온몸이 동원되어야 한다. 과학을 배울 때도 공식만 외우고 이해를 못하면 실험조차 재미가 없다. 그러나 시간을 두고 차근차근 개념과 원리를 이해한 후에 실험을 하면 재미있다. 수학은 어렵고 지겨운 과목이다. 하지만 문제만 푸는 것이 아니라 개념을 하나하나 이해하고 완벽하게 숙지해서 설명할 수 있을 정도로 하면 재미가 따라붙는다. **개념을 이해하고 구조와 원리를 깨쳐 나가면 무엇이든지 재미를 느낄 수 있다.**

게임처럼 말초적인 쾌락이 아니라 모르는 것을 깨치는 데서 오는 지적인 희열이다. 물론 단기 성취에 대한 희열도 있을 수 있다. 그러나 그것만으로는 오래갈 수 없다. 성취를 얻지 못했을 때는 좌절하게 된다. 과정중심으로 공부하면 단기 성취를 통해 얻는 재미는 중요하지 않다.

몰입은 집중이다. 몰입은 중요한 것에 주의 신경을 비롯해 모든 노력을 집중하는 것이다. 그런데 일부 학생들은 중요한 선생님, 중요한 과목을 먼저 고른다. 내용의 중요도를 구분하지 않고 중요한 과목과 중요한 선생님만을 구분하기 시작하면 나중에 어떤 어른이 되겠는가? 집중은 그런 것이 아니다. 우선, 공부 시간을 가장 많이 차지하는 학교 수업시간에 꾸준히 집중해야 한다.

### 수업에 집중해야 하는 이유

학생이 시간을 가장 많이 보내는 곳은 학교다. 옆길로 새지 말아야 한다. 학교에서 보내는 시간은 하루의 절반에 가깝다. 이 시간을 무력화시키지 말고 활용해야 한다.

품성과 태도가 중요한 이유는 '선생님이 가르치는 수업에 집중'하는 것이 선생님과 학교에 대한 예의이기 때문이다. 품성이 바로잡힌 학생들은 이 말에 동의하고 따른다. 그러면 수업 태도가 바뀌고, 시간이 지나면 성적은 저절로 그리고 반드시 오른다.

최고의 결과는 최선의 과정에서 비롯된다. 궁극적으로 공부는 좋은 품성과 태도에서 좋은 결과가 나온다. 선생님의 수업이 마음에 들지 않는다고 다른 과목 공부를 하거나 수업에 불성실한 학생이 최상의 결과를 얻을 수 있겠는가? 일시적으로 높은 성적이 한두 번 나올 수는 있다. 그러나 '공부 마라톤'에서는 수업에 충실한 학생에게 반드시 뒤지게 된다. 중학교에서 입시에 반영되는 특정 과목만 공부하거나 특정 시기에는 학교 공부에 거의 참여하지 않는 학생들이 있다. 문제는 고등학교에 간 뒤다. 고등학교 과정은 중학교 과정을 모두 알고 있다고 가정한다. 때문에 품성과 태도가 좋지 않은 학생은 급한 시기에 몇 배의 공부를 해야 한다. 올바른 품성과 좋은 태도는 높은 점수를 받고자 하는 단기적 욕심의 질주보다 훨씬 강력하고 지속적인 힘을 발휘한다.

## 김현근의 학교 수업 활용법

### 공부의 과정을 즐겨라

김현근 씨는 한국과학영재학교 1기 입학생으로, 3년 내내 올A 학점을 받으며 수석 졸업해 미국 프린스턴대학에 특차로 합격했다. 그는 잘살고 성공하기 위해서 공부하는 것이 아니라고 말한다. '공부가 즐거웠고, 끊임없이 배우고 느끼며 깨닫는 과정이 즐거웠다'고 한다.

그는 '공부를 잘할 수 있는 마법은 없다.'라고 단언한다. '기본을 지킬 때 성적이 올라간다. 기본은 모두가 알고 있지만 정말로 기본을 실천하는 사람은 10~20퍼센트다.'라고 강조한다. 그에게 공부의 기본은 학교 공부에 충실히 집중하는 것이다.

① 한 마디도 놓치지 않겠다는 마음으로 수업에 집중하라
② 필기는 노트가 아니라 교과서에 하라
③ 시험 전 교과서는 5번 정독하라

김현근 씨는 모든 공부의 시작과 끝은 학교 수업이라고 강조한다. 한마디도 놓치지 않겠다는 마음으로 탈진할 때까지 수업에 집중했다고 한다.

"학년 초에는 극성맞다 싶을 정도로 수업을 열심히 들었다."

어려운 문제는 학원이나 친구가 아니라 학교 선생님에게 물어보는 것이 좋다고 조언한다. 선생님과 친해지고 관계를 돈독히 하게 되어 공부에 관한 정보, 미래에 대한 비전 등을 나눌 수 있기 때문이다.

또한 그는 모든 필기를 교과서에 할 것을 강조한다. 노트를 따로 작성하면 나중에 두 가지를 공부해야 하기 때문에 부담이 되고 비효율적이다. **필기를 교과서에 하면 학습 부담도 줄고, 필기한 내용과 교과서 본문이 어우러지면서 효과적인 이해·암기를 돕는다.**

**수업을 5번 연상하며 교과서 5회독하라**
시험을 치기 전에는 교과서를 5번 정독하기를 권한다. '단순히 글자 읽기가 아니다. 학교 수업에 집중했던 사람에게는 수업을 5번 연상하는 것'이다. 수업을 들었기 때문에 수업 장면이 머릿속에서 시뮬레이션 되고, 전체적인 흐름이 잡히면서 교과서를 입체적으로 읽을 수 있다.

틀린 문제는 어디에서 출제되었는지 반드시 파악했다. 교과서 본문인지 심화 학습 부분인지까지 찾았다. 그리고 자신이 어떤 부분을 소홀히 했는지 살펴보고 대비했다. 예를 들어, 한문 시험에서 획순까지 공부하지 않아 한자 획순 문제를 틀렸다면, 다음 시험에서는 획순까지 꼼꼼히 공부했다.[4]

## 예습-수업-복습의 시간 관리 3단계 학습법

### 1) 예습·복습은 왜 중요한가?

예습과 복습은 '전해 내려오는 보검傳家寶刀'과 같은 공부의 비기다. 실은 누구나 알고 있다. 그러나 보통학생들은 막연하게 생각하고 그에 대한 정보를 보아도 무심코 지나친다. 반면에 최상위권 학생들은 확실하게 알고 반드시 구체적으로 실행한다.

**최상위권 학생들은 수업 전후 3~5분 정도 자투리 시간의 예습·복습이 갖는 효과를 안다.** 2017년 수능만점자 김재경 양의 공부 비법 역시 예습과 복습이었다. 김 양은 매 수업시간 끝나고 쉬는 시간마다 전 시간 복습과 다음 시간 예습을 했다. 그러나 공부 시간이 남보다 훨씬 많았던 것은 아니다. 고3 때까지 오케스트라 동아리에서 활동하기도 했다. 그러면서 수능 만점, 전국 수석이 된 비결은 자투리 시간을 활용한 철저한 예습·복습 습관이 뒷받침되었기 때문이다.

예습을 하면 창의적 학습이 가능하고 복습을 하면 효율적인 학습이 가능하다. 예습은 재미있는 학습을 만들고, 복습은 예나 지금이나 변함없는 전교 1등의 비결이다.

### 2) 예습 – 어디까지가 예습인가?

예습을 하면 선생님과 수업시간에 소통할 수 있다. 수업이 재미있어진다. 이 정도의 예습이 가장 적정한 예습이다. 그렇다면 어디까지가 예습이고 어디서부터 불필요한 선행학습이 되는가?

수업이 재미있으려면 적당히 알면서 더 알고 싶어지는 상태가 가장 좋다. 모르는 것이 70~80퍼센트면 허덕이게 되고, 아는 것이 100퍼센트면 지루하게 느껴진다. **학습은 아는 것 80퍼센트와 모르는 것 20퍼센트일 때 최고의 효율을 발휘한다.** 예습은 100퍼센트 모두 이해하는 상태로 수업에 참여하는 것이 아니다. 예습은 '아는 80퍼센트'를 만드는 과정이다. 알긴 알지만 다 알지 못하는 상태로 수업에 참여하는 것이다.

그렇기 때문에 오히려 수업이 재미있다. 예습은 빠른 이해와 심층사고를 기반으로 선생님과의 커뮤니케이션이나 추가적인 질문을 가능하게 한다. 예습할 때 이해하지 못했던 것이나 몰랐던 걸 질문할 수 있다. 학생의 참여도가 높아지면 선생님은 심화 수업, 응용 수업을 진행할 수 있다.

### 3) 복습 – 망각곡선을 깨뜨리는 나선형 복습

복습의 목표는 개념을 터득해서 완벽하게 이해, 암기하는 것이다. 평상시에는 이해에 중점을 두고 복습을 하고 시험기간에는 암기에 중점을 두고 복습을 하면 된다. 복습을 하면서 수업시간에 이해하지 못했던 부분을 보완해서 이해도를 높여야 한다.

복습은 학교에서 하는 자투리 시간 복습과 당일 복습, 그리고 주말 시간을 활용한 해당 분량(단원) 복습이 있다. 수업을 들으면서는 기본적인 주요 내용을 반복해 읽으면서 복습을 하는 것이 좋다. 본격적인 복습은 수업이 끝난 직후부터 시작된다. 쉬는 시간에는 핵심 개념을 정리하면서 복습을 한다. 방과 후에는 이해하지 못한 내용을 중심으로 깊이 있는 공부를 해야 한다. 사전이나 참고서를 활용해서 심화학습을 하는 것이 좋다. 주말에는 일주일 동안 복습한 내용을 다시 한 번 확인하는 정도로 복습해야 한다.

복습할 때 가장 힘든 것은 같은 내용을 반복할 때 찾아오는 지루함이다. 수업 직후에는 교과서 필기를 보고, 방과 후에는 교과서와 참고서를 함께 보고, 주말에는 문제집을 풀거나 프린트를 참고하는 식으로 대상에 변화를 주면 새로운 느낌의 복습이 가능해진다.

**중요한 것은 반복나선형 복습을 해야 한다. 두뇌의 망각 원리를 그린 에빙하우스 망각곡선을 따라 분쇄해가면서 기억의 저장능력을 최대로 높이기 위해 철저히 노력한다.**

에빙하우스의 망각곡선에 따르면, 같은 횟수일 경우 "한 번 종합하여 반복하는 것"보다 "일정시간의 범위에 분산 반복"하는 편이 훨씬 더 기억에 효과적이다.

$$망각률(퍼센트) = \left[ \frac{처음\ 학습에\ 소요된\ 시간 - 복습에\ 소요된\ 시간}{처음\ 학습에\ 소요된\ 시간} \right] \times 100$$

**에빙하우스의 주장에 따르면 학습 후 10분 뒤부터 망각이 시작되며,**

1시간 뒤에는 50퍼센트가, 하루 뒤에는 70퍼센트, 한 달 뒤에는 80퍼센트를 망각하게 된다. 이러한 망각으로부터 기억을 지켜내기 위한 가장 효과적인 방법은 복습(반복)이다. 에빙하우스는 복습에 있어서 그 주기가 매우 중요하다는 사실을 발견하게 된다.

▼ 에빙하우스 망각곡선

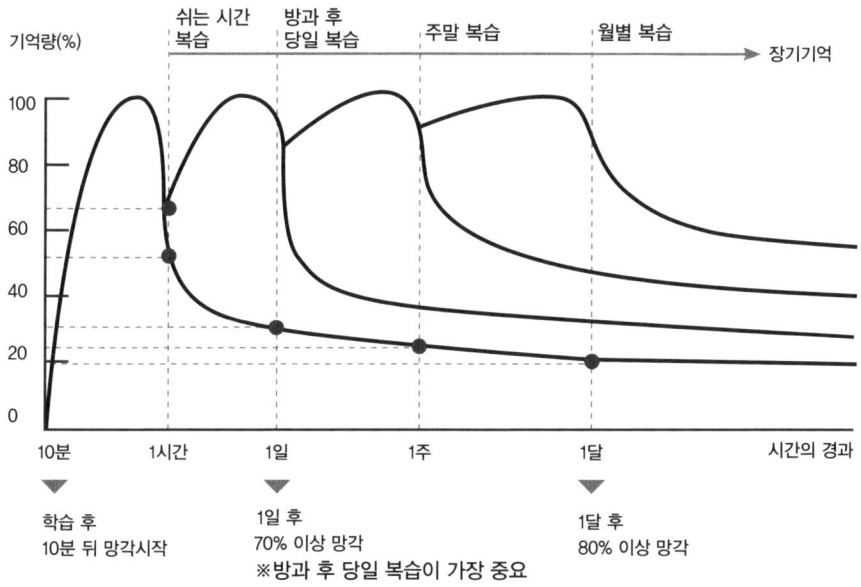

10분 후에 복습하면 1일 동안 기억되고, 1일 후 복습하면 일주일 동안, 일주일 후 복습하면 1달 동안, 1달 후 복습하면 6개월 이상 기억(장기기억) 된다는 연구결과를 바탕으로 했다. **학습한 내용을 잊지 않고 장기기억화하기 위해서는 1시간 후 복습, 당일 복습, 일주일 후 복습, 1개월 후 복습이 반드시 필요하다는 것을 밝혀냈다.**

복습은 꾸준히 반복해야 진짜 복습이 된다. 보통 전날에 했던 복습 내용은 다시 보지 않는다. 그러나 계속 중첩해서 복습하면 시간이 지났을 때 굉장한 힘을 발휘한다.

▼ 나선형 복습

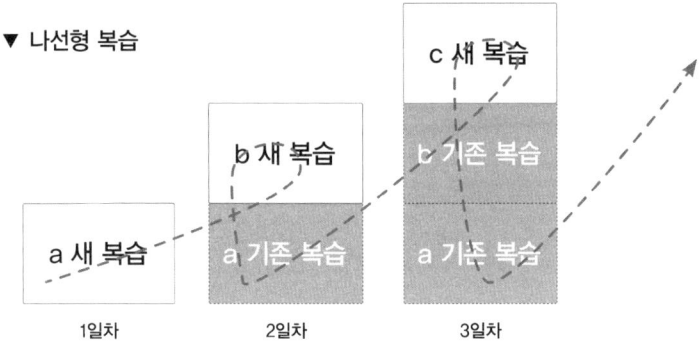

1일차에 a를 배웠다면 그날 a를 복습하고, 2일차에 a를 반복복습하고 그날 배운 b를 복습하고, 3일차에 a와 b를 반복복습하고 새로 배운 c를 복습해나가는 방식이다. 공부를 잘하는 학생들은 암기하지 않고 기억한다. 수많은 반복을 통해 툭 치면 톡 튀어나올 정도로 익숙해졌기 때문이다. 반복하면 시간이 지날수록 암기할 것이 적어진다. 유추할 수 있기 때문이다. 이러한 익숙함이 기반이 되어야 다음 단계로 나아갈 수 있다.

**복습은 공부의 뼈대를 세우는 과정이다.** 처음엔 어쩔 수 없이 무식하게 시작하고 배우고 **반복해야 기초와 뼈대가 튼튼해진다.** 기초를 외우는 것은 중요하다. 국어의 비유와 상징의 뜻이나 운율을 모르면 시를 제대로 감상하기 힘들고 3·4조, 4·4조를 이해할 수 없다. 수학에서 인수분해 공식을 외우지 않으면 문제를 풀 수 없다.

### 예습을 싫어하는 사람들

예습을 싫어하는 세 가지 부류의 사람들이 있다. **첫째, 공부하기 싫은 학생들. 둘째, 수업 준비하기 싫어하는 학교 선생님. 셋째, 돈을 더 많이, 편하게 벌고 싶은 학원 선생님이다.** 학교나 학원에서 예습이 공부에 방해가 된다고 하는 선생님이 있다. 결론만 말하자면 선생님이 수업 준비를 덜한 것이다. 책만 보고 읽는 선생님일 수도 있다. 학생들이 예습을 해오면 선생님은 수업 준비를 더 열심히 해야 된다. 예습하는 학생들은 부모님이 지속적으로 관리를 하거나 공부 습관이 잡힌 학생이다. 학생이든 선생님이든 수업 준비는 필수다. 예습을 싫어하는 곳이 학교라면 선생님이 문제가 있다는 반증이다. 학원이라면 상업적인 의도가 심하게 숨어있다고 봐야 한다.

**공부를 즐겁게 하고 자신감을 갖기 위해서는 예습을 해야 한다.** 그러나 너무 앞서가는 것도 좋지 않다. 교육과정은 그 나이 평균에 맞춰서 만들어진다. 그렇기 때문에 너무 앞서나가면 힘들어지고 공부 자체에 흥미를 잃을 수 있다. 1~2년을 앞서가면 제대로 이해하지도 못하고 내용이나 풀이만 암기하게 된다. 지적 수준이 따라가지 못하기 때문이다. 문제를 풀 줄 안다고 제대로 이해하는 것은 아니다. '문제'만 풀 줄 아는 경우가 많다. 용케 이해했다고 해도 '학교 수업은 시시하다'는 마음이 생길 수 있다. 이를 지나친 선행학습이라고 이야기하기도 한다. 만약 인성과 사회성까지 전체적으로 고르게 앞서가는 학생이라면 진짜 영재로 발달할 수 있다. 하지만 특정 분야만 앞서간다면 또 한 명의 윌리엄 사이디스가 만들어질 수도 있다.

### 무리한 선행학습은 '공부에 질린, 공부를 못하는 아이'를 만든다

**선행학습은 전반적인 학습 능력을 떨어뜨린다**

영재고나 과학고를 준비하는 학생들은 초등 5학년이나 중학 1학년 때 적게는 3년, 많게는 10년 선행학습을 한다. 선행학습을 심하게 하는 중2 학생들은 고2 마지막 과정인 기하나 벡터까지 하거나 혹은 그 이상 하는 학생들도 많다. 그러나 당장 중2 수학 시험에 이런 문제가 나올 가능성은 없다.

영재고나 과학고에 진학을 하면 다행이지만 못 가게 되면 성적이 급속히 하락하고 공부를 망치게 되는 학생들이 너무 많다. 선행학습을 하느라 다른 과목 학습에 소홀했기 때문이다. 실제로 일반고에 진학한 후에 학업 능력 부족을 겪는다. 이 경우, 처음부터 학생에게 능력이 없던 게 아니다. 공부를 잘못 시켜서 그렇다.

**재미도, 효율도, 시간도 빼앗는 무리한 선행**

대화할 때 아는 이야기가 70퍼센트 이상은 되어야 재미있다. 그런데 선행학습은 제대로 이해도 안 되는 이야기, 전혀 모르는 이야기를 계속 듣고 있는 것과 같다. 결국 공부를 재미없게 만든다. 수학을 가장 잘하는 과학고, 영재고 학생들이 대부분 수학과를 지망하지 않는다. 초등학교부터 5년에서 7년 이상 수학 공부를 선행했기 때문에 수학이란 과목 자체에 흥미를 잃고 질리게 된 것이다. 선행학습을 하면 공부를 충분히 즐길 수도, 스스로 검토를 해 볼 수도 없다. 그야말로 단순암기식 수학, 과학 공부를 하게 된다. 결국 학습 효율이 현저하게 떨어지는 것이다.

그러다 보면 모든 학교 수업에 관심이 없어진다. 다른 우수한 학생보다 훨씬 더 많은 공부를 하고도 수학, 과학을 빼고는 다른 교과목 내용을 잘 모른다. 교과과정과 상관없는 선행학습이 학생의 시간을 모두 빼앗았기 때문에 다양한 분야의 상식과 관심을 쌓지 못하게 된 것이다.

최근 선행학습의 효과에 대해 연구한 논문이 11편 발표되었다. 그중 9편은 선행학습의 효과가 없거나 미미하다고 결론 내렸다.

서울과 경기도 고교생 430명을 설문조사해 수학 선행학습 효과를 분석한 논문에 따르면 "선행학습 진도가 얼마나 빠른지 여부를 비롯해 사교육 시간과 비용 등이 수학 성취도에 미치는 영향력은 없거나 미미한 것으로 나타났다."고 했다. 또 이 연구는 "내비게이션에 의존하는 운전자가 혼자 힘으로 길을 못 찾는 것처럼 사교육이 학생의 학습 능력을 빼앗고 있다."고 했다.[5]

**무리한 선행학습의 문제점**
① 학교 수업을 등한시한다.
② 수업에 대한 이해의 수준이 낮다.
③ 집중력이 약화된다.
④ 개념을 완전히 이해하지 못해 기초가 부실하다.
⑤ 슬럼프에 빠지게 한다.

## 04 시간을 정복한 남자
### 류비셰프의 시간 관리 비법

시간경영

"시간은 인생의 동전이다.
시간은 네가 가진 유일한 동전이고,
그 동전을 어디에 쓸지는 너만이 결정할 수 있다.
너 대신 타인이 그 동전을 써버리지 않도록 조심하라."
― 칼 샌드버그(미국의 시인)

### 황금 같은 자투리 시간을 채굴하라

'시간을 정복한 남자'라 불리는 사람이 있다. 그는 70여 권이 넘는 학술서와 100권이 넘는 분량의 논문을 발표했고, 방대한 양의 학술자료와 꼼꼼하게 직접 제본한 수천 권의 소책자를 남겨놓았다. 그런 업적을 남기면서도 한편으로 매년 60회 이상 공연과 전시를 관람하며 취미생활도 했다. 그는 시간과 독특한 관계를 맺었다. 그는 시간을 도구로 사용하지 않고, 창조를 실현해주는 가능성의 제공자로 여겼다. 시간을 사랑하고 아꼈다. 그는 경건한 마음으로 시간을 대했고, 시간을 아무렇게나 쓰고 버리는 일은 절대 금했다.

그는 사랑스런 딸의 물음에 언제나 친절하게 대답해주는 자상한 아빠였지만, 그 짧은 시간도 노트에 기록하고 측정했다. 그는 26세부터 시작해서 82세로 죽는 그날까지 56년간, 날마다 사용하는 시간을 계산하고 기록했다. 매달, 매년 시간 통계를 내고 언제나 새롭고 창의적인 시간 계획을 세웠다. '시간 통계노트'를 작성하여 쓸데없이 낭비되는 시간을 철저히 차단했다. **그는 시간의 밭에 숨어있는 황금같은 자투리 시간을 모두 채굴하고, 쉴 새 없이 흘러가는 시간을 둑의 물처럼 막아 남김없이 사용했다.**

그는 이러한 생활 습관과 시간 경영으로 자신에게 주어진 한계를 뛰어넘고 돌파했다. 최소의 노력으로 최대의 능력을 발휘하고 최고의 목표를 달성했다. 그는 시간에 쫓기지 않고 시간을 지배했다.

그의 이름은 알렉산드르 류비셰프였고, 러시아의 과학자였다. 그는 그 누구보다도 강력한 인내심과 끈기를 갖고 있었다. 특히 시간 앞에서 자신을 절제하고 인내할 줄 알았다. 그는 평생 시간을 기록하면서 특별한 능력을 체득하게 되었다. 자신의 몸속에서 생물학적 시계가 째깍거리며 흘러가는 것을 느낌으로 알 정도가 되었다. 류비셰프는 인간이 가진 것 가운데서 가장 귀한 자산인 시간을 가장 소중하게 다루고 쓸 줄 알았던 위대한 사람이었다.

**하루의 시간을 분석하는 3단계 노하우**
1단계 : 자신이 하루 동안 사용하는 모든 시간을 기록한다.
　- 무엇에 시간을 쓰고 있는지, 어디에 낭비하고 있는지 정확히 파악한다.

2단계 : 주요 시간과 자투리 시간을 구분한다.

- 주요 시간에는 핵심역량을 집중하고, 자투리 시간을 활용하는 방안을 마련한다.

3단계 : 매일 약간의 시간을 들여 하루의 계획을 작성한다.

- 매일 할 일을 구체적으로 정하고, 계획표를 시간 경영의 나침반으로 활용한다.

**1단계 : 자신이 하루 동안 사용하는 모든 시간을 기록한다**

시간을 분 단위로 촘촘하게 기록해보라. 평소에 얼마나 시간을 낭비하고 있는지 발견하고 놀랄 것이다. 시간에 쫓기는 사람일수록 한꺼번에 여러 가지 일을 하고, 핵심역량을 집중해서 활용하지 못한다. 시간을 잘 쓰는 사람들의 시간 관리는 단순하다. 공부 잘하는 학생은 40분을 공부하더라도 매우 집중한다. 공부하는 시간 동안은 몸과 마음과 두뇌를 공부에 집중하고 몰두한다. 그러나 공부 못하는 학생은 50분을 공부하더라도 집중하지 못한다. 산만하게 움직이고, 끊임없이 다른 곳에 신경 쓰고, 여러 가지 일을 한 번에 하려고 한다.

**2단계 : 주요 시간과 자투리 시간을 구분한다**

주요 시간과 자투리 시간을 구분해보면 시간을 제대로 활용하고 있는지 그렇지 않은지를 분명하게 파악할 수 있다. 시간 경영을 잘하는 사람들은 주요 시간에는 핵심역량에 집중하고 자투리 시간에는 핵심역량을 강화하고 보완한다. 시간을 두 배로 사용하는 것이다.

수업시간, 방과 후 시간, 주말의 자율학습 시간 등의 주요 시간에는 흐름을 파악해야 하는 공부, 극도의 집중이 필요한 공부, 분석 혹은 조사를 해야 하는 공부를 해야 한다. 그리고 쉬는 시간, 이동 시간 같은 자투리 시간에는 간단한 암기, 문제 풀이 등의 보충 공부를 하는 것이 좋다.

**3단계 : 매일 약간의 시간을 들여 하루의 계획을 작성한다**

시간 경영은 시간 계획을 잘 세우고 실천하는 데서 출발한다. 계획은 나침반처럼 작용해 무의식적인 강제로 자신을 이끌기도 한다. 가능성을 뛰어넘는 일은 극한 상황에서만 일어나는 기적이 아니다. 물론 누구에게나 같은 시간이 주어진다. 내게만 더 많은 시간이 주어지지 않는다. 하지만 시간을 양이 아니라 질 측면에서 바라보면, 나만의 시간 활용을 극대화할 수 있다. 시간을 사용하는 데서 윤리적 원칙을 만들면 시간의 주인으로 올라설 수 있다.

**오늘부터 하루의 시간을 하나도 빠짐없이 기록하고 통계를 내보라. 그러면 자신의 모습이 거울처럼 비춰질 것이다.** 일주일 동안의 시간을 빠짐없이 기록하고 통계를 내보라. 자신이 어디에 가장 많은 시간을 쓰고 있는지 꼼꼼하게 파악할 수 있게 된다. 자신이 시간을 많이 쓰는 곳이 예상치 못했던 엉뚱한 일일 수도 있다. 그러면 인식조차 못하면서 흘려보내고 말았던 황금 같은 시간을 곳곳에서 발견하고 채굴할 수 있다. 또한 소중하고 중요한 것에는 더욱 집중하게 되고, 필요 없이 낭비되는 곳으로 흘러들어가는 시간은 철저히 차단하게 된다. 시간의 마법사가 되는 것이다. 그러면 시간의 주인이 되고, 시간의 지배자가 되고, 결국 인생의 지배자가 된다. 삶을 이루고 있는 것은 바로 시간이기 때문이다.

▼ 시간의 지배자가 되기 위한 공부 시간 계획표

① 매일 일정한 시간으로 공부 계획표를 작성한다.

② 매일 가능한 확실한 공부 목표를 정한다.

③ 쉬는 시간은 공부 시간과 명확히 구분한다.

④ 매일 전날의 공부를 평가하고 약간 수정한다.

⑤ 주간 계획은 평가를 통해 우선순위를 조정한다.

⑥ 주말 시간은 부족분을 집중적으로 보충한다.

## 원희룡의 시간 관리 공부법

**공부의 시작은 철저한 시간 관리부터!**

제주도지사 원희룡은 고교 시절 3년 동안 1등을 놓친 적이 없는 수재였다. 대입학력고사에서 전국 1등을 차지해 서울대에 수석으로 입학했다. 원희룡의 공부 비법은 시간 관리를 철저히 하는 것에서 시작한다.

그는 작은 노트를 마련해 하루의 일지를 적었다. 그날 언제 어디에서 공부했는지 체크하고, '집중도와 감정까지 기록'했다. 사시 수석 합격에 대한 한 강연에서는 "공부하다가 잠깐 화장실에 다녀오는 동안에도 머릿속으로는 공부한 내용을 계속 떠올려보았고, 공부 이외의 다른 생각을 했던 모든 시간을 단 5분이라도 생활일지 노트에 체크하면서 그런 시간을 최소화하고자 했다."고 말했다. 그는 모든 시간을 공부 시간으로 활용하려고 했다.

또한 그렇게 적은 노트를 일주일 단위로 점검했다. 어느 시간에 집중이 잘 되는지, 어떤 날에 진도가 안 나가는지 파악해 시간 안배를 바꿔가면서 최적의 계획을 완성해갔다.

"하루 단위로 시간 계획을 점검해보자. 시간 자체를 지키지 않은 것도 있을 것이고, 시간은 지켰는데 목표한 만큼의 분량을 다 공부하지 못한 경우도 있을 것이다."[6]

## 공부를 즐거움의 과정으로 이끌어가라

그는 억지로 하는 공부가 아닌 즐기며 자기주도적으로 공부를 해야 한다고 강조한다. 입시에 시달리며 어쩔 수 없이 공부하는 학생들에게 시사하는 바가 크다.

"지금 내가 하고 있는 공부를, 새로운 것을 알아가는 즐거움의 과정으로 이끌어가려면 무엇을 알고 싶은가에 대해 스스로 답할 수 있어야 한다. 즉, 자기가 만들어낸 독창적인 물음표가 있어야 한다는 것이다. **이 물음표가 많을수록, 그래서 공부하는 과정에서 이 물음표가 느낌표로 바뀌어 갈수록 '공부하는 즐거움'은 더욱 커져갈 것이다.**"

### 원희룡 모범생 공부법
① 시간계획을 세워서 체크하면서 공부한다.
② 아는 것과 모르는 것을 정확히 구분한다.
③ 갖고 노는 공부를 한다. 분해와 조립을 자유롭게 하는 것과 같다.
④ 같은 시간이라도 집중도를 높이고 최상의 컨디션으로 하자.
⑤ 공부의 긴장을 유지하자. 오버페이스도, 너무 풀어지는 것도 좋지 않다.

# 05 혼자 공부하는 시간을 확보하라

시간 경영

> "모든 전사 중에 가장 강한 전사는
> 이 두 가지, 시간과 인내다."
> – 레프 톨스토이(러시아의 작가)

**최상위권 학생들은 시간을 균형적으로 관리한다**

최상위권이라고 해도 시간 관리의 중요성은 변하지 않는다. 자세히 들여다보자.

아무리 공부를 잘하는 학생이어도 일상적으로 계획표 짜기는 쉬운 일이 아니다. 시험기간에는 부모가 같이 짜주기도 하고, 검사를 하기도 한다. 최상위권 학생들 대부분 부모의 도움을 받는다. 평상시는 물론이고 시험기간에 학생들의 시간 관리를 해준다.

**최상위권 학생들은 시험에 임박하면 양을 정해서 하지 않고 시간을 정해서 하고 그 시간에는 특정 과목만 공부한다.** 예를 들어, 9시에서 10시까지 국어만 하기로 했다면 국어만 한다. 이렇게 하지 않으면 국어를 하다 보면 수학이 불안하고, 수학을 하면 영어가 불안해지기 때문이다. 일주일마다 체크해서 언제부터 언제까지 어느 과목의 어느 부분을 공부했는지 확인한다. 이렇게 공부한 일주일을 체크해보면 부족한 과목이 보인다. 이것을 다음 주 관리표에 반영해서 부족한 과목의 공부 시간을 늘린다거나 하면서 조정한다. 수학이 부족하다면 다른 공부 시간을 줄여 보충하는 방식이다. 이 작업을 주말마다 반복하면서 평가하고 측정한다.

**같은 시간이라도 2배 효율로 써라**

최상위권 학생은 있는 시간을 활용한다. 무엇보다 수업에 고도로 집중한다. 선생님에 대한 예의를 지키며 학교 생활도 바르다. 같은 최상위권이라도 성적에 도움이 되지 않으면 수업에 집중 안 하는 학생도 있다. 내신에 큰 비중을 차지하지 않는 과목 시간에 주요 과목 공부를 하거나 자기도 한다. 하지만 멀리 보는 인생 레이스에서 최후의 승자는 누가 되겠는가?

그리고 최상위권 학생들은 사교육에 많은 시간을 쓰지 않는다. 사교육을 받더라도 혼자 공부하는 시간이 더 많다. 사실 공부에 투여하는 시간으로만 따지면 중위권 학생들이 2배 이상 많다. 정작 이 학생들 중 상당수는 학교에서도, 학원에서도 졸거나 잔다. 과제를 제대로 해가지 않거나 베낀다. 심지어 학교 수업시간에 학원 숙제를 하기도 한다. 사교육비가 많이 들지만 효율은 매우 나쁘다. 안타까운 일은 많은 부모들이 '학원'을 옮기면 이 문제를 해결할 수 있다고 믿는다는 점이다.

**최상의 컨디션으로 효율을 높여라**

최상위권 학생들을 둘로 나누면 잠자는 시간을 줄이지 않는 유형과 잠을 3~5시간으로 줄이면서 공부하는 유형으로 나눌 수 있다. 어느 쪽이 반드시 옳다고 말할 수는 없다. 기초가 튼튼하면 충분히 숙면을 취하고 공부해도 되지만, 그렇지 못하다고 판단될 때는 잠을 줄일 수밖에 없다.

그러나 체력과 건강은 공부보다 중요하다. 건강을 잃으면 모든 걸 잃는 것이나 마찬가지다. 6~7시간가량 숙면을 취하는 것이 좋다. 전국 수석을 비롯한 최상위권의 학생들은 대부분 충분히 숙면한다. 충분한 숙면은 깨어 있는 시간 집중해서 공부할 수 있는 기반이 되기 때문이다. 고3 학생이라도 깨어있는 시간에 얼마나 집중하느냐가 관건이다. 이런 면에서 충분히 숙면을 취하는 것이 장기 레이스에 강한 것은 분명한 사실이다.

2016학년도 수능만점자 고나영 양은 공부의 비결로 '잠을 충분히 잔다'고 대답했다. "최상의 컨디션으로 짧은 시간 집중하는 게 내겐 가장 효과적이었다."면서 수능 직전까지도 하루에 7시간 이상은 꼭 자려고 했다. 고 양은 공부뿐 아니라 대외활동에도 많은 시간이 필요했다. 그래서 "벌여놓은 일"을 모두 하려면 공부할 때 집중력을 최대치로 끌어올려야 했다. 그 방법이 바로 충분한 숙면이었다. 또한 자율학습 시간을 최대한 활용해 스스로 정리하는 공부 방식이 효과가 컸다고 강조했

다. 이 방법으로 중학교 때도 사교육 하나 없이 전교 1등을 놓치지 않았다고 한다.[7]

### 잠을 충분히 자는 것이 기억력에도 좋다

하버드대 의대 호버트 스틱골드 박사는 수면과 기억력의 상관관계에 대한 실험을 했다. 그 결과, 복습 후 충분한 수면을 취하는 것이 밤을 새는 것보다 더 낫다고 밝혔다.

사람들에게 1/6초 동안 나타나는 3개의 화살표가 어느 쪽을 가리키는지를 확인하는 연습을 하게 한 뒤 테스트했다. 그리고 첫 번째 밤에 그룹을 둘로 나누어 1그룹은 자게 하고, 나머지 2그룹은 밤을 새게 했다. 그리고 다시 한 번 화살표를 보여준 뒤, 두 번째와 세 번째 밤에는 모두 자게 했다. 그리고 네 번째 밤에 테스트한 결과, 첫 번째 밤에 충분히 숙면했던 1그룹은 성적이 첫 테스트보다 나아졌지만, 첫 번째 밤에 자지 않았던 2그룹은 성적이 나아지지 않았다.[8]

### 수면부족은 알츠하이머와도 관련이 있다

존스홉킨스 블룸버그 공중보건대학원 연구팀은 치매의 가장 큰 원인인 알츠하이머를 연구했다. 그 결과, 수면 시간이 부족하거나 수면의 질이 낮은 노인의 경우 알츠하이머를 측정하는 물질인 베타-아밀로이드가 더 많이 생성됐다.[9]

과정중심 부모 교육 지침서 4

### 7. 계획보다 먼저 통시간과 자투리 시간을 '기록'하라

시간 관리를 생각하면 동그란 계획표가 가장 먼저 생각난다. 하지만 현재 아이가 어떻게 시간을 쓰고 있는지 모르는 상태로 계획표부터 짜면 빈틈이 많거나, 지킬 수 없는 무용지물 계획표가 된다. 먼저 아이를 잘 관찰하고 대화를 나누면서 시간의 기록과 점검을 '하거나 시켜야' 한다. 아침잠이 많아 저녁에 집중이 더 잘된다면, 아침 시간에는 가벼운 공부를 하고 저녁 시간에 집중하여 몰입 공부를 하게 하는 식이다. 집으로 돌아오는 버스에 사람이 너무 많아 단어장조차 들 수 없다면 영어 듣기 파일을 활용할 수도 있다.

### 8. 시간 관리의 원칙은 '예습-본수업-복습'!

시간 관리 방법이 막막하다면 '예습-본수업-복습' 사이클을 따르라. 학생이 가장 많이 시간을 보내는 곳은 학교다. 학교 수업 이외의 시간을 학교 수업을 보강해주는 데에 쓰는 것이 가장 효율적이다.

통시간과 자투리 시간을 어떻게 예습과 복습에 효과적으로 사용할 것인지가 관건이다. 덧붙여, 방학 기간의 시간도 학기 중 공부한 내용을 보강해주는 데에 쓴다고 생각하면 좋다. 전 학기 공부의 복습, 다음 학기 공부의 예습에 도움이 되도록 시간을 배분한다는 원칙을 지키면 뼈대를 세울 수 있다. 여기에 체력, 스트레스를 풀어주는 취미활동, 학기 중 읽지 못했던 독서 등을 적절히 섞어 살을 붙인다.

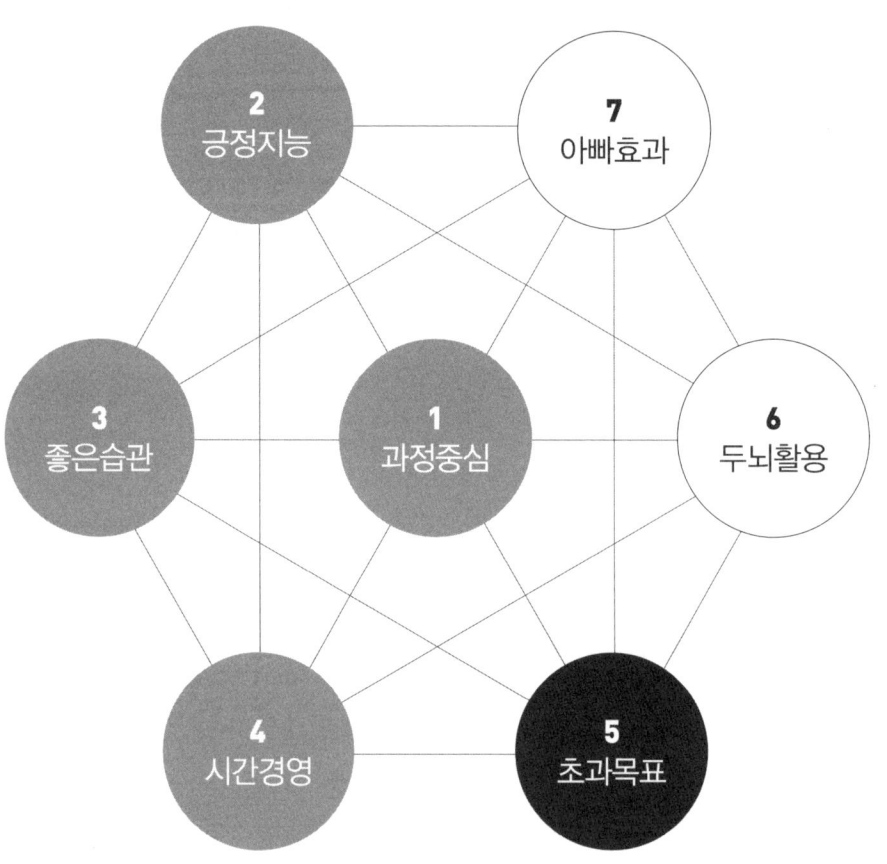

# 5장

## 초과목표를 실행하라

"불가능한 것을 손에 넣으려면,
불가능한 것을 시도해야 한다."
– 세르반테스(에스파냐의 작가)

**INTRO** 목표는 왜 필요한가?
01 초과목표 실행으로 한계를 깨라
02 압도적인 성공률은 탄탄한 기본기에서 나온다
03 과정중심 최상위권 학생들의 목표 설정
04 '열심히'를 넘어 '완벽히' 해야 한다
05 높고 큰 목표는 인간을 고귀하게 만든다

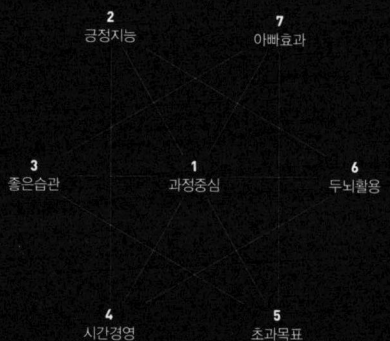

## INTRO 목표는 왜 필요한가?

미국 아이비리그 중 하나인 예일대학교에서 '목표와 계획'에 관한 생애 추적연구를 한 적이 있다. 졸업을 앞둔 대학원생을 대상으로 한 설문조사의 내용은 다음과 같았다.

**1. 세워둔 목표는 있나요? 2. 목표를 기록해두었나요? 3. 목표달성을 위해 계획을 세웠나요?**

응답에 따라 졸업생들은 4부류로 나뉘었다.
① 간단한 목표를 가진 졸업생 60퍼센트
② 목표가 전혀 없는 졸업생 27퍼센트
③ 비교적 구체적인 목표를 가진 졸업생 10퍼센트
④ **미래에 대한 확실한 목표를 기록하고 계획을 세운 졸업생 3퍼센트**

수십 년 뒤에 졸업생들의 경제적 수준을 조사했다. 결과는 놀라웠다. 미래에 대한 확실한 목표를 기록하고 계획을 세운 ④번 졸업생 3퍼센트가 그동안 번 재산은 나머지 ①, ②, ③번 졸업생 97퍼센트의 재산을 모두 합한 것보다 더 많았다. 그들은 각계각층에서 성공해 훨씬 더 행복하고 여유 있게 살고 있었다. 이와 반대로 목표가 전혀 없던 27퍼센트의 ②번 졸업생 중 다수는 사회의 최하층에서 전전하거나 정부의 보조금에 의지해 살아가고 있었다. 이 차이를 만든 결정적 요인은 **'미래를 향한 기록된 목표와 계획이 있느냐 없느냐'**였다.

# 01 초과목표 실행으로 한계를 깨라

초과목표

> "인생은 등산과도 같다.
> 정상에 올라서야만 산 아래 아름다운 풍경이 보이듯
> 노력 없이는 정상에 이를 수 없다."
> – 빌 게이츠(미국의 기업가)

**핵심역량을 극대화해서 작은 점을 태워라**

공부를 잘하기 위해서는 미래에 대한 확실한 목표가 있어야 한다. 작고 현실적인 목표부터 하나씩 실행하면서, 미래의 크고 완전한 목표를 추구해나가야 한다. **공부의 다섯 번째 왕도는 초과목표를 추구하고 실행하는 것이다.**

마라토너들은 42.195킬로미터 전체를 한 단위로 생각하고 뛰지 않는다. 5킬로미터든 10킬로미터든 목표를 잘게 나눠서 각각 설정된 작은 단위 목표를 향해 달린다. 그리고 마라톤을 마칠 때까지 반복한다. 실제 마라톤 경기에서도 일정 단위로 경계를 표시해준다. 운동생리학에서는 이를 서브 골(Sub Goal) 작전이라고 부른다. 최상위 목표를 달성하기 위해 하위 목표를 활용하는 것이다. 하위 목표를 활용하면 순간순간, 각 지점마다 힘을 집중할 수 있게 된다. 빛을 이용해 돋보기로 종이를 태울 때 작게 점을 찍어서 태우는 것과 같은 이치다. 자신이 가진 핵심역량을 극대화시키는 것이다.

고바야시 다케루라는 일본인이 있다. 1978년생이니 지금은 39세다. 당시 20대 초반일 때 그는 가난한 경제학도였다. 집세는 밀리고 공과금도 못 내서 전기마저 끊긴 채, 촛불로 집을 밝히며 살았다. 어느 날 동거하던 여자친구가 신문을 보다가 '먹기 대회'를 발견했다. 몰래 고바야시 명의로 참가신청서를 냈다. 하지만 고바야시는 '대식가'와는 거리가 멀었다. 키 170센티미터, 마른 체구의 평범한 남자일 뿐이었다.

그런데 예상을 뒤엎고 고바야시는 그 대회에서 우승을 거머쥐며 5천 달러를 벌었다. 먹기 대회는 4단계로 진행되었다. 1단계 삶은 감자 먹기, 2단계 해산물 먹기, 3단계 칭기즈칸 요리 먹기, 4단계 국수 먹기.[1] 고바야시는 경제학전공자로서 게임이론을 응용해 전략과 전술을 구사했다. 많이 먹으려 하지 않고, 각 단계를 통과하기 위해 필요한 양만 철저히 절제하고 관리하면서 먹었다. 대식가가 아닌 고바야시가 5천 달러의 상금을 탄 방법이다.

흥분한 고바야시는 '세계 최대의 먹기 대회'를 찾아내고 도전을 신청했다. 매년 뉴욕에서 열리는 '핫도그 먹기 대회'였다. 그리고 그는 대회에서 당시 세계기록 25.125개의 2배인 50개의 핫도그를 12분 안에 먹어치우고 세계 챔피언이 된다. 고바야시는 6년 연속으로 우승하고, '핫도그를 가장 많이 먹는 사람'으로 기네스북에도 등재된다. 물론 돈도 많이 벌게 되었다.

## 고바야시가 신기록을 세운 이유

간단하다. 그는 높고 큰 목표를 잘게 나누어 가깝고 작게 만들었다. 그리고 작은 목표에 자신의 핵심역량을 집중했다. **작은 목표를 끊임없이 달성(초과)하면서, 크고 높은 목표를 향해 점점 가까이 다가갔다.**

목표를 작게 쪼개 현실적으로 만드는 것은 중요하다. 심리학자 존 앳킨슨은 도전적인 목표가 의욕을 고취시키며 목표에 따라 성취동기가 달라진다고 말했다. 의욕을 높이고 성취동기를 고취하는 목표는 현실적이어야 하며 도전적이어야 했다. 성공할 확률이 0퍼센트로 너무 거대하고 이상적이거나, 성공할 확률이 100퍼센트로 너무 작고 쉬우면 성취동기는 오히려 감소했다. 사람들이 가장 의욕과 능력을 발휘하는 목표는 성공률 50퍼센트 강도의 과제였다.

▼ 혁신적·도전적 목표가 동기를 높인다

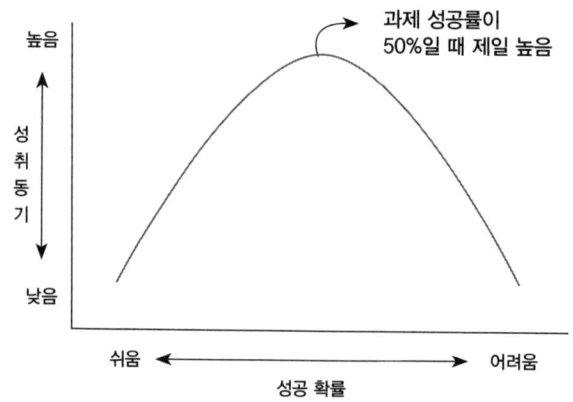

하버드대학교의 데이비드 맥클레랜드 교수도 수십 년 동안 성취욕구에 대해 연구했다. 사회에서 승자라고 불리는 사람들의 공통된 특징을 발견했다. 특징은 간단했다. **자신이 꿈꾸고 추구하는 것을 이룬 대부분의 사람들은, '쉽지는 않지만 달성할 수 있는 목표를 꾸준하게 설정하고 실행'**했다.[2]

평범한 청년 고바야시는 이 원리를 철저하게 활용해서 비범한 성과를 만들어 냈다. 두 번째로 출전한 '핫도그 먹기 세계대회'에서 고바야시는 다른 질문을 제기했다. "어떻게 하면 핫도그를 더 쉽게 먹을 수 있을까?"[3] 고바야시는 큰 목표('많이 먹어서 우승하자')보다 눈앞의 작은 목표('다음 단계를 대비하며 쉽게 먹어치우자')에 집중했다. 그는 눈앞에 있는 음식과 대결하듯 먹었다. 작은 목표를 달성하기 위해 대상을 철저하게 연구했다. '핫도그 먹기 세계대회'의 규칙은 '음료수는 원하는 대로 마실 수 있지만, 토하면 안 된다'였다. 그는 이 규칙 내에서 핫도그를 가장 효과적으로 먹는 방법을 연구했다. 다양한 실험으로 끊임없이 분석하고 연구했다.

그는 1단계로 핫도그를 먹기 쉽게 둘로 나눴다. 2단계로는 핫도그에서 소시지와 빵을 분리하고 빵을 물로 적셨다. 그리고 입에 넣어 최대한 빠르게 씹은 뒤에 삼켰다. 이렇게 반복했다. 그는 작은 목표를 끊임없이 초과하면서 크고 완전한 목표를 향해 한 발 한 발 가까이 갔다.

이를 경제학 용어로 '한계 이득의 최적화 과정'이라고 한다. 쉽게 말해, 8천 미터짜리 높은 산의 정상에 오르기 위해 100미터짜리 80개의 작은 언덕을 최고의 효율성으로 반복해서 올라가는 것이다. 매번의 작은 언덕에 최고의 노력을 기울인다. 그렇게 79번 집중해서 오르다 보면 80번째는 80번째의 작은 언덕, 다시 말해 8천 미터 높이의 산 정상이 나타나는 것이다.

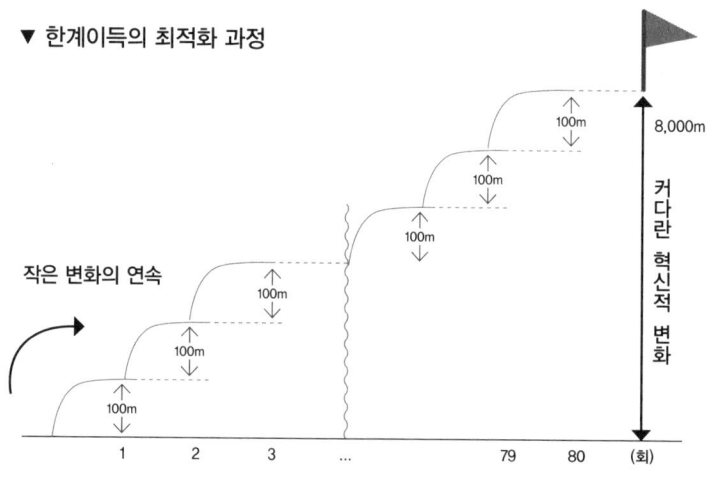

▼ 한계이득의 최적화 과정

고바야시는 이런 방법으로 자신의 한계를 깨고 쟁쟁한 경쟁자들을 이겨갔다. 유튜브(youtube.com)에 검색하면 이탈리아 TV 프로그램 〈로쇼 데 레코드(Lo Show Dei Record)〉에서 고바야시가 '3분에 햄버거 많이 먹기 대회'에 출전해서 우승하는 모습을 볼 수 있다. 고바야시는 이탈리아의 푸드파이터 비토리아 노스치즈와 대결한다. 상대 선수 비토리아는 고바야시와는 비교도 안 되는 거구로 100킬로그램은 훌쩍 넘어

보인다. 그러나 고바야시는 침착하게 하나씩 먹는다. 결국 고바야시가 3분 만에 12개의 햄버거를 먹어 우승을 쟁취한다.

### '마의 4분벽'을 돌파한 로저 베니스터

2017년 6월 11일 미국에서 농구화 경매가 진행되었다. 역사상 가장 뛰어난 농구선수로 불리는 마이클 조던이 1984년 LA올림픽에서 우승할 때 신었던 신발이 19만 373달러에 팔렸다. 한국 돈으로 2억 원이 넘는다. 하지만 영국 아마추어 육상선수가 신던 허름한 운동화 하나는 2015년에 26만 2천 5백 파운드에 팔렸다. 3억 7천만 원이 넘는다.

3억 7천만 원짜리 운동화의 원래 주인은 로저 베니스터다. 옥스퍼드 의대 학생이었던 그는 1마일(1,609미터)을 4분 안에 달리면서 '마의 4분벽'을 인류 최초로 깼다. 그가 기록을 깨기 전까지 모두가 '마의 4분벽'은 인간의 한계를 뛰어넘는 불가능한 영역이라고 믿었다. 하지만 그는 그렇게 생각하지 않았다. '인간은 4분 안에 1마일을 뛸 수 있다.' 로저 베니스터는 '인간의 한계'를 인정하지 않았다.

**로저 베니스터는 '인간의 한계'를 잘게 나누었다. 그리고 잘게 나눈 작은 한계를 돌파하기 위해 뛰고 또 뛰었다.** 1마일을 잘게 쪼갠 0.01마일에서 1초, 더 잘게 쪼갠 0.001마일에서 0.1초씩 줄이려고 피나는 연습을 했다. 그리고 한계를 돌파할 수 있다는 상상을 끊임없이 반복해서 훈련했다.

드디어 실전의 기회가 왔다. 25세의 로저 베니스터는 훈련 때처럼 잘게 나눈 각각의 목표를 향해 질주했다.

작은 목표를 지나치고, 또 지나쳐서 마지막 목표 지점인 결승선을 통과했을 때 그는 잠시 정신을 잃었다. 너무 집중하고 혼신의 힘을 기울였기 때문이다. 깨어나서 확인한 기록은 3분 59초 4였다. '인간의 한계'를 돌파한 것이다. '한계'를 돌파할 수 있음이 입증되자 '한계'는 연이어서 깨졌다. 로저 베니스터의 뒤를 따라 한 달 안에 10명의 선수가 4분 벽을 돌파했다. 2년 뒤에는 300명이 넘는 사람들이 4분 안에 1마일을 뛰게 되었다.

"한계는 없다."
사람이 가진 한계는 대부분 그 사람의 마음속에 있다.

### 9등급에서 1등급이 되는 것이 가능할까?

믿어지지 않는 이 사실의 주인공은 서울대 심리학과 17학번 피현빈 군이다. 피 군은 중학교 때 집안사정이 급변해 공부에서 손을 놓아버렸다. 피아노를 전공하기 위해 예고로 진학하려 했으나 성적이 좋지 않아 탈락했다.

일반고에 진학했으나 배치고사 성적은 꼴찌였다. $2^2$이 22인 줄 알았다는 피 군. 그런 그가 홀로 생계를 이끄시는 어머니를 보며 "무가치한 사람이 되지는 말자."라고 결심하며 공부를 시작했다.

"이걸 어떻게 다 공부해?"

처음 공부를 시작할 때 혼자 되뇌었던 말이다. 막막함은 말할 수 없었다. 그러나 또 포기할 수 없었기에 목표를 세웠다.

"한 과목부터 잡자."

그는 과학부터 시작했다. 교과서를 80번 봤다. 문제집은 5번 반복해서 풀었다. 그렇게 한 결과 과학은 600명 중 4등이었다. 그렇게 첫 번째 목표를 달성했다. 성취감과 자신감이 급상승했다.

그리고 공부하는 과목을 하나씩 늘려나갔다. 과학 다음으로 선택한 과목은 국어였다. 조금씩 전체적인 성적이 오르기 시작했다. 5등급, 4등급, 3등급, 2등급 한 자리씩 차근차근 올랐다.

**긍정적인 마음으로 한 단계씩 밟아라**

그는 제일 어려운 과목도 포기하지 않았다. 수학은 아무리 해도 7등급이었다. 기초가 너무 없어 중학교 개념부터 해야 했기에 시간이 부족했다. 그는 시간을 쪼개고 때로는 잠도 줄여가며 노력해 수학마저 잡았다.

이렇게 어려운 길이었지만, 처음부터 그의 목표는 서울대였다. "전교 꼴찌였지만 서울대에 갈 것이라고 소문내고 그 말을 지키기 위해 최선을 다했다." 그는 "내신이 낮다고, 스펙이 없다고 포기하지 말고 자신감을 가지고 긍정적인 마음으로 한 단계씩 밟아나가면 좋은 결과를 얻을 수 있다."라고 자신있게 말한다.[4]

## 02 압도적인 성공률은 탄탄한 기본기에서 나온다

초과목표

> "좋은 수능 성적을 받는 게 인생의 최종 목표가 아니라 중간 경유 목표라는 생각으로 임했더니 마음이 편해졌어요."
> — 김재경(2017년 입시 수능만점자)

**과정중심 공부 목표의 양과 질**

과정중심으로 공부하는 학생들의 목표는 결과중심으로 공부하는 학생들과 다르다. 겉으로 보기에는 똑같이 '올100'이나 '올A', '전교 1등', '만점'을 향해서 간다고 해도 목표의 차원이 다르다. 질적으로 다른 목표를 추구한다.

알기 쉽게 식당으로 비교를 해보자.

식당에는 식당 본연의 목표가 있다. 맛있는 음식, 서비스, 청결이 목표다. 이익을 남기고 유지해야 하는 사업이니 돈 많이 버는 것도 기본적인 목표다. 이 식당에서 눈앞의 이익만 보지 않고 맛있고 영양가 있고 친절하고 깨끗하고 정성스런 식당을 만들어 간다면 어떻겠는가? 떳떳하게 돈을 벌면서 망하지 않고 오래 장사할 것이다. 이것이 과정중심 식당이다.

돈만 보고 좇아가면 돈이 도망간다. 이익만을 위해 값싼 조미료로 맛을 내면 안 되고, 미국산 소를 한우로 속여 팔아도 안 된다. 벽지도 화재에 강한 난연벽지를 발라야 한다. 튀김 요리가 있다면 기름을 매일 갈겠다는 자세를 가져야 한다. 오늘 사용한 기름을 걸러서 하루 더 쓰거나 일주일을 써도 손님은 모를 수 있다. 하지만 양심적으로 장사해야 한다. 일시적으로는 손해를 보는 것 같아도 장기적으로는 그렇지 않기 때문이다.

**식당의 '가격', 과정중심 공부에서는 '성적'!**
식당은 '맛'도 좋아야 하고, '가격'도 적정해야 한다. 이때 식당에 필요한 건 혁신이다. 지켜야 하는 모든 걸 다 지키면서도 최대한 가격을 낮출 수 있는 온갖 방법을 고민해야 한다. 산지에 가서 재료를 저렴하게 사오고 경영혁신을 위해 피나는 노력을 해야 한다. 이런 노력 없이 맛만 고집하면 망할 수 있다.

공부도 마찬가지다. **공부에서는 '가격'이 '성적'이다. 아무리 과정중심이라 할지라도 성적이 좋지 않으면 빛이 바랜다.**

물론 최상위권에는 과정중심이나 결과중심 학생들 모두 많다. 하지만 대치동 이외의 지역에서 과정중심으로 공부하는 학생들은 애초부터 적다. 과정중심으로 공부하는 학생의 비율이 3퍼센트라면 결과중심으로 공부하는 학생들은 97퍼센트다. 하지만 과정중심은 실패가 거의 없이 압도적으로 성공한다.

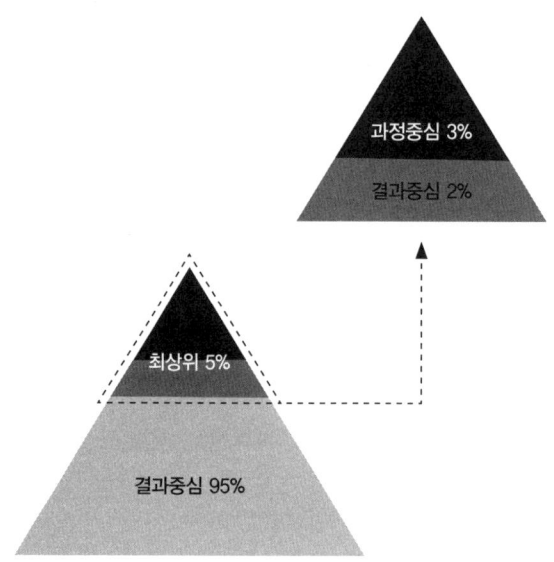

그래서 전체적으로 보면 결과중심의 비중이 높지만, 최상위권에는 소수의 과정중심 학생들이 몰려있다.

결과중심으로 공부하는 중하위권 학생들에게 과정중심으로 공부하라고 하면 싫어한다. 그들은 결과중심으로 공부해서 성공한 학생들이 롤모델이기 때문이다. 단기적인 효과가 잘 나오기 때문이다. 결과중심으로 공부하면 반짝 한 달만 해도 원하는 결과를 낼 수 있다. 벼락치기 공부다. 그러나 결과중심은 성적이 들쑥날쑥이다. 언제나 공부 분량이 지독하게 많아야만 안정되는 구조다. 그러나 결과중심은 많은 공부량을 유지하기 매우 어렵다. 과정중심은 최소 6개월 이상은 해야 눈에 보이는 결과가 나오기 시작한다. 과정중심은 꾸준히 해서 계속 나아진다.

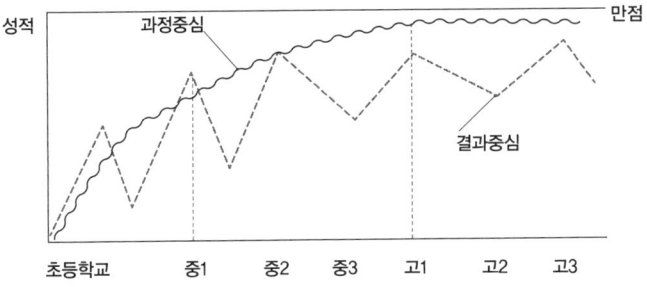

위 그래프 정점의 평원지대는 공부하는 소수에 국한된다.

### 경쟁자는 '나', 중요한 건 품성!

과정중심, 결과중심 모두 최상위권 중학생일 경우는 공통적으로 부모가 섬세하게 관리한다. 다만 결과중심은 성적 위주로 가고, 과정중심은 품성 위주로 간다는 점이 다르다. 결과중심에서는 경쟁자가 타인이지만 과정중심의 경쟁자는 자신이다.

과정중심은 항상 '내가 뭐가 부족했지? 뭐가 흐트러졌지?' 하고 되돌아본다. 이에 비해 결과중심의 관심사는 '내가 1등을 했는지 못했는지, 누가 어떤 학원을 다니는지, 어떤 특별한 공부를 하는지'이다. 관심은 언제나 내가 아닌 바깥에 있다. 결과중심 학생들은 공부 방식도 교과서를 철저히 공부하기보다는 문제집을 많이 푼다.

중위권 학생들의 경우는 문제를 많이 풀면 성적이 올라간다. 그래서 중위권 학생들은 공부 시간만 늘어도 성적이 올라갈 수 있다. 그러나 상위권이나 최상위권 학생은 개념을 확실하게 이해하지 못하면 문제를 아무리 많이 풀어도 더 이상 성적이 오르지 않는다. 잠을 줄여가며 공부 시간을 늘린다고 성적이 그만큼 오르지 않는다. 개념을 완전히 알지 못하면 언제나 부족한 부분이 생기고, 실수도 줄어들지 않기 때문이다.

최상위권으로 도약하려면 자신이 무엇이 부족한지 알고, 부족한 곳을 메꾸기 위해 시간을 전략적으로 배치해야 한다. 스스로 의지를 갖고 해야 하는데 과정중심 학생이 아니라면 쉬운 일이 아니다. 학년이 높아가고, 중학생이 고등학생이 되면 더욱 어려워진다. **과정중심 학생들은 처음부터 기본을 튼튼히 하기 때문에 시간이 가고 학년이 높아질수록 강해진다.**

### 과정중심 공부의 목표 설정 – 완벽히 아는 것

과정중심 공부의 목표는 교과서 각 단원의 학습목표를 완전히 숙지하는 것이다. 각 단원의 학습목표를 완벽하게 알고, 선생님처럼 설명할 수 있을 정도로 공부한다. 문제를 풀었을 때 '몇 개를 틀리냐, 몇 점을 맞냐' 하는 수치적이고 양적인 목표는 단지 점검의 대상일 뿐이고 질적인 초과목표를 추구한다.

이 때문에 과정중심으로 가려면 초기에는 두 배 이상의 노력이 든다. 학생은 힘들 수밖에 없다. 따라서 과정중심의 공부를 받아들이려면 학생에 대한 학부모의 관심과 애정이 매우 높아야 한다. 학생이 공부하는 과정을 함께 해야 한다.

그리고 실제로 학생을 지도하는 부모님이나 선생님은 학생을 직접 가르치는 것이 아니라 공부를 '① 제대로 ② 스스로 할 수 있도록' 최선을 다해 도와줘야 한다. 학교에서 배운 걸 '① 완전히 깨우치고 빠짐없이 알 수 있도록 ② 이 과정을 스스로 할 수 있도록' 지속적으로 훈련해서 몸에 인이 박이도록 해야 한다.

수학 과목을 예로 들어보자. 인수분해를 공부한다면 공부의 목표는 100점이 아니다. 인수분해 자체를 제대로 이해하는 것, 그 단원의 교육과정에서 요구하는 학습목표를 완전히 숙지하는 것, 나아가 선생님처럼 설명할 수 있을 때까지 세세하게 아는 것이다. 이때 부모는 학생이 설명을 제대로 하는지 확인해야 한다.

과정중심의 공부에서 목표는 '교과서에 나오는 교과과정의 목표를 완벽하게 알고 이해하는 것'이다. 기본에 충실하고 과정 하나하나에 집중해야 한다. 시험에 나올 내용만 뽑아서 공부해서는 안 되고, 문제만 풀어서도 안 된다. **교과과정과 교과서 각 단원의 학습목표를 완벽히 이해해서 자신이 선생님이 된 것처럼 설명을 할 수 있어야 한다.** 문제가 나왔을 때 보기 5개 중에서 어느 것이 정답이고, 다른 것은 왜 정답이 아닌지 모두 설명할 수 있을 정도가 되어야 한다. 물론 여기까지 가려면 수많은 실패와 반복 속에서 끊임없이 작은 목표를 달성해가는 과정을 밟아야 한다.

2014년 세화고 전교 1등 최영조 군은 공부를 할 때 넓은 범위를 많이 공부하기보다 하나라도 깊게 했다. 중1 수학 시간, 원의 넓이를 구하는 법을 배웠다. 최 군은 다른 도형의 넓이를 구하는 방법이 궁금해져 공부하기 시작했다. 그러다가 미분, 적분의 개념을 알게 되었고 고1 교과서를 따로 구해 공부했다.

문제를 풀어도 1문제당 10분이 넘게 걸릴 정도로 깊게 한다. 국어 등 다른 과목들도 똑같다. 그리고 반드시 공부한 개념은 자신의 말로 표현해본다. 최 군은 '시간이 오래 걸리는 것 같지만, 기억에 오래 남아 결국 시간을 절약할 수 있다'고 했다.[5]

### '자기주도 학습 능력'은 성장하고 있는가?

당연히 과정중심 공부에서도 성적이나 등수는 중간 점검의 역할을 한다. 그러나 당장 눈앞에 보이는 결과로 판단해서는 안 된다. 때가 되면 나오는 성적표를 보고 근본적인 궤도를 바꾸면 안 된다. 한두 과목의 전략을 수정할 수는 있지만 중심이 흔들려서는 안 된다. 학년이 올라가면서 성적이 계속 향상되는 과정중심 공부에 대한 믿음을 버리면 안 된다. 과정중심으로 공부하면 중학교 1, 2, 3학년, 그리고 고등학교 1, 2, 3학년 올라갈수록 반드시 성적이 더 좋아진다. **과정중심 공부에 일찍 눈을 뜬 부모라면 초등학교 때부터 학생을 지켜봐야 한다.** 물론, 중요한 점은 '자기주도적 공부 습관', '자기주도 학습 능력'의 성장이다.

현재 전교 1등인 정현철 군은 중학교 시절부터 과정중심 공부를 차근차근 실천해왔다. 정 군은 스스로의 공부에 대해 이렇게 말한다.

"저는 중학교 때 했던 공부의 기본기 덕분에 고등학교 때 성적이 나옵니다."

보통 학생들은 공부를 할 때, 시험에 나올 것을 추려서 한다. 영어 과목을 예를 들자면, 정 군은 시험 출제여부와 상관없이 교과서 지문, 학교 프린트 지문을 통째로 다 외운다. 중학교 때부터의 공부 방법이고 습관이다. 고3까지 계속 그렇게 하고 있다.

중학교 때부터 누적된 단계별 복습 습관 덕분에 시간도 다른 친구들보다 훨씬 더 적게 든다. 이것이 전국 최상위권 학생들이 모인 고등학교에서 정 군이 전교 1등을 유지하는 비법이다.

이렇듯 최상위권 학생들은 자기주도 학습 능력을 기르기 위해 다음과 같이 4단계 전략을 짠다.

1. 단기적인 결과에 치중하기보단 장기적인 전략을 짜고 공부한다.
2. 기초체력을 쌓듯 기본기를 강화하는 공부에 계속 투자한다.
3. 예습은 자신감을 가질 정도로 하고, 복습을 완벽하게 한다.
4. '자기주도 공부'의 완성인 '설명식 이해'를 꾸준히 실천한다.

## 교과서를 완벽하게 보는 방법

### 1. 교과서를 보는 시야를 넓혀라

교과서의 모든 구성 요소들은 연결되어 있다. 본문만 들여다보고 암기해서는 교과서를 제대로 공부했다고 할 수 없다. 다음은 교과서를 볼 때 놓치기 쉬운 구성요소들이다.

① 목차 – 한 권의 교과서를 읽으면서 반드시 알아야 할 핵심 단어들의 집합체다. 본문을 읽기 전에 **목차를 짚고 넘어가면** 교과서 전체의 틀이 보이고 세부 내용을 공부할 때도 체계를 잡기 쉬워진다.

② 학습목표 – 해당 대단원, 소단원에서 꼭 배워야 할 점, 즉 가장 중요한 내용을 정리한 것이다. **학습목표는 출제자의 의도이다.** 교과서를 토대로 내신과 수능시험이 출제되기 때문이다.

③ 학습 개요 – 본문에 들어가기에 앞서 기초적인 개념의 이해를 돕기 위한 도입부이다. **개념 이해는 모든 과목에서 중요하지만 특히 수학, 과학의 기초 개념은 심화 개념으로 확장되므로 기초 개념을 확실히 알아야 한다.**

④ 보충설명과 확인문제 – 개념 이해를 돕기 위해 용어 풀이, 이미지 등의 보충설명들이 있다. **기초가 부족하면 개념을 묻는 확인문제를 풀어야 한다.**

각 중심내용을 전체와의 유기적인 관계 속에서 파악하고, 전체에서 부분을 나눠 체계화할 수 있어야 한다. 즉 내용을 목차처럼 나눌 수 있어야 하고, 목차 순서대로 본문을 정리할 수 있어야 한다.

## 2. 선생님처럼 설명할 수 있게 공부하라

교과서에서 '무엇'을 설명하고 있는지 완벽하게 이해해야 한다. **'완벽한 이해'의 기준은 선생님이 된 것처럼 누군가에게 막힘없이 가르칠 수 있느냐 없느냐다.**

사회심리학자 레윈이 세운 미국 행동과학연구소(NTL)에서 학습 방법에 따른 학습 효과를 연구해 '러닝 피라미드'를 발표했다. 여러 가지 방법으로 공부한 뒤 6개월 후에 얼마나 기억하느냐를 연구했다. 가장 많이 기억하게 만든 방법은 시뮬레이션이었다.

**가족이나 친구, 인형을 세워놓고 하거나 혼자서라도 '누군가를 가르치듯이' 시뮬레이션 하는 방법은 이미 많은 최상위권 학생들이 쓰는 방법이다.** 또한 시뮬레이션은 메타인지 능력을 높여준다. 설명을 하려면 하나의 흐름, 즉 스토리를 만들어야 한다. 그 과정에서 자신이 무엇을 확실히 알고 어느 부분을 제대로 모르는지 알게 된다.

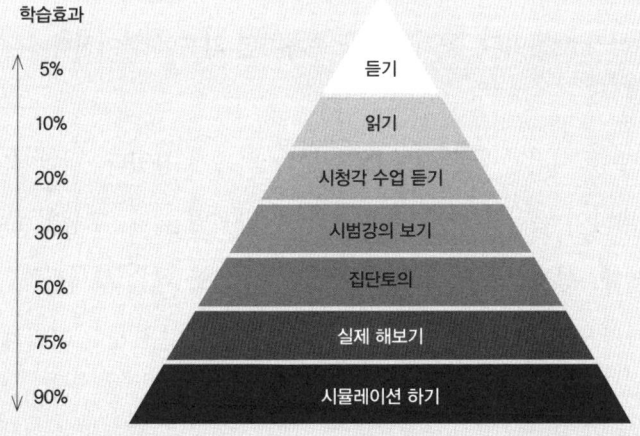

▼ 러닝 피라미드 (Learning Pyramid)

# 03 과정중심 최상위권 학생들의 목표 설정

초과목표

> "사람들이 말하는 것처럼, 나는 하루아침에 성공했다.
> 하지만 그 아침을 맞이하기 위해 30년이나 긴 밤을 보내야했다."
> – 레이 크록(맥도날드 창업자)

### 안정적인 동기부여를 위한 특별한 목표 설정

오랫동안 공부를 해야 하는 학생들에게 꾸준한 동기부여, 모티베이션 컨트롤은 필수적이다. 아무리 태도가 좋고 습관이 잘 잡혀있다고 해도 슬럼프는 온다. 공부가 하기 싫어지는 때가 생긴다. 동기부여가 부족하기 때문이다. 동기부여가 부족하면 의욕이 떨어진다.

공부를 시작할 때는 처음엔 누구나 의욕에 차있다. 방학이 시작할 때, 방학이 끝나고 학기 초에, 학년이 바뀌었을 때, 고등학교에 올라갔을 때, 성적이 떨어지고 재정비를 결심했을 때는 부지런해진다. 여러 가지 공부 방법도 시도해보고, 유명한 공부법을 찾아 따라해보기도 한다. 스스로 계획을 짜기도 한다.

그러나 그 뒤의 양상은 다르다. 금방 의욕을 잃는 사람도 있고, 의욕이 떨어졌다가 넘쳤다가 하는 사람도 있다. 초반에 의욕이 과다해 끝까지 가지 못하고 지치는 사람도 있다.

▼ 안정적인 동기부여가 중요하다[6]

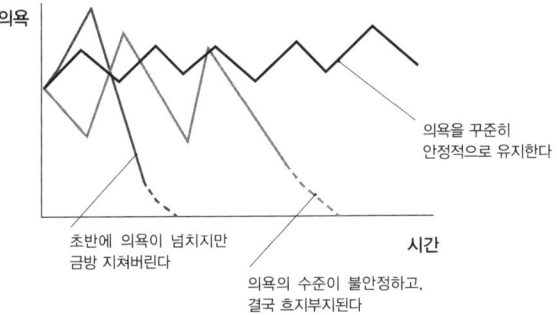

동기에는 두 종류가 있다. 내적 동기부여와 외적 동기부여다. 내적 동기부여는 공부 자체가 동기가 된다. 몰랐던 사실을 알게 되는 즐거움, 답을 맞췄을 때의 희열 등이다. 이에 반해 외적 동기부여는 누군가에게 지고 싶지 않다든가, 성적을 올리겠다든가 하는 '보상'과 관련된 문제다. 나쁘거나 문제적인 현상은 아니다. 그러나 외적 동기부여의 경우 보상이 보장되지 않거나, 보상에 대한 흥미가 떨어질 경우 자연스럽게 동기부여도 약해진다.

그러므로 **내적인 동기부여를 하는 것이 좋다. 그래야 보상의 유무나 환경의 변화에 자극받지 않고 꾸준할 수 있다.** 내적인 동기부여를 위해서는 목표 설정이 중요하다. 그래서 과정중심에서는 목표를 특별하게 설정한다. 첫째, 목표는 장기적으로 둔다. 둘째, 성적이나 대학이 아니라 내적인 성장과 최선의 여부로 설정한다.

### 과정중심의 목표와 원칙을 어떻게 정하는가?

과정중심의 목표는 장기적이어야 한다. 목표는 학생마다 다르다. 그런데 학생들이 꿈을 가질 수는 있어도 구체적인 목표와 세부적 원칙을 세우기는 쉽지 않다. 그래서 부모와 선생님과 멘토가 필요하다. 의사가 되고 싶어 의대를 목표로 하는 학생과 공학자를 꿈꾸고 카이스트를 목표로 하는 학생, 철학자가 되고 싶은 학생, 바이올리니스트가 되고 싶은 학생의 공부 방법은 다르다. 부모님들이 아이의 특성에 따라 목표를 세우는 데에 도움을 줘야 한다.

개인에게 공부는 10년 혹은 그 이상까지 보는 장기 프로젝트다. 10~12세 아이가 최소 10년에서 길게는 20년 후의 자기 인생을 위해 10~20년 동안 '스스로' 유혹을 뿌리치고 공부할 수 있을까? 불가능하다. 따라서 장기적 목표를 정한 후에는 그에 맞는 원칙도 마련해주어야 한다. 그 원칙은 완벽을 위해 언제나 최선을 다하는 것이다.

### 과정중심 공부는 질적인 목표를 우선한다

공부의 결과는 두 종류가 있다. 성적이나 등수는 양적인 결과이고, 마음자세나 태도, 품성은 질적인 결과다. 과정중심 공부에서는 질적인 결과를 최우선으로 본다. 과정중심으로 공부하면 공부 못하던 학생이 공부 잘하는 학생으로 바뀌는 건 분명하다. 성적이나 등수가 변한다.

그러나 이건 질적인 변화가 양적인 변화를 이끌어낸 것이다.

'질적인 최선을 기울였더니 성적도 최고가 된다.'

그렇다면 학생이 최선을 다한다는 것은 무엇을 의미하는가?

학생들이 높고 원대한 목표를 스스로 갖기는 매우 힘들다. 어른들부터 이전 세대와 다르다. 미래를 위해서 현재의 삶을 희생하는 경우가 많지 않다. 학생에게 무작정 공부만 강요할 수 없다. 따라서 가치관이 바뀌어야 한다. '왜, 무엇을 위해 공부할 것인가'보다 '어떻게 공부하는가'에 초점을 맞추어야 한다. '왜'는 나이가 들면서 사라질 수 있지만, '어떻게'는 습관으로 계속 남아있기 때문이다.

생활 태도부터 바꿔야 하고, 마음가짐부터 달라져야 한다. 대부분의 부모들이 바라는 건 '무엇보다 사회에 나가서 인정받고 자존감을 갖고 행복하게 사는 것'이다. 때문에 과정중심 공부는 제대로 된 사람, 완성된 인간을 목표로 한다. 좋은 대학에 가기 위해 공부하는 것이 아니라 공부한 결과 중 하나가 대학일 뿐이다. **평상시 공부의 과정을 입시에 맞추지 않는다. 만약 최선을 다해서 최고가 되었는데 받아주지 않는 대학이 있다면, 그 학교에 갈 필요가 없다.** 이때 부모는 이렇게 말해줘야 한다.

"그렇게 열심히 했는데 서울대에서 안 뽑아주면 서울대 갈 필요 없다. 서울대가 망할 것이다. 너를 인정해주지 않는 서울대보다, 너를 인정해주는 학교에 가면 훨씬 더 크게 성공할 것이다."

### 학생은 그들이 가려는 대학보다 소중한 존재

최선을 다해 공부하는 학생에게 필요한 건 이런 자신감과 자존감이다. 대학이 소중한 건 그곳에 훌륭한 인재들이 있기 때문이다. 인재를 가르치는 선생님들이 중요한 것 역시 인재들 때문이다. 학생들은 대학보다 훨씬 소중한 존재들이다. 미래를 책임지고 만드는 건 그들이다.

공부 잘하는 학생들이 기본적으로 명문대를 가고자하는 것은 무엇보다 최선을 다했다는 사실을 인정받고 싶은 욕구다. 어느 대학을 가느냐보다 더 중요한 건 다만 지금 내가 부끄럽지 않게 최선을 다하고 있는가이다. 내 삶에 최선을 다했다면 자기 예상이나 주변의 기대에 못 미치는 대학에 가도 전혀 부끄러워할 필요가 없다. 대학을 가지 않았더라도 마찬가지다. 최선을 다해 노력하는 사람이라면 언젠가는 반드시 성공한다.

'나는 현재 최선을 다하고 있는가?'

이번에 성적이 얼마나 나왔는지, 기말고사 성적이 어떻게 나왔는지도 물론 중요하다. 그러나 그보다 훨씬 중요한 것은 '나는 현재 최선을 다해 노력하고 있는가?'이다. 최선을 다했지만 10등이나 50등도 할 수 있고 더 떨어질 수도 있다. 경쟁이 치열한 학교일수록 더욱 그렇다. 다만 최선을 다했다면 그것은 칭찬과 격려의 대상일 뿐이다.

# 04 '열심히'를 넘어 '완벽히' 해야 한다

초과목표

> "다른 사람과 비교해 더 나은가를 걱정하지 마라.
> 하지만 네가 실현 가능한 최고의 사람이 되려는 노력을 그치지 마라.
> 그건 자기 힘으로 컨트롤할 수 있지만,
> 다른 사람은 컨트롤할 수 없으니까."
> – 조슈아 휴 우든(존 우든 감독의 아버지)

### 최선의 크기의 차이 – '열심히 했다!'와 '완벽히 했다!'

'최선의 영역'에도 양적인 측면과 질적인 측면이 있다. 어떤 사람은 100의 기준에서 70이나 80을 해도 최선이라고 한다. 최선을 평가하는 일반적 기준은 두 가지가 있다. 하나는 '열심히 했는가'이고, 또 하나는, '완벽히 했는가'다.

끊임없는 자극과 동기부여로 '최선의 원'의 크기를 넓혀야 한다. 최선의 기대치를 자꾸 높일 수 있도록 해야 한다. 이것이 과정중심 목표 설정의 핵심이다.

**왜 우리나라 사람들은 입학한 대학이나 수능 성적을 볼까?**

수능 공부는 실상 사회에서 쓰여지는 구체적이고 실용적인 지식은 아니다. 하지만 학생 시절 어떤 사람은 원하지 않더라도 자기에게 주어지기 때문에 공부를 90~100퍼센트하고 어떤 사람은 60~70퍼센트만 한다. 회사에서 진정으로 일을 원해서 하는 사람은 별로 없다. 대부분 돈을 벌기 위해서 참고 하는 것이다.

사람마다 하기 싫은 일을 할 때의 완성도가 다르고, 그 사람이 내놓은 최선의 '품질'이 다르다. 사람에 따라 90퍼센트, 70퍼센트, 50퍼센트를 하고는 완벽하다고 한다. 회사에서는 당연히 100퍼센트 하는 사람을 뽑고 싶어 한다. 이것이 회사에서 학벌을 보는 본질적인 이유다.

기업에서는 개인의 능력을 벗어나는 일을 무리하게 시키지 않는다. 사고가 생기거나 실수가 나오기 때문이다. 능력이 60인 사람한테는 그만큼의 일을 시킨다. 주어진 일을 완벽하게 수행하면 된다. 서울대 출신에게는 능력을 100일 것이라고 생각하고 80~90정도의 일을 시키는데, 60을 하는 사람이 있다. 겉보기엔 잘하는 것 같아도 자꾸 구멍이 난다. 회사의 입장에서는 일을 시켰을 때 믿을 수가 없는 사람이다. 그렇다면 학벌이 좋더라도 중요한 곳에는 쓰지 않는다.

학벌이 반드시 성공을 결정하는 것은 아니다. 서울대 출신이든 아니든 싫은 것도 완벽하게 해내는 사람들이 사회에서 성공한다. 학벌이 좋은 사람이 성공한다면 학벌을 만들어낸 능력과 성실성을 겸비했기 때문이다. 명문대 출신이 상대적으로 성실하게 과제를 수행할 가능성이 높다. 학생시절 누구나 하기 싫어하는 공부를 이미 잘 수행한 경험이 있기 때문이다.

경기여고 전교 1등 채시은 양은 '최선을 다해' 공부한다. 만약 '국어 문학작품 3개를 끝내겠다'고 마음먹으면 전체 내용 중 모르는 것이 하나도 없을 정도로 철저히 공부한다. 조금이라도 이해가 안 되는 것이 있으면 넘어가지 않는다. 스스로 만족할 때까지 교과서를 읽고, 설명해보고, 문제를 푼다.[7]

**최상위권 학생들은 대부분 완벽한 학습에 초점을 맞춘다. 남과 경쟁하지 않고 어제의 나와 경쟁한다.** 남과 경쟁하면 친구가 모르는 걸 물어봐도 알려줄 수 없다. 알려주면 경쟁자의 성적이 오르는데 용납할 수 있겠는가? 하지만 어제의 나와 경쟁하면 친구가 모르는 걸 물어봐도 잘 알려준다. 친구의 성적이 향상되는 것과 내 실력이 향상되는 것은 같은 차원이다. 친구가 모르는 문제는 나도 모를 수 있고, 알더라도 친구를 알려주면서 더 확실히 알게 된다.

### 최선의 태도가 최고의 성과를 낳는다

과정중심 공부에서는 최선의 태도로 최고의 성과를 만들어내기 위해 노력한다. 과정중심 공부의 최종목표는 완성된 인간, 전인적 인간이 되는 것이다. 그래서 과정중심으로 공부하는 사람은 스스로 이렇게 묻는다.

'얼마나 최선을 다하고 있는가?'
'자신에게, 부모님에게, 선생님에게 부끄럽지 않은가?'

결과중심 부모의 경우는 자녀가 100점을 못 맞아오면 "누구는 100점 맞았는데 왜 넌 못 맞아왔어?" 하게 된다. 실력이 아직 부족할 수도 있고, 실수는 누구에게나 있는 법이다. 학생의 자존심도 살리고 실수를 극복하려는 의지를 갖게 하려면 부모는 이렇게 말해야 한다.

"진짜로 최선을 다한 걸까? 원래 공부해야 하는 곳을 빼놓고 한 건 아닌지 같이 한 번 점검해보자."

더 높고 완전한 목표를 가지고 순간순간 과정에 충실해야 한다. 그래서 완전한 목표는 일상생활에서는 초과목표로 나타난다.
교과서를 만든 사람들의 의도까지 알기 위해 완벽히 공부한다는 것이 얼마나 어려운가? 한 단원 한 단원 선생님처럼 설명할 수 있을 정도로 공부한다는 건 물론 어렵지만 가능한 일이다. 평소에 초과목표를 갖고 실행하는 것이 중요하다.

## 송곳식 학습법 – 주 텍스트를 완벽히 공부하라

**틀린 게 아니라 의심스러운 걸 골라내라**

학생들은 보통 문제집을 여러 권 열심히 푼다. 10권 이상 보는 학생도 있다. 그러나 최상위권의 학생들은 개념서, 주 텍스트에 집중하고 문제집을 많이 보지 않는다. 주 텍스트는 교과서, 학교에서 나누어준 프린트이다. 전교 1등 학습법은 두 권을 보는 대신 한 권을 여러 번 반복하는 것이다. 주 텍스트를 완벽하게 학습하는 것에 집중한다.

**과정중심 학습법은 틀린 것만이 아니라 문제를 풀 때 미심쩍은 것은 모두 공부하는 학습법이다.** 맞힌 것 중에서도 헷갈리거나 찍어서 맞은 문제도 있기 때문이다. 틀렸는지 안 틀렸는지가 중요한 것이 아니다. 문제를 풀면서 조금이라도 의심스러웠느냐가 중요하다. 문제를 풀다가 30초 안에 풀이 방법이 떠오르지 않으면 반드시 체크하여 반복해 풀어야 한다.

**송곳처럼 핵심을 꿰뚫어가라**

축구경기에서 한 치의 오차도 없이 정확하게 전달된 패스를 '송곳패스'라고 한다. 국회 청문회에서 빠져나갈 수 없는 날카로운 질문을 '송곳질문'이라고 한다. 날카롭거나 정확하다는 의미로 흔히 송곳이라는 단어를 사용한다.

송곳식 학습법은 날카롭고 정확하게 핵심을 꿰뚫어가는 공부법이다. 처음에 100문제를 푼다고 하면, 의심스러운 것 순서대로 70퍼센트를 골라낸다. 30퍼센트는 언제 풀어도 맞는 문제라고 본다. 골라낸 70퍼센트를 다시 개념부터 공부하고 풀어본다. 그리고 이중에서 다시 70퍼센트를 골라낸다. 같은 방법으로 다시 70퍼센트를 고른다. 여기까지 하면 마지막까지 골라낸, 전체의 30퍼센트 정도의 문제들은 세 번 푼 셈이다. 그렇게 줄여나가면 마지막에 나와 정말 친하지 않은 20문제 정도가 남는다. 이것만 집중적으로 대여섯 번을 반복해서 푼다. 이게 송곳식 학습법이다. 계속 나사처럼 뚫어가는 것이다. 체크를 해가면서 완벽하게 알게 된 문제는 배제해나간다.

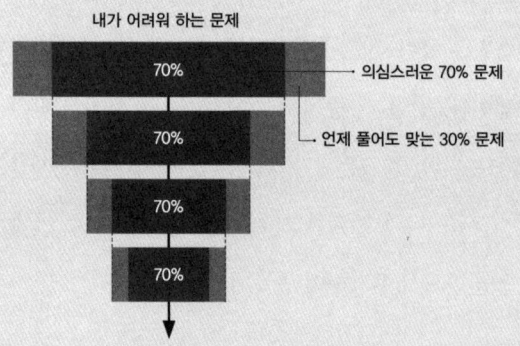

송곳식 학습을 하면

① 개념을 정확하게 알 수 있다.

② 공부하는 부담이 적다.

③ 반복학습으로 실수를 확연히 줄일 수 있다.

## 05 높고 큰 목표는 인간을 고귀하게 만든다
초과목표

"나약한 태도는 성격도 나약하게 만든다."
– 아인슈타인(물리학자)

인류 역사상 가장 야만적인 곳이었던 아우슈비츠 수용소에서 가장 고귀하고 희망적인 인간의 메시지를 던진 사람이 있다. 그는 그곳에서 극한의 지옥을 경험했다. 하지만 그는 순간순간 다가오는 어떤 고통에도 삶의 의미를 부여하면서, 현실을 극복해나갔다. 그 사람의 이름은 빅터 프랭클이다. 그는 저 멀리 있는 미래를 향해 더 높고 완전한 목표를 보며 자신을 바쳤다. 용광로가 강철을 뽑아내듯이 역경은 평범했던 한 사람을 고귀하게 만들었다.

### 빅터 프랭클은 지옥에서 어떻게 살아남았는가?

1905년 3월 26일은 위대한 음악가 베토벤이 56세를 일기로 사망한 날이다. 동시에 오스트리아 빈에서 한 명의 유대인이 태어났다. 그가 빅터 프랭클이다. 빅터의 동창생은 이 우연한 일치를 두고, "불행은 혼자 오지 않는다."고 농담을 했다.

빅터의 아버지는 어린 아들에게 정의감을 심어주려 했고, 어머니는 인성 교육에 애를 썼다. 10대 시절의 빅터는 정신분석에 관심이 높아, 고등학교 내내 지그문트 프로이트와 편지를 주고받기도 했다. 그는 25세에 의학학위를 받고 빈의 대학병원 정신과에서 근무했다. 나치 독일이 오스트리아를 침공했을 때도 신경정신과 전문의로 근무 중이었다.

그는 나치의 탄압을 피하지 못하고 1942년 9월 프라하 근처의 나치 수용소에 감금되었다. 1,300명의 다른 유대인들과 함께 가축 우리 같은 건물에서 쓰레기처럼 취급되었다. 나흘 동안 빵 한 개가 주어졌고, 죽음의 선별이 계속되었다. 날마다 한 줄로 세워진 사람들이 왼쪽과 오른쪽으로 갈렸다. 한 쪽의 사람들은 가까스로 살아남았고, 다른 쪽의 사람들은 화장터로 가서 시체가 되었다.

빅터는 아우슈비츠를 비롯해 3년 동안 네 곳의 수용소를 옮겨 다녔다. 같이 끌려갔던 사랑하는 아내와 아버지와 어머니, 형제들은 차례차례 목숨을 잃었다. 수용소에 있는 동안 그는 생생한 인간 실험실에서 누군가는 돼지처럼 행동하고, 또 누군가는 성자처럼 행동하는 것을 목격했다. 고통은 인간을 가장 잔인하게도, 가장 더럽게도, 또 가장 강하고 위대하게도 만들 수 있다는 사실을 깨달았다.

### 고통의 용광로는 인간을 아름답게 단련한다

누군가는 극단적인 생명의 위협 속에 죽어가면서도 옆에 있는 사람들을 위로하고 빵 한 조각이라도 나눠주었다. 빅터는 자신의 인간적 자존심을 지키기 위해 목숨을 걸고 노력했다. 유리조각으로 면도하면서 단정히 지냈다. 장티푸스의 유행으로 시시각각 닥쳐오는 죽음의 공포 속에서도, 훔친 종이에 보고 느낀 모든 것을 기록하며 버텨나갔다.

빅터는 지옥에서 살아남기 위해서는 육체적인 강인함보다 내면적인 힘이 더 중요하다는 사실을 알게 되었다. 살아야 할 이유가 있는 사람들이 살아남고, 해야 할 일에 대한 사명의식이 있는 사람들이 주로 살아남는다는 진실을 깨달았다. "언제나 나를 죽이지 못한 것은 나를 더욱 굳세게 만들 것이다."라는 니체의 말을 되새겼다.

강력한 고통과 시련이 닥쳐도 그 고통 속에서 의미를 찾으면 견딜 수 있다. 왜 살아야 하는지, 삶에 대한 소명의식과 사명감이 있다면 극한의 상황 속에서도 버틸 수 있다는 사실을 알았다. 그는 보다 큰 기대와 희망으로 보다 큰 목표를 추구했다.

"인간은 상황의 노예도 아니고 운명의 허수아비도 아니라고 나는 믿는다. 상황에 굴복할지 맞설지를 결정하는 주체는 어디까지나 인간이다."[8]

월급 받으면서 지시를 따르는 나치의 평범한 악마들은 그에게서 사랑하는 아내와 가족을 비롯해 모든 걸 앗아갔지만, 고통과 삶을 대하는 그의 숭고한 태도만은 빼앗을 수 없었다. 스스로 자신의 길을 선택할 수 있는 자유는 오직 그만의 것이었다. 그는 작은 고통에도 의미를 부여했고, 그 모든 과정을 기록으로 남겨서 후대에 전하고자 했다.

### 과정에 의미를 두면 아름다운 결말을 본다

그는 가장 엄혹한 현실 속에서 자신의 모든 것을 바쳤고, 결국 살아남았다. 전쟁이 끝난 후 드디어 죽음의 수용소에서 세상으로 나왔다.

그는 빈대학교와 하버드대학교 등에서 강의하며 뛰어난 학문적 성과를 냈다. 1997년 92세로 숨을 거둘 때까지 29개의 박사학위를 받았고, 31종의 저서를 출간했고, 세계적인 작가이자 학자로 명성을 날렸다. 그가 수용소 시절의 기록을 바탕으로 쓴『죽음의 수용소에서』라는 책은 그가 죽을 때까지 전 세계 수천만 독자들에게 삶의 용기와 힘을 부여했다.

"만약 삶에 어떤 목적이 있다면 시련과 죽음에도 반드시 목적이 있을 것이다. 하지만 어느 누구도 목적이 무엇인지 말해줄 수는 없다. 각자가 스스로 알아서 이것을 찾아야 하며, 그 해답이 요구하는 책임도 받아들여야 한다. 그렇게 해서 만약 그것을 찾아낸다면 그 사람은 어떤 모욕적인 상황에서도 계속 성숙해나갈 수 있을 것이다."[9]

삶의 과정 하나하나에 의미를 두고, 보다 높은 목표를 추구한 결과는 가장 아름다운 인간 승리다.

### 과정중심 부모 교육 지침서 5

### 9. 장기적인 목표를 세우되 눈앞에는 작은 목표를 보여줘라

장기적으로 목표를 세우는 것은 중요하다. 그러나 어른도 10년 후를 내다보면서 살기 쉽지 않다. 아이에게 그런 먼 시야를 바라는 것은 어불성설이다. 아이에게 동기부여가 되는 것은 작은 목표다.

작은 목표는 성적이나 결과가 아니다. **한 단원, 한 단원을 끝내다 보면 '교과서 통째로 암기'라는 좀 더 큰 목표가 달성된다. 매 학기 '교과서 통째로 암기'라는 작은 목표를 또 달성하다 보면 1년, 3년 동안의 공부가 완성되는 더 큰 목표를 달성할 수 있다.** 아이에게 '3년 공부를 외우다시피 하자!'라고 하면 질려서 도망간다. '이 단원을 확실히 하자'를 반복하라.

### 10. '열심히'라는 말에 속지 말라

흔히 '열심히 했으면 됐어'라는 말을 한다. 예상보다 못한 결과가 나와 우울한 아이에게 하는 위로 섞인 말이다. 그러나 이런 말은 아이에게 실질적인 도움이 되지는 않는다. '열심히'라는 말에 넘어가다 보면 항상 '그만큼만 열심히' 하게 된다.

아이에게 필요한 것은 **'완전히, 완벽히, 끝까지 했느냐'**는 질문이다. **틀렸다고 혼내는 것이 아니라 '빼먹고 한 것'을 지적해야 한다.** 틀린 이유가 정말 단순히 실수였는지, 실수를 했다면 왜 했는지, 못 본 것인지, 제대로 외우지 못한 것인지 체크하는 것이 아이에게 정말 도움이 된다.

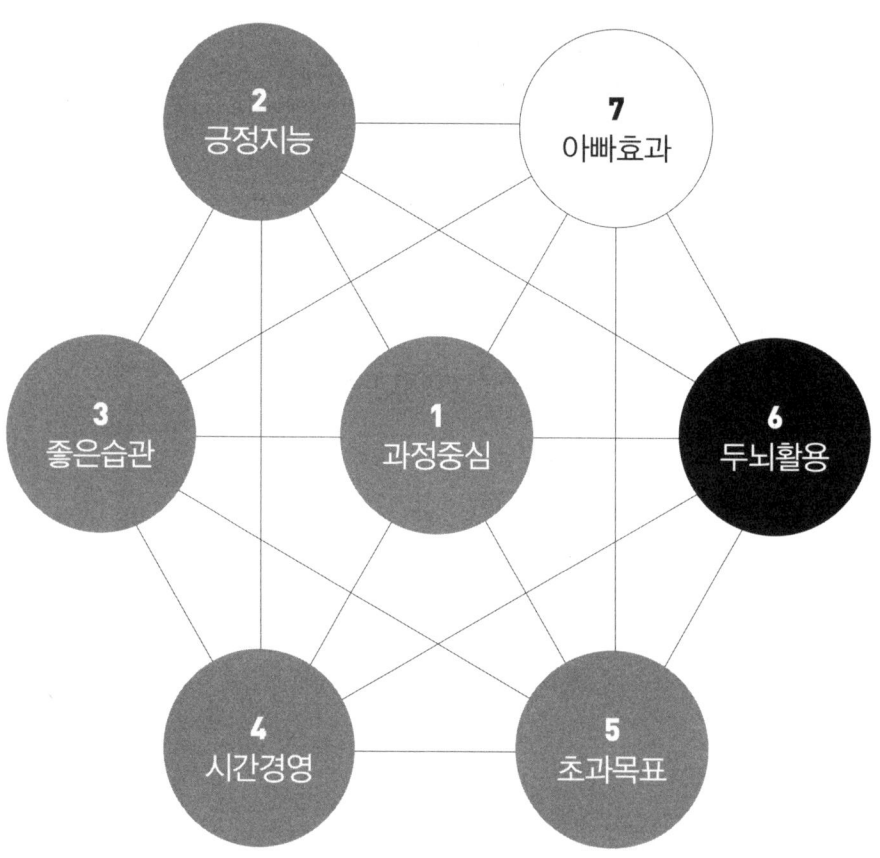

# 6장

## 두뇌를 활용하라

"지능지수가 높다고 말하는 사람은 바보다."
– 스티븐 호킹(영국의 물리학자)

**INTRO** 공부의 제6왕도는 '두뇌를 잘 활용'하는 것

01 어학연수 한 번 없는 영어 1등, 전교 1등의 비밀
02 뱃속에서부터 만 3세까지 영유아기 뇌 발달이 매우 중요
03 암기의 천재는 어떻게 만들어지는가?
04 루이스 터먼의 흰 개미들 – '지능'이냐 '노력'이냐?
05 뇌는 성장한다 – 성장형 마음가짐

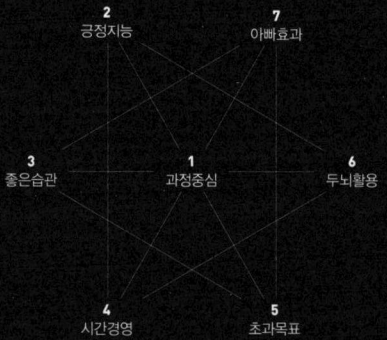

## INTRO 공부의 제6왕도는 '두뇌를 잘 활용'하는 것

어느 날 빌 게이츠가 아내에게 말했다.
"노트를 하나 사야겠어. 아주 특별한 거야!"
며칠 뒤 그는 낡은 노트 한 권을 구입했다. 그때, 그가 지불한 금액은 3,100만 달러. 원화로 350억이 넘는다. 크리스티 경매 고서적 분야 역대 최고의 가격이었다. 72쪽짜리 노트의 이름은 '코덱스 해머', 노트의 주인은 레오나르도 다빈치였다. 레오나르도 다빈치는 40년이 넘도록 날마다 작업 노트를 사용했다.

'레오나르도 다빈치는 어떻게 두뇌를 활용했을까?'
'레오나르도 다빈치의 창조적 사고는 어떻게 만들어졌을까?'

노트에는 다빈치가 어떻게 두뇌를 사용하고 활용했는지, 그 생각의 흔적이 고스란히 담겨있다. 빌 게이츠는 인류사 최고의 천재 다빈치의 두뇌와 생각을 갖고자 한 것이다. 그가 350억을 투자한 이유다.

공부의 제6왕도는 두뇌의 활용이다. 두뇌 활용을 잘 하려면 첫째, 좌뇌와 우뇌를 골고루 써야 한다. 두뇌는 좌우측 뇌를 골고루 사용할 때 최고로 좋아진다. 천재들은 좌뇌와 우뇌를 균형적으로 사용했다. 둘째, 뇌는 성장한다는 생각을 가져야 한다. 뇌는 쓰면 쓸수록 좋아진다.

## 01 어학연수 한 번 없는
영어 1등, 전교 1등의 비밀

두뇌활용

> "아이들이 타고난 재능은 분명히 다르지만,
> 그 차이는 아주 미미하다.
> 뛰어난 재능을 타고나든 평범한 재능을 타고나든
> 교육 방법만 적절하다면 모두 비범한 사람이 될 수 있다."
> – 칼 비테(독일의 학자, 목사)

### 수능 관련 영어책 2권을 통째로 외운다

고3인 윤정환 군은 압도적인 전교 1등이다. 윤 군이 다니는 학교는 전국 최고의 학업 성적을 자랑하는 자사고다. 윤 군의 전 과목 성적은 우수하지만 특히 수학과 영어 실력이 단연 발군이다. 영어는 언제나 전교 1등이고, 수학은 교내경시대회에서 대상을 받기도 했다. 그러나 그 흔한 어학연수 한 번 가지 않았고, 수학 선행학습을 과도하게 하지도 않았다. 해외여행 한 번 간 적도 없다. 윤 군은 단순하게 공부한다. 전 과목 모두 마찬가지다. 교과서 위주로 공부하고, 예습·복습을 철저히 한다.

그의 영어공부 비법을 자세히 살펴보았다. 그의 공부 방법은 너무 단순하다. 그는 영어 교과서를 통째로 외운다. 고3인 지금은 수능과 관련된 영어책 2권의 책 전체를 그냥 통째로 다 외운다. 시험기간에는 해당 부분을 그때그때 공부하며 외운다. 3번 정도 반복한다. 교과서에 나온 것은 물론, 학교에서 나눠주는 프린트물도 모두 외운다.

이 암기 능력이 바로 압도적 전교 1등, 영어 전교 1등의 비결이다. 물론 이런 외우기 실력이 하루아침에 만들어진 건 아니다. 중학교 때부터 습관으로 정착되어 있기에 가능하다. 중학교 1학년 때부터 교과서를 통째로 외우기 시작했다. 1학년 영어 교과서를 구석구석 모두 외웠다. 학년이 올라가면서는 교과서만이 아니라 TED[1] 강연 중에서 좋은 것들이나 오바마 연설문 등을 인터넷으로 찾아서 외웠다. 때론 스피치 훈련도 했다.

고등학교 3년 내내 그렇게 했다. 교과서를 통째로 구석구석까지 모두 외웠다. 영어 공부를 하는 그의 가장 기본적인 방법이다. 한번은 다른 친구가 외우기 경쟁을 하자고 했다. 하지만 금방 포기하고 말았다. 속도부터 상대가 되지 않았다. 겉으로만 보면 엄청나게 좋은 머리를 타고난 듯하다. 정말 타고난 머리일까? 그 속을 좀 더 들여다보기 위해 그의 어린 시절로 거슬러 올라가 보았다.

### 엄마가 해준 11년간의 책 읽어주기 – 좌뇌와 우뇌의 발달

어린 시절에 집안 형편은 어려웠다. 보증의 후유증으로 막대한 빚을 갚아야 했던 부모님은 항상 맞벌이를 해야 했다. 젖먹이 시절을 빼곤 그는 할머니와 함께 자라야 했다. 조기교육은커녕 부모님들은 아이를 붙잡고 가르칠 시간조차 따로 낼 수 없었다. 두 사람 모두 밤 10시가 넘어서야 일이 끝났다.

하지만 아이를 위해 부모님들은 두 가지를 약속했다. 아이를 가졌을 때부터 정한 약속이다. 그리고 아무리 바빠도 그 두 가지를 실행에 옮겼다. 부모님은 '**평범하지만 소중한 두 가지 행동**'을 날마다 실행했다. 의무이자 습관으로 만들었다.

**우선, 엄마는 윤 군에게 태어나서부터 초등학교 5학년 때까지 하루도 빠짐없이 매일 30분씩 책을 읽어줬다.** 엄마는 퇴근하고 집에 오면 10시나 10시 30분이 되었다. 그때까지 아이는 잠들지 않고 기다렸다. 그러면 엄마는 다른 모든 걸 제쳐두고 책을 읽어줬다. 하루도 빠짐없이 반드시 읽어줬다.

체계적으로 도서목록을 준비하지는 않았다. 의도적으로 종류별로 다른 책을 읽어준 것도 아니다. 처음에는 아이가 좋아할 만한 책 위주로 읽어줬다. 어릴 때는 쉬운 그림책부터, 조금씩 크면서는 지루하지 않을 정도로 내용을 바꿔가면서 읽어줬다. 동화책도 읽어주고, 위인전도 읽어줬다.

특별한 점이 있다면 한 번 읽어서 그저 듣고만 흘려버리는 것 같거나 이해가 제대로 안 된 것 같으면 반복해서 읽어줬다. 윤 군이 재미있어 하는 책은 반복해서 읽어줬다. 어떤 책은 나중에 내용을 외울 정도가 되었다. 글자를 읽을 때쯤 돼서는 반복해서 들은 내용과 실제 책의 내용을 맞춰보면서 엄마에게 모르는 내용을 물어보기도 했다. 몇 년에 걸쳐 이렇게 하면서 윤 군은 자연스럽게 한글을 익혔다. 그렇게 책을 읽어주면서 1년, 2년, 3년이 지나고 어느덧 10년이 훌쩍 넘었다.

그러다가 초등학교 5학년 때 우연히 학교 선생님이 그 사실을 전해 듣고 아이들 앞에서 윤 군을 칭찬했다. 칭찬을 받은 건 좋았는데 문제가 발생했다. 그날부터 윤 군은 다른 아이들의 놀림감이 되고 말았다.

'5학년이나 되었는데 어린애마냥 엄마가 책을 읽어준대!'

엄마는 이제 더 이상 책을 읽어줄 수가 없었다. 그러나 윤 군에게 엄마가 책을 읽어준 기간은 벌써 만 11년이 넘었다. 그것도 하루도 빠짐없이. 엄마는 원래 중학교 3학년 때까지 읽어주려고 맘먹었었다.

### 온 동네 레고를 몽땅 긁어다 준 아버지 – 우뇌의 발달

다음으로 윤 군에게 아빠는 또 다른 걸 해줬다. **아빠는 어려운 형편에도 불구하고 엄청난 양의 레고를 구해다 주었다. 주변 친척이 쓰지 않는 장난감 레고는 모두 가져왔다.** 온 동네 찾아다니며 남는 레고가 보이면 모두 싹쓸이해 가져다줬다. 또 시중에 나온 건 다 사다 주었다. 수백만 원이 들어도 아끼지 않았다.

매일 바빴기 때문에 어린 윤 군과 여행은커녕 놀이공원도 한 번 제대로 못 갔다. 아이를 돌봐줄 시간도 별로 없었다. 평상시에 늘 할머니 밑에서만 지내고 있으니 안타까웠다. 아빠로서 그것만이라도 아낌없이, 원 없이 해주고 싶었다.

윤 군은 만들기나 공작놀이를 매우 좋아했다. 나이가 들수록 점점 난이도가 높은 걸 했다. 정교한 걸 만들 때는 몇 시간이고 앉아서 했다. 지구력은 물론 집중력이 매우 발달했다. 따로 미술 개인지도를 받지 않았는데 유치원 다닐 때 손 그림을 그리면 손가락 10개를 정교하게 묘사했다. 손놀림이 좋고 세밀한 부분까지 그리니 유치원 선생님들이 놀라곤 했다. 사물을 보는 눈도 점점 발달한 것이다.

이러한 손을 이용한 놀이들은 실제로 뇌 발달에도 좋은 영향을 미친다. 기억력, 인지 능력 등이 떨어지는 치매 환자들에게 권장되는 활동은 손을 활용한 놀이이다. 뜨개질, 블록놀이, 퍼즐, 실뜨기, 종이접기, 그림그리기 등의 활동은 뇌를 자극하기 때문이다. 정교한 손놀림은 두뇌 발달의 원동력이다. 손 하나에는 손가락뼈 14개, 손바닥뼈 5개, 손목뼈 8개가 있다. 모두 27개의 뼈로 구성된 손은 두 개가 있다. 사람 몸의 뼈는 모두 206개인데 양손에 1/4이 넘는 54개가 존재한다. 두뇌의 비밀이 손에 담겨 있다고 해도 과언이 아니다.

윤 군은 초등학생 때는 물론이고 중학교 때 독해력이 특별히 우수했다. 다른 학생들에 비해 월등했다. 수학 역시 초등학교 때부터 매우 잘했다. 중학교 때는 문제집을 많이 풀지 않았는데 사회나 국사 같은 과목은 항상 높은 점수를 받았다. 교과서를 암기하듯이 반복하여 정독했기 때문이다.

부모님은 '평범하고 사소하지만 특별한 행위' 두 가지를 오랜 기간 반복했다. 날마다 정성을 기울이고 반드시 실천했다. 엄마나 아빠나 생업에 지쳐 피곤하고 귀찮고 힘들었다. 하지만 엄마는 기도를 드리는 심정으로 10년이 넘도록 하루도 빠짐없이 30분씩 책을 읽어줬다. 읽어줄 때는 최대한 자연스럽고 생생하게 읽어주려고 노력했다. 아이를 사랑하는 마음으로 30분에 최선을 다했다. 아빠 역시 지극정성으로 아이에게 새롭고 재미있는 레고를 구해줬다.

**이렇게 매일 쏟아부은 아이를 향한 두 가지 작은 정성은 집중력을 비롯해 아이에게 많은 걸 가져다줬고, 결국 두뇌 발달로 이어졌다.** 전국 최고 실력의 학생들이 모인 고등학교에서의 전교 1등은 한순간 만들어진 것이 아니다.

## 영국의 북스타트운동 - 어린 시절 책 읽기의 중요성

### 책 읽은 아이가 공부도 잘한다

영국 남부 버밍햄에서 자선단체인 북트러스트가 시작한 '유아를 위한 책 프로젝트'이다. '북스타트(Bookstart)'라는 말 그대로 아기 때부터 책을 가까이함으로써 책 읽는 습관의 출발점이 되도록 하자는 취지다.

1992년 버밍햄의 300가구를 대상으로 실험을 했다. 유아들에게 책을 무료로 나눠주고 이후 5년 동안 어떤 변화를 보이는지 추적 관찰했다. 그 결과 이 프로젝트에 참여한 아동은 그렇지 않은 아동들보다 3배 정도 책 읽기에 관심을 더 보이는 것으로 조사되었다. **책을 가까이하고 이야기를 들려주는 부모 밑에서 자란 아이들은 초등학교 학업성취도가 높게 나타났다.**

### "책과 함께 인생을 시작하자!"

버밍햄대학 교육학부 베리 웨이드 교수는 "북스타트를 한 아기들은 책을 제대로 들고 책장을 넘길 줄 알더군요. 책의 내용에 대해 말도 하고 즐깁니다. 집중해서 10분~15분 책을 보기도 합니다. 하지만 북스타트를 하지 않은 아기들은 책을 다루는 법조차 몰랐습니다. 집어던지고 거꾸로 들고 인쇄방향도 모르고 어쩔 줄을 몰라하죠. 책에 대한 경험이 없어서입니다."라고 말했다.[2] 이 프로그램은 세계로 뻗어나가, 우리나라 역시 전국 지방자치단체에서 "책과 함께 인생을 시작하자!"는 모토 아래 활발하게 진행되고 있다.

## 02 뱃속에서부터 만 3세까지 영유아기 뇌 발달이 매우 중요

두뇌활용

> "결정적인 인체기관은 심장도 폐도 아닌 두뇌다."
> ―로저 베니스터(영국의 신경학자, 육상선수)

1997년 4월 미국 백악관에서는 빌 클린턴 대통령이 주재하는 회의가 열렸다. 당시 클린턴은 초기 뇌 발달에 관한 성과를 인류의 우주탐사에 비유했다.

"뇌 발달에는 중요한 두 시기가 있다. 첫 번째는 태아기로, 뇌의 신경세포들이 유전자 조절에 의해 자리를 잡게 된다. 그리고 두 번째 시기는 태아기로부터 유아기로 이 시기에 받은 경험으로 신경세포들의 배치가 완성된다."

첫 번째 중요한 시기는 태아기다. 조선 후기, 사주당 이씨가 지은 『태교신기』의 가르침에도 나온다.

"스승의 십 년 가르침이 어머니가 뱃속에서 열 달 기른 것만 못하며, 어머니의 열 달 기름이 하룻밤 사랑을 나눌 때의 바른 마음가짐만 못하다."

## 뇌 발달의 결정적 시기, 태아기

『태교신기』 속의 가르침은 과학적으로도 일리가 있다. 먼저, 운동성을 가진 정자가 만들어지려면 90일의 기간이 걸린다. 고환에서 만들어진 정자는 74일 뒤에 성숙한 정자가 된다. 여기서 수정이 가능해지려면 14일이 더 필요하다. 결국 난자와의 수정에 성공하는 정자는 약 세 달(90일) 전에 만들어진 정자다. 정확히 말하면 하룻밤만이 아니라 석 달 전부터 바른 마음가짐이 필요하다는 이야기다.

### 실제로 뇌 발달은 열 달 동안의 태아 시절이 결정적

태아의 뇌 발달은 수정 직후부터 급속도로 이루어진다. 임신 2주가 지나면 신경판이 만들어지고 1개월째에는 이미 전뇌, 중뇌, 후뇌의 뇌의 3층 기본구조가 완성된다. 뇌의 신경세포는 수정 2개월부터 1초에 1,800만 개가 생성되고 수정 후 4개월이면 완성된다. 임신 6주째의 태아의 사진을 보면 머리와 몸만 구분되어 보이는데, 이때에도 머리 부분에는 이미 혈관이 자리 잡고 있다. 신경세포들은 태아 시절은 물론 생후 36개월까지 연결망을 만든다. 특히 임신 후기에는 태아에게 감각 인지 능력이 생기는데, 임신 8개월째 태아의 신경세포와 연결망 수는 최고치에 이르러 성인보다 많아진다. 이 시기에 자극이 주어지지 않으면 태아의 뇌 발달에는 제동이 걸린다. 신경세포와 시냅스가 눈에 띄게 감소한다. 이때 태아에게 필요한 것이 자극이다. 연결망은 끊임없이 생산·소멸하기 때문에 자극은 태아의 뇌 발달에 중요한 역할을 한다.

두 번째 중요한 시기는 태아기부터 유아기까지다. 미국 노스캐롤라이나대학교 유아개발센터인 'ZERO TO THREE' 지원연구소의 돈 베일리 교수가 말한다.

**"0~3세 시기는 아이의 인생에서 중요한 시기다. 이 시기에 하는 일들이 나중에 일어나는 모든 것들의 기초가 된다."**

때문에 그 시기에 책을 읽어주라고 한다. 또 친근하게 말을 걸어주고, 스킨십을 해주고, 촉감을 비롯해 오감을 자극하는 놀이를 해주라고 한다. 그렇게 하면 두뇌가 발달하게 되는 것은 물론이고 인성, 사회성도 좋아진다고 강조한다.

### 책을 읽어주면 두뇌가 발달한다

미국 신시내티 어린이병원 연구팀은 3~5세 아동들을 대상으로 실험을 진행했다. 아이들에게 부모가 동화책을 읽어주고 뇌의 변화를 관찰했다.

연구 결과 책을 읽어주면 뇌는 활발하게 반응했다. 정기적으로 책을 읽어주면 언어의 의미를 이해하는 뇌 부위의 활동이 강력하게 연관되어 나타났다. 더욱 놀라운 것은 책을 읽어주면 시각을 담당하는 뇌 부분도 활발하게 반응한다는 것이다.[3] 책을 읽어주면 청각만 발달하는 것이 아니라 들려오는 내용을 이미지화해 상상하는 능력이 발달한다.

미국 소아과학회는 2014년 의사 6만2천여 명에게 '병원을 방문하는 부모들에게 책 읽어주기의 효과를 설명하고 전달하라'는 지침을 내렸다. 연구 결과, '아이들에게 책을 읽어주는 것은 아이의 두뇌를 자극해 새로운 세포 형성을 촉진한다. 또한 부모의 목소리를 들으며 아이는 부모와 정서적 교감을 나누게 되고 불안감이 줄어들게 된다. 이러한 심리적 안정감은 신체 발달과 면역력 향상으로 이어진다.[4]

책 읽어주기는 아이의 두뇌에 놀라운 발달을 가져다준다. 특히 0~3세에 뇌는 성인 뇌의 70~80퍼센트까지 발달한다. 그림책부터 시작해서 글자 책으로 자연스럽게 옮겨가면 된다. **처음에는 그림책으로 보다가 글자로 된 책을 읽어주면 상상력과 창의력을 무한대로 발달하게 된다. 좌뇌와 우뇌가 동시에 골고루 발달하게 된다.**

### 역사상 가장 인기 있는 장난감 1위는?

바로 레고다. 레고는 덴마크어 레그 고트를 줄인 것으로서 '잘 논다'라는 뜻이다. 또 라틴어로 'LEGO'는 '나는 조립한다' 혹은 '나는 모은다'의 뜻이다. 아이들은 레고 한 박스만 있으면 시간 가는 줄 모르고 집중한다. 미리 답이 정해져 있는 레고도 있지만 자신만의 상상으로 무한한 창작을 할 수 있다. 기본적인 레고 브릭은 8개의 요철로 구성되어 있다. 이런 브릭 6개로 조립할 수 있는 경우의 수는 무려 9억 1,510만개라고 한다. 레고의 확장성은 상상을 초월한다.

캘리포니아대 의대 신경생리학자인 프랭크 윌슨 교수는 꼭두각시 연출가, 마술사, 외과의사, 보석가공사, 기타연주자, 물리치료사 등 많은 사람을 진료하면서 손의 조작과 뇌에 대해 연구했다.

그에 따르면 손은 뇌의 계획과 프로그램에 따라 단순히 수동적으로만 움직이는 존재가 아니다. 적극적으로 집어들고, 찌르고, 쥐어짜고, 만져보고, 배우고, 구별하고, 밀치면서 터득한 손 감각이 뇌의 정교한 신경망을 창조해 낸다는 것이다. 눈과 입도 많은 양의 감각을 뇌로 전달하지만, 수동적일 뿐이다. 5개의 손가락이 서로 협력해 움직이는 활동은 수학자들조차 도저히 해석할 수 없을 정도로 다양하고 복잡하다.

가천대학교 뇌과학연구원 원장인 서유헌 석좌교수는 "뇌에서 가장 넓은 면적을 차지하는 것이 손을 관할하는 부위"[5]라고 말한다. **인체 각 부위의 기능을 관장하는 부분을 뇌 위에 펼쳐 지도를 만들면 뇌 핵심부분인 운동중추 사령실 면적의 30퍼센트가 손에 해당한다는 것이다.** 바꿔 말하면 레고의 조작과 같은 정교한 손동작이 필요한 놀이나 작업은 두뇌 발달에 핵심적인 역할을 한다는 것을 알 수 있다.

### 빌 게이츠가 산 다빈치 노트 = 전뇌 활동의 결과

빌 게이츠가 산 '코덱스 해머'는 다빈치의 작업 노트 가운데 하나였다. 다빈치의 노트에는 달이나 물, 화석 등 각종 자연물을 관찰하며 다빈치가 떠올린 아이디어나 천문학에 대한 메모 등이 적혀 있다. 화가로서 다빈치가 그린 스케치부터 우주와 자연을 관찰한 기록이나 과학적이고 창조적 아이디어까지 다양한 생각의 흔적이 적혀있다.

레오나르도 다빈치는 인류 역사상 전무후무한 업적을 남긴 사람이다. 그는 최고의 화가였고, 최고의 발명가였으며, 인문교양은 물론 과학적 지식과 음악 분야까지 통달한 최고의 르네상스적 천재였다. 그런 그에게는 늘 지니고 다니면서 일상생활 동안 수시로 떠오르는 창의적 아이디어를 적고 기록하는 노트가 있었다.

▼ 다빈치의 노트

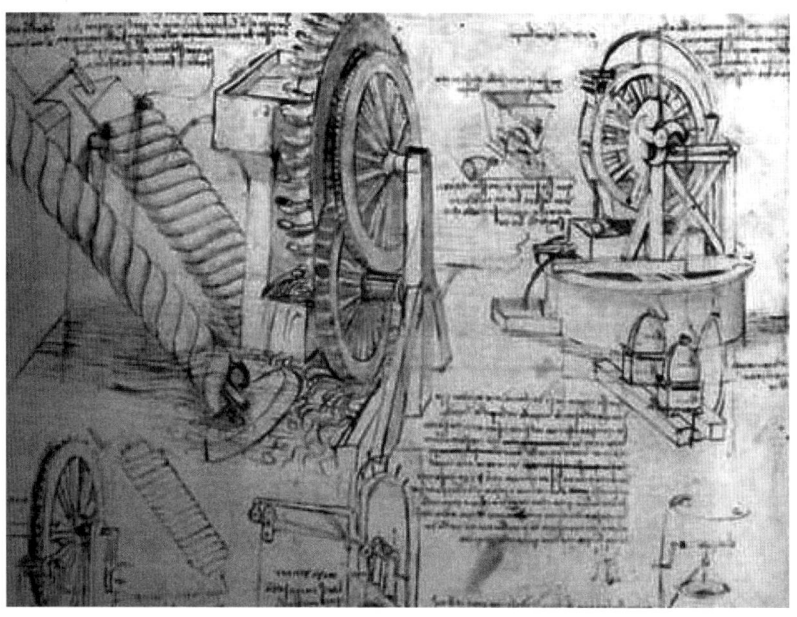

그런데, 그 노트를 살펴보면 특징이 있다. **노트에는 항상 문자 텍스트와 함께 그림이 있다. 또 문자 텍스트는 상상력이 가득하고 호기심 어린 질문들로 가득했다.**

다빈치는 서로 다른 영역의 잠재 능력을 따로따로 분리해두지 않고 오히려 통합하였다. 그의 과학 노트는 3차원 데생과 이미지들로 가득 차 있다. 흥미로운 점은 그의 위대한 걸작 미술품의 최종 스케치는 종종 건축 설계 도면처럼 보인다는 것이다. 그 스케치는 직선, 각도, 곡선 그리고 수학적이자 논리적인 정확한 수치를 구체적으로 나타내는 숫자 등으로 구성되어 있다.

"17일에는 아침 6시에 일어나 최근의 연작물 중 6번 그림을 그리도록 한다. 주황색과 노란색을 2대 1 비율로 섞어 캔버스의 왼쪽 위 모서리에서부터 그려나가, 오른쪽 아래 모서리에 있는 나선형 구조와 시각적으로 반대 효과를 주도록 하여 보는 사람의 눈에 균형을 떠올리게끔 표현한다."[6]

이 일기는 우뇌 영역(색상)이라고 여기는 활동에 좌뇌 영역(숫자)의 활동이 얼마나 깊숙이 관여하고 있는가를 말해준다. **다빈치에게 과학과 예술은 어느 한쪽 뇌 활동의 결과가 아니라, '전뇌' 활동의 결과다.**

레오나르도 다빈치는 좌뇌와 우뇌를 동시에 활용해 인간이 이룰 수 있는 최고의 업적을 이루었다. 미술, 조각, 생리학, 일반과학, 건축학, 기계학, 해부학, 물리학, 발명, 기상학, 지질학, 공학, 항공학 등의 분야를 통틀어 당대에 가장 뛰어난 인물이었다. 또한 궁정에서 현악기 연주회가 열렸을 때 즉석에서 발라드를 작곡하여 연주하고 노래를 부를 정도로 음악에도 조예가 깊었다.

학자들은 '천재' 아인슈타인의 뇌를 연구한 결과, 좌뇌와 우뇌를 연결하는 뇌량(신경섬유다발)이 유달리 두껍다는 것을 발견했다고 한다. 아인슈타인이 좌뇌와 우뇌를 균형적으로, 즉 '전뇌'를 썼다는 증거다.

실제로 아인슈타인의 노트 역시 그림이 그려져 있다. 발명왕 에디슨의 노트도 마찬가지다.

▼ 아인슈타인의 노트     ▼ 에디슨의 노트

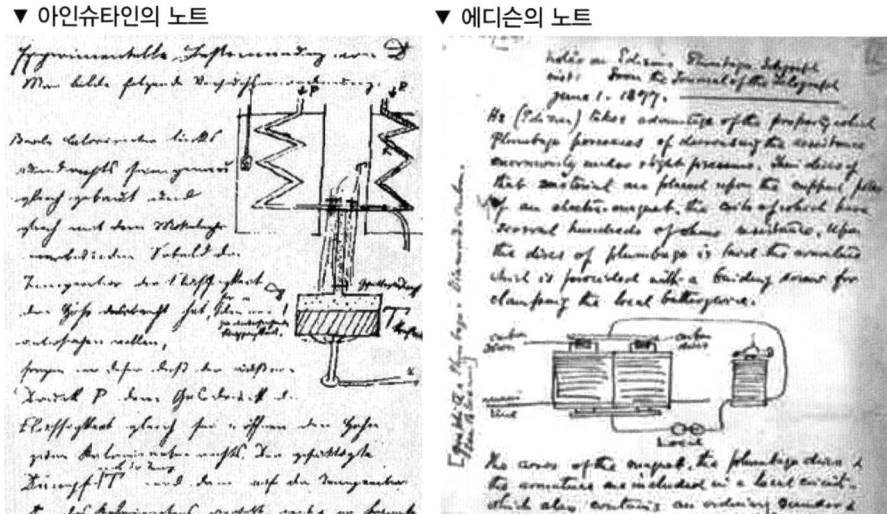

## 전뇌를 활용하는 두뇌 계발 기법 – 마인드맵

**마인드맵이란?**

이미지, 핵심어, 색과 부호를 사용해 표현함으로써 두뇌의 기능을 최대로 끌어내는 두뇌 계발 방법이다. 1960년대 토니 부잔이 고안한 방법으로 전통적인 암기법이자 연상법, 체계화 기술이다. 마인드맵은 좌뇌, 우뇌의 기능을 유기적으로 연결해 사고력, 창의력, 기억력을 한 단계 높일 수 있다.

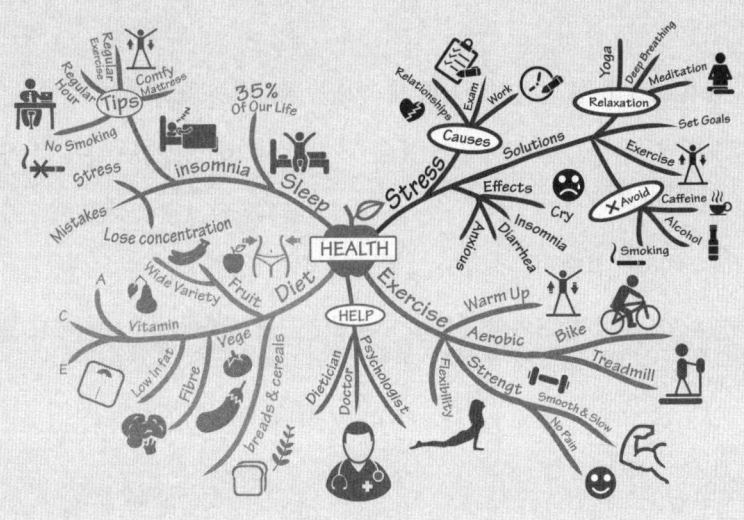

1. 색이 있는 이미지로 중앙에서 시작한다
2. 마인드맵 전반에 걸쳐 색상과 이미지를 사용한다
3. 단어는 선으로 연결되고, 하나의 선에는 한 단어만 연결되어야 한다
4. 각 선은 다른 선과 연결되어야 한다

## 좌뇌와 우뇌를 골고루 사용하는 마인드맵 활용하기

마인드맵은 색, 도형, 이미지, 상상력을 사용해 우뇌를 활성화 시킬뿐만 아니라 단어를 나열하고 그것을 논리적으로 구성하고 체계화한다는 점에서 좌뇌까지 사용한다. 마인드맵 노트는 레오나르도 다빈치, 에디슨, 아인슈타인이 그러했듯 자연스럽게 전뇌 활동을 할 수 있도록 돕는다. 좌뇌와 우뇌를 동시에 사용하는 훈련이 가능하고 더 쉽게 기억할 수 있다.

공부에 마인드맵을 활용할 적기는 공부의 처음이나 마지막 단계이다. 한 단원의 수업 진도를 나가는 초~중기에는 배운 내용의 중요도나 연관성을 명확히 하기 어렵다. 한 단원을 시작할 때 체계를 세우거나 끝났을 때 복습 및 점검을 위해 마인드맵을 하는 것이 좋다. 한 번에 마인드맵을 그릴 분량의 목차, 주요 핵심어, 요약, 그래프 등을 파악하고 시작해라. 마인드맵의 중심 가지를 형성하기 편리하다. 그리고 그 중심 가지의 핵심들에 관해 알고 있는 것들을 마인드맵한다. 그에 대해서 알아야 할 것들과 의문이 가는 것들까지 모두 통합한다.

마인드맵을 하면 막연한 상태로 남아있었을 내용들을 통합해 체계화할 수 있다. 마인드맵의 과정에서 어느 부분이 덜 이해되었는지 점검할 수 있으며, 어떤 내용들이 어디에서 연결되는지 알 수 있다. 핵심과 중요도의 차이도 한 눈에 드러난다. 마인드맵은 한 주제에 대한 내용이 한 장에 정리되므로 이후에 다시 복습을 하기에도 편리하다.

## 03 암기의 천재는 어떻게 만들어지는가?

두뇌 활용

> "왓슨, 나는 뇌일세.
> 나머지는 그저 쓸모없는 살덩이에 불과하지."
> – 아서 코난 도일, 『마자린의 다이아몬드』 중에서

아리스토텔레스는 뇌가 하는 주요 기능을 심장이 한다고 생각했다. 사람들은 5백 년 전까지만 해도 뇌가 어디에 있는지, 무얼 하는지조차 제대로 알지 못했다. 뇌에 대한 급격한 발전이 이루어진 것은 얼마 되지 않는다. 좌뇌와 우뇌의 역할에 대해서도 마찬가지다.

캘리포니아 공과대학 교수였던 로저 스페리 박사는 중증 간질 발작 치료를 목적으로 좌뇌와 우뇌를 연결하는 뇌량이 절단된 사람들을 연구했다. 연구 결과 좌뇌와 우뇌의 기능을 정확히 관찰할 수 있었다. 그때까지만 해도 과학자들은 좌뇌가 우뇌보다 훨씬 중요하다고 주장했다. 그런데 로저 스페리 박사가 우뇌의 중요성을 다시금 인류 앞에 제시한 것이다. 그는 이 '분리된 뇌' 실험 연구로 1981년에 노벨상을 받았다.

| 좌뇌의 역할 | 우뇌의 역할 |
| --- | --- |
| 언어적 사고 | 시각적, 이미지적 사고 |
| 많은 정보에서 체계적 추리 | 하나의 정보로 전체를 파악 |
| 이성, 지성 | 감성, 감각 |
| 논리적 | 직감적 |
| 분석적, 직선적 | 공간적, 도형적 |
| 합리성 | 비합리성, 신비성 |
| 규범, 억압 | 무규범, 자유 |
| 의식 | 무의식 |

일반적으로 머리가 좋다는 것은 기억력, 분석력, 추리력 등 대뇌의 기능 중 좌뇌가 좋은 경우를 말한다. 물론 기억력이 좋으면 습득한 정보와 지식을 암기하는 데 편리하다. 그러나 내 눈앞의 정보와 지식을 기억해두는 게 좋은지 아닌지를 결정하는 능력, 그리고 기억된 정보를 어떤 상황에서 사용할 것인가를 생각하는 능력은 직관적 판단력, 즉 우뇌의 기능이다.

### 좌뇌와 우뇌를 동시에 사용할 때 기억력이 상승한다

우리의 뇌는 모든 종류의 정보를 동등하게 기억하지 않는다. 기억술의 요점은 뇌에 입력되는 지루하고 재미없는 정보를 다채롭고, 흥미롭고, 예전에 본 것과는 전혀 다른 것으로 바꿔서 까먹지 않도록 하는 것이다. 『뇌 사용자 매뉴얼(The Owner's Manual for the Brain)』의 저자인 피어스 하워드 박사는 사람의 뇌는 모든 것을 이미지 형태로 저장한다고 주장하였다. 또한 서던캘리포니아대학교 뇌과학연구소 소장인 안

토니오 다마지오는 사람의 사고는 이미지를 표현하고, 통제하고, 지시하고, 엮고 나누는 것에 불과하다고 말했다. 따라서 제대로 이미지화하지 않으면 사고 자체가 불가능할 수 있다고도 말했다. 사람의 이름, 나이, 인적 사항보다 얼굴을 더 잘 기억하는 이유가 바로 이것이다. 무언가를 암기할 때에도 이미지화하면 암기가 더 잘되는 것도 같은 이유다. 그래서 **좌뇌와 우뇌를 동시에 활용하면 나타나는 세 가지 효과가 있다.**

**첫째, 더 잘 생각할 수 있다.**
**둘째, 더 잘 기억할 수 있다.**
**셋째, 빨리 회상할 수 있다.**

**공부를 못하는 학생들은 머리(두뇌)가 나쁜 것이 아니라 머리(두뇌)를 제대로 사용하지 못한다.** 좌뇌와 우뇌를 동시에 사용하면 공부는 더 이상 딱딱하고 지루한 작업이 아니다. 좌뇌와 우뇌의 상호작용 속에서 다분히 개인적이고 자신의 개성을 표현할 수 있는, 끊임없이 변화하고 자극을 주는 경험이 된다. 새로운 것을 더 잘 생각할 수 있고, 더 잘 기억할 수 있고, 더 빨리 떠올릴 수 있다.

그중 하나가 '그림 우월성 효과'이다. 정보가 시각적일수록 기억할 가능성이 커진다. 언어학자 낸시 벨은 "시각은 나머지 네 가지 감각보다 언어를 더 쉽고 효율적으로 이해하게 만든다."라고 말한다.

정보를 귀로 듣거나 글자로 보기만 했을 때 72시간이 지난 후 완전 기억능력을 측정하면 약 10퍼센트에 불과하다. 그러나 그림을 추가로 보여줄 경우 수치는 65퍼센트까지 올라간다.[7] 뇌의 영역 중 시각적인 정보를 담당하는 부분을 활성화하면 의식은 지대한 영향을 받는다. 영화를 상상하면 금방 이해가 된다.

### 기억술의 시조, 시모니데스

시모니데스라는 고대 그리스의 서정시인이 있다. 기원전 5세기에서 6세기 동안 활약했다. 에게해에 있는 키오스섬 출생이다. 그는 젊을 때부터 시를 잘 쓴다는 소문이 퍼져 각지로 초청되었다. 이 나라 저 나라를 떠돌며 왕이나 귀족들을 위해 시를 지어 낭송해주고 돈을 벌었다. 그가 테살리아의 왕 스코피오에게 초대받아 갔다. 궁전의 대연회장의 많은 사람들 앞에서 왕을 위해 준비한 축시를 낭송하고, 시모니데스는 연회장을 빠져나왔다. 마침 밖에서 누가 그를 찾았기 때문이다.

그 순간 갑자기 대연회장의 천장이 "쿵!" 소리를 내며 붕괴했다. 거대한 대리석 파편이 사방으로 튀고 한순간에 아수라장으로 변했다. 연회장을 가득 메웠던 사람들은 형체를 알아보기 힘들 정도로 처참하게 깔려 죽었다. 피해자 가족들은 붕괴한 건물 더미를 파헤치며 시신을 찾으려고 혈안이 되었다. 하지만 워낙 거대한 연회장이었기에 무언가를 찾는다는 건 불가능했다. 아비규환의 참사 앞에서 죽은 사람의 가족들은 울고불고 난리였다.

바로 그때 시모니데스가 사람들 앞으로 나섰다. 그는 무너지기 직전 대연회장을 빠져나왔기에 유일하게 살아남았다.

시모니데스는 잔해더미 앞에서 눈을 감고 조용히 호흡을 가다듬었다. 조금 전 시를 낭송할 때의 기억을 되살렸다. 붕괴되기 전 연회장의 모습 그대로 머리에 되새겼다. 하나하나 장면을 떠올렸다. 연회장의 천장, 기둥, 곳곳에 놓인 탁자들. 건물 내부의 모습을 모두 떠올린 뒤에는 연회장에 있던 사람들을 각각 앉아 있던 모습, 행동하던 모습 그대로 상상했다. 웃으며 떠들던 왕과 귀족들, 빵과 스프를 먹던 사람들, 옆 사람과 이야기를 나누던 사람들. 얼마 안 되어 시모니데스는 연회장에 있던 사람들의 모습을 기억 속에서 모두 복원해낼 수 있었다.

회상을 마친 시모니데스는 눈을 떴다. 오열하는 가족들과 같이 잔해더미 위로 올라갔다. 시모니데스는 북적이던 연회장의 많던 사람들을 하나도 빠짐없이 유족들에게 설명해줬다. 누가 어디서 무얼 입고, 어떤 표정으로, 어떤 행동을 하고 있었는지. 그 모습 그대로 생생하게.

## 로마의 기억법, 기억의 궁전

기억의 궁전은 머릿속에 가상의 공간을 만들어 이미지를 저장해 기억하는 방법이다. 로마 철학자 키케로와 교육자 퀸틸리아누스가 체계화하고 교범을 만들기까지 했다. 로마의 정치가들은 이 방법을 통해 긴 연설문을 암기했다. 아테네의 정치가 테미스토클레스는 아테네 시민 2만 명의 이름을 외웠다고 한다. 이후에도 『성경』을 비롯한 각종 종교서적, 기도문 등을 암송하는 데에 널리 쓰였다.

이름이 '기억의 궁전'이라고 해서 가상의 공간이 반드시 궁전의 형태일 필요는 없다. 심지어 건물일 필요도 없다. 하나의 공간이 아니어도 된다.

① **친숙한 공간 선택하기**

세세하게 기억할 수 있으면 좋다. 자유자재로 사용할 수 있는 공간을 여러 개 준비해라.

② **이미지 만들기**

재미있고 동적인 이미지일수록 오래 기억할 수 있다.

③ **기억의 궁전에 저장하기**

선택했던 친숙한 공간을 돌아다니며 구석구석에 이미지를 심어놓는다.

④ **심어놓은 이미지 찾기**

기억의 궁전을 만들었다면 틈날 때마다 방문하라. 그럴수록 기억의 궁전이 더 선명해지고, 또한 기억도 완벽해질 것이다.

## 암기왕 도미닉 오브라이언의 '우뇌의 힘' 발견!

도미닉 오브라이언은 세계 기억력 챔피언이다. 그는 2016년 8월 한국을 방문하여 방송프로그램 〈문제적 남자〉에 출연한 적이 있다. 거기서 그는 사회자 전현무 씨가 보여준 52장의 카드를 1분 41초만에 외웠다. 놀란 전현무 씨는 공부 천재였을 것 같은 도미닉에게 학창 시절에 관해 물었다.

"어렸을 때 사고를 당했어요. 형이 유모차를 놓치는 바람에 생후 8개월 때 기차선로에 떨어졌지요. 머리를 다쳤고, 부모님께서는 뇌가 손상되었을까봐 걱정이 심하셨지요. 그 때문인지 학교에서 매우 부진한 학습장애아였고, 난독증도 심해 결국 16세에 학교를 그만뒀어요."

그 후 그는 14년 동안 상업에 종사하며 생계활동을 했다. 도미닉은 "30세의 어느 날 문득 기억력 훈련을 시작하기 전까지 나는 스스로를 바보라고 생각했다."라고 고백했다.

도미닉이 기억력 훈련을 시작하게 된 동기는 우연히 보게 된 텔레비전 프로그램 때문이었다. 기억력 달인은 방송에 나와 뒤죽박죽 섞인 카드 한 벌을 2분 59초만에 외웠다. 도미닉은 그 장면을 보고 자신도 도전하겠다는 마음을 먹었다. 석 달 동안 맹훈련을 거듭했다. 그는 3분도 안 되는 시간에 뒤섞인 52장의 카드 한 벌을 모두 외우게 되었다. 한 벌이 아니라 여러 벌의 카드를 기억할 수도 있었다.

그때부터 그의 새로운 인생이 시작되었다. 그는 라스베가스의 도박장의 블랙잭 게임에서 경이적인 승률로 돈을 따는 바람에 출입금지를 당하기도 했고, 30분에 무작위로 된 2,385개의 숫자를 기억하기도 했다. 1994년 '올해의 두뇌'로 선정되었고, 영국 두뇌재단으로부터 '기억력 그랜드 마스터'라는 칭호를 받기도 했다. 세계의 각종 방송에 출연해 수많은 세계 신기록을 만들었다. 그는 기억력 부문 최초로 기네스북에 등재되었고, 세계 기억력 선수권대회에서는 8회나 우승했다. 그가 방송에서 사람들에게 강조한다. "노력하면 누구나 기억력 챔피언이 될 수 있다."[8]

두뇌의 원리를 알고 제대로 사용하기만 하면 누구나 그렇게 될 수 있다는 이야기다. 시모니데스와 도미닉 오브라이언은 두뇌의 힘을 대체 어떻게 사용한 걸까? 도미닉의 말대로 노력하면 누구나 기억력 천재가 될 수 있는 걸까?

### 기억은 뇌의 핵심 기능이다

**시간 내에 얼마나 효율적으로 기억하느냐는 공부에서 가장 중요하다. 때문에 기억은 공부의 가장 본질적인 요소다.** 이것은 뇌의 주요 기능과도 관계가 있다. 뇌의 주요 기능은 5가지로 압축할 수 있다.

수용, 저장, 분석, 관리, 출력이다.

1. 수용 – 두뇌는 몸의 감각기관을 통해 정보를 받아들인다.
2. 저장 – 두뇌는 정보를 저장하여 언제든 필요할 때 사용한다.
3. 분석 – 두뇌는 패턴을 인식하여 자신에게 적합한 방식으로 정보를 조직한다.
4. 관리 – 두뇌는 건강 상태나 각자의 마음가짐, 환경을 바탕으로 각각 다른 방식을 적용하여 정보를 관리한다.
5. 출력 – 두뇌는 수용한 정보를 생각하기, 말하기, 그림그리기, 행동하기 등 여러 형태의 창조적 방식으로 출력한다.

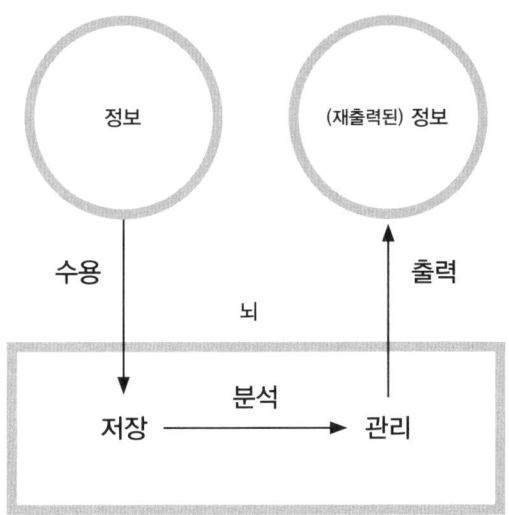

한마디로 '정보를 받아들이고 분석하여 저장 및 관리를 하고 있다가 필요할 때 창조적 방식으로 출력한다.' 일반적으로 '기억' 혹은 '암기'라고 한다. 따라서 뇌를 잘 알고 계발시키면 누구나 기억력을 향상시킬 수 있다.

## 3가지 암기 비결과 암기왕의 완벽한 기억술 '여행법'[9]

머릿속에 들어온 정보는 단편적으로 존재하지 않는다. 이미 가지고 있던 정보와 관계를 맺는다. 그리고 그렇게 했을 때 더 쉽게 저장되고 빠르게 출력된다. 하나의 정보가 여러 가지 정보와 연결되어 있기 때문에 '검색'이 쉬워지는 것이다. 아래의 세 가지 키워드는 암기왕의 암기 비결이다. 연상, 장소, 상상이다.

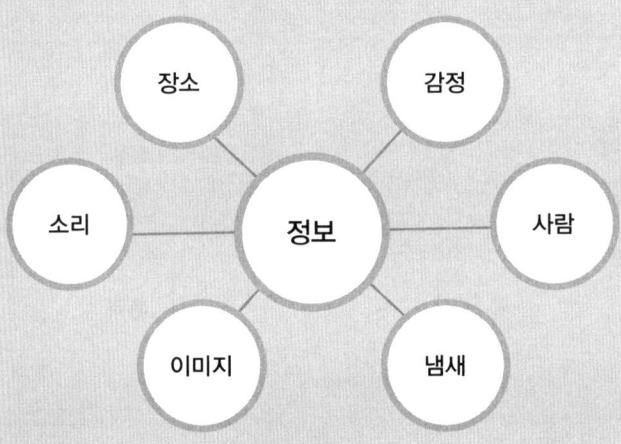

### 1. 연상 – 단편적으로 기억하지 말고 연결해라

무언가를 떠올릴 때 사전적 의미를 떠올리는 사람은 없다. 주로 보았거나 들었던 경험이나 과거의 기억이 떠오른다. '눈'이라고 했을 때, 눈의 사전적 의미보다는 눈 오는 날의 추억, 눈이 오는 풍경, 눈 오는 날을 좋아하는 어머니 등이 떠오르는 것이다.

## 2. 장소 - 머릿속에 저장소를 만들어라

앞에서 다룬 '기억의 궁전'과 맥락이 같다. 머릿속에 기억의 지도를 만든다. 우리는 과거를 떠올릴 때 장소를 기준으로 한다. 집을 나와 어디에서 어디로 이동했는지 돌이키며 기억을 떠올린다. 이처럼 머릿속에 장소를 만들어놓고 기억해야 할 것들을 그 곳에 저장해두고 경로를 따라가며 기억을 되살리면 기억과 회상이 편하다.

## 3. 상상 - 상상력을 동원해라

상상이 구체적이고 생생해질수록 기억력도 강해진다. 연상과 장소를 이용해 기억을 할 때 반드시 필요한 능력이 상상력이다. 상상력은 훈련을 하면 더 빠르고 유연해질 수 있다. 상상은 시각으로만 가능한 것이 아니다. 냄새와 소리를 상상할 수도 있다. 그리고 더 다양한 감각을 써서 상상하면 더 확실하게 기억할 수 있다.

## 4. 연상+장소+상상 = 여행 기억법

이 세 가지 키워드를 합쳐 도미닉 오브라이언이 만들어낸 기억법은 '여행법'이다. 먼저 자신에게 익숙한 장소를 고른 후, 이 장소를 여행한다. 들르는 곳마다 기억해야 할 것을 연결시켜두면 순서까지 기억할 수 있다.

10가지를 기억해야 한다면 10개의 정거장을 만들고 그 경로를 외운다. 그리고 기억할 항목과 그 정거장을 연결해 떠올리는 것이다. 첫 번째 정거장이 집의 현관이고, 기억해야 할 것이 '조류'라면 현관 앞에 새가 날아든 모습을 상상한다.

## 교과서 7회독은 왜 필요한가?

뇌에는 신경세포 네트워크가 깔려 있다. 공부는 생물학적인 과정이다. 공부는 결국 두뇌로 하는 것이고, 공부하면 뇌가 변화하고 발전한다. 또한 몸이 실행하는 가장 정교한 양식인 '말하기'나 '쓰기'는 수축과 이완 운동을 거쳐 몸의 근육을 통해 뇌에 전달되고 다시 뇌의 지시를 받는다. 공부에서 가장 중요한 것은 공부하는 사람의 뇌를 변화시키는 것이다.

그렇다면 어떻게 변화시킬 수 있을까? 가장 빠르고 쉬운 방법은 공부에서 가장 중요한 도구로 도전하는 것이다. 학생에게 공부의 핵심 도구는 교과서다. 그래서 교과서를 완벽히 이해하는 것이 과정중심 공부의 목표다. 그래서 교과서는 최소 7번을 읽어야 한다. 그 이유는 학습의 기본인 '읽기'의 물리적인 과정과 관련이 있다. 교과서를 읽는 단계를 자세히 생물학적 과정으로 설명하면 다음과 같다.

① 연상
② 흡수 단계
③ 1차 통합
④ 2차 통합
⑤ 기억 단계
⑥ 회상 단계
⑦ 활용 단계

그럼 이러한 단계를 따라 교과서 읽기를 파헤쳐보자. 아래는 『중1 국어 교과서(창비)』 1단원의 첫부분, 대단원 길잡이의 일부이다.

> **대단원 학습목표**
> 
> - 비유와 상징의 표현 효과를 바탕으로 작품을 감상하고 창작한다.
> - 독자의 배경지식, 읽기 맥락 등을 활용하여 글의 내용을 예측한다.
> 
> 여러분은 문학 작품을 읽을 때 그 속에 나타난 다양한 표현을 통해 글쓴이의 생각과 느낌을 파악해 본 적이 있나요? 비유나 상징 등 다양한 표현 방식과 그 효과를 이해하면 작품을 더욱 깊이 있게 감상할 수 있지요. 그러한 표현 방식이 그만큼 인상적이고 큰 감동을 주기 때문입니다.
> 
> -『중1 국어 교과서(창비)』 1단원 중에서

1) **인지 단계** – 문자에 대한 인식 단계. 읽기가 본격적으로 진행되기 전에 일어난다. 고교 시절 3년 동안 1등을 놓친 적이 없고 전국 수석을 했던 원희룡 제주도지사는 "교과서 위주로 공부했어요."의 창시자다. 그도 처음에는 "교과서 첫 페이지 펴면 '흰 것은 종이고 검은 것을 글씨다' 이런 정도에서 시작하는 것은 똑같아요."[10]라고 말한다. 말 그대로 '**문자가 있다**', '**읽을 것이 눈앞에 있다**' 정도의 인지다.

2) **흡수 단계** – 빛의 반사로 글자가 눈으로 들어오는 단계. 글자의

모양이 눈을 통해 들어와 뇌로 들어오는 단계이다. 빛으로 반사된 글자가 시신경을 통해 뇌에 전달된다. 생물학적, 물리학적 과정이다.

3) 1차 통합 단계 – 현재 읽고 있는 정보들을 통해 기본적인 이해를 하는 단계. 눈으로 들어온 **단어의 뜻과 문장의 구조, 흐름 같은 아주 기초적인 이해가 이루어진다.**

4) 2차 통합 단계 – 읽어 들인 정보와 이미 알고 있던 정보나 지식을 연관하고 연결하는 단계. **기존의 정보로 새로운 정보를 분석하고, 비판하고, 인식하고, 선택하고 거부하는 복합적 과정이 진행된다.** '효과'는 '반짝이 효과'할 때 그 '효과'인가? '배경지식'은 '배경'이 되는 '지식'인가? '맥락'의 '락'은 '떨어진다'는 뜻의 락이 아닌 것 같은데, 뭐지?

5) 기억 단계 – 읽어 들인 정보를 단기기억화 시키는 저장 단계. 이때 분석된 정보는 단기기억 형태로 저장된다. 즉, 오래 쓰이지 않는 정보는 계속 기억할 필요가 없다고 판단되어 금방 날아가버린다. 그러나 에빙하우스 망각곡선을 분쇄해가며 **반복적으로 읽으면 더 오래 기억할 수 있게 된다.**

6) 회상 단계 – 저장된 정보 중에서 필요한 것을 꺼내 쓰고 출력할 줄 아는 단계. 날아가버리지 않은 정보는 필요에 따라 다시 떠올릴 수 있다. 1단원 대단원 학습목표를 줄줄 외울 수 있게 된다.

**7) 활용 단계** – 저장된 정보로 다양한 과정을 통해 여러 가지 방식으로 활용·표출하고 다른 사람이 가진 정보와 비교·비평하는 단계. 말하기, 글쓰기, 시험, 창의적 표현, 집중적인 생각 등으로 나타난다. 다시 말해, **읽은 것과 똑같이 외우는 것이 아니라 '자신의 언어로' 표현할 수 있게 되는 것이다.**

7단계의 읽기 단계를 하나하나 거치면서 교과서를 읽어야 비로소 정보를 '내 것'으로 만들 수 있다. 이 과정을 제대로 거치려면 최소 7회독에서 10회독을 해야 완성할 수 있다.

연세대학교 경영학과에 합격한 이연정 씨는 교과서를 10회독했다. 그러나 쉬운 일은 아니었다. "아무것도 없는 상태에서 교과서만 놓고 책을 읽기 시작하려니까 의문이 한 페이지에도 수십 개씩 생겼다"고 말했다. 그러나 포기하지 않고 모르는 부분은 참고서를 찾거나 선생님께 질문을 해가면서 뼈대를 세우고 살을 붙여나갔다. 전 과목 첫 1회독은 12일 정도가 걸렸다. 그러나 2회독은 5일, 3회독은 3일이 걸렸다. 이연정 씨는 '회를 거듭해 갈수록 효율이 늘어가는 것을 느꼈다'고 말했다. 또한 '교과서의 흐름이 파악되었고, 떨어져 있는 내용들이 덩어리가 되어 이해가 되었다'[11]고 한다.

## 더 효율적으로 읽기 팁 3

### 1. 패러그래프 리딩

한 단락 한 단락 주요 문장에 밑줄을 치거나, 중요 포인트를 옆에 메모하면서 완벽하게 이해하겠다는 마음가짐으로 읽는다. 이렇게 단락을 의식하면서 읽는 방법을 패러그래프 리딩이라고 한다.

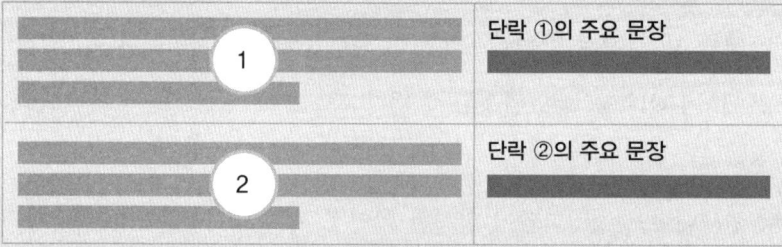

### 2. 소리내어 읽기

입으로 소리내어 말하는 것이다. 읽기만 하는 것보다 여러 가지 감각을 동원하는 것이 더 기억에 많이 남는다. 소리내어 말하는 것은 청각을 사용하는 것이다. 자신의 말이 스스로에게 들리기 때문에 두 번 읽는 효과를 볼 수 있다.

### 3. 필기하며 읽기

타이핑보다 손으로 베껴쓰는 것이 더 효과가 좋다. 읽기 훈련이 부족한 경우, 단어나 문장을 통째로 뛰어넘고 읽어버리기도 한다. 그러나 필기를 하면서 읽으면 한 글자 한 글자 단어나 문맥을 놓치지 않고 읽을 수 있다.

## 문재인 대통령의 리마인드 공부법

### 1. 공부한 내용을 리마인드하라

공부를 마치고 그냥 덮어버리지 말고 잠시 책의 내용을 머릿속으로 반추해 보는 방법이 아주 좋다. 책을 한 번 더 읽는 효과가 있다. 이것이 훈련되면 공부한 것이 자연스럽게 머릿속에서 떠오르게 된다. 책에 있는 것들이 머리로 옮겨지게 되는 것이다.

"두꺼운 책을 읽고나면 앞에서 본 내용은 다 잊어버린다. 목표량이 끝났다고 책을 덮지 말고, 한번 눈 감고 한 10분 정도 공부한 부분을 더듬어서 정리해 보면 기억에 남는 굉장한 효과가 있다."[12]

### 2. 그날 할 공부를 미루지 마라

긴 시간 공부를 할 때는 페이스를 유지하는 게 중요하다. 공부하는 패턴을 잃거나 미루면 페이스가 깨진다. 그날 공부는 반드시 그날 끝내야 한다.

문재인 대통령이 고시공부를 할 때 반가운 친구가 찾아와서 서로 막걸리를 먹게 되었다. 나중에 보니 한 양동이는 될 정도로 많이 먹게 되었다. 취한 친구가 문재인 대통령의 방에서 자다가 새벽 2시쯤 목이 말라 깼다가 깜짝 놀랐다. 친구 문재인이 잠을 안 자고 공부를 하고 있었기 때문이다. 고시생 문재인은 그날 할 공부를 미루면 안 되기에 아무리 취하고 피곤해도 그날치의 공부를 했다고 한다.

### 암기는 주입이 아니라 기본이다

그런데도 암기 위주의 공부를 주입식 공부라 하고 문제점을 지적하기도 한다. 그렇다면 지금까지의 우리 교육이 기본적으로 잘못되었다는 말인가?

그런데 생각해야 할 점이 있다. 공부와 시험은 결국 암기로 끝난다는 것이다. 기억해야만 문제를 맞출 수 있기 때문이다. 2+3=5, 3+7=10. 이걸 푸는데 계산을 했을까, 외웠을까? 여기까지는 계산을 할 수도 있다. 그러면 8×9=72는? 이건 외운 것이다. 이걸 계산하고 있다면 본격적으로 배워야 할 수학은 포기해야 한다.

$$ax^2 + bx + c = 0 \text{ 일 때}_{(단, a \neq 0)}$$

$$x = \frac{-b \pm \sqrt{b^2 - 4ac}}{2a}$$

위의 공식은 이차방정식의 근의 공식이다. 이 공식을 외우고 있으면 이차방정식 문제를 풀 수 있다. 근의 공식을 수학적으로 증명하라고 하면 증명도 할 수 있을 것이다. 그러나 처음부터 증명해서 문제를 풀려고 하다보면 시험은 포기해야 한다. 기본적으로 알고 있어야 한다. 근의 공식을 증명할 수 있을 정도로 충분히 훈련이 되고, 그 다음에 근의 공식을 외워서 문제를 푸는 것이다. 그런데 근의 공식을 외운다고 주입식이라고 하는 게 말이 되는가?

서울대학교 국어국문학과 송지우 씨는 "내신 공부는 시간 단축을 위해서라도 분명히 암기가 필요하다"며 "자기 스스로 꼭꼭 소화시키는 공부가 필요하다"고 인터뷰했다.[13]

여기에 교과서를 여러번 읽고 암기하여 완전히 자신의 것으로 만드는 이유가 있다. 다음은 고등학교 1학년 국어 교과서의 학습목표다.

> **대단원 학습목표**
> – 자신의 진로나 관심사와 관련된 글을 자발적으로 찾아 읽는 태도를 지닌다.
> – 주체적인 관점에서 작품을 해석하고 평가하며 문학을 생활화하는 태도를 지닌다.
> – 책 한 권을 선정하여 읽으며 경험을 확장하고 자신의 생각을 창의적으로 표현한다.
>
> –『고1 국어 교과서(창비)』 1단원 중에서

앞의 중학교 1학년 국어 교과서 1단원의 학습목표를 완벽하게 이해하지 못한 학생이 고등학교 교과서 내용을 따라올 수 있을까? '비유'와 '상징'의 효과를 이해하지 못한 학생이 주체적인 관점에서 작품을 해석할 수는 없다. '배경지식'이나 '맥락'을 활용하여 읽을 줄 모르는 학생이 자신의 진로나 관심사와 관련된 글을 찾아 읽을 수는 없다.

서울대학교 사회과학대학에 합격했던 손미연 씨는 교과서를 전부 암기하며 공부했다. 그녀는 "문장을 통째로 외우다 보면 문장에 녹은 지식이나 구조가 체득이 된다."라고 말했다. "총 6년 동안 교과서를 외웠는데, 그 안에 있던 것들이 다 쌓여서 나중에 수능까지 연결이 되어서 자연스럽게 익혀졌다." 비결은 무한반복이었다. "잊어버릴 만하면 다시 보고, 다른 공부를 하다가 다시 보고, 생각날 때마다 들여다 본 거예요."[14]

### 과정중심 공부와 선행학습 공부의 창의성 차이는?

사람들이 주입식 학습법과 창의적 학습법을 다르게 생각하지만 기본 원리는 같다. 원래 진정한 창의적 학습법은 1년 동안 나갈 진도의 분량을 줄이는 것부터 시작한다. 대신 깊이, 멀리 가는 생각의 힘을 키워야 한다. 하나하나 실험해보고 원리를 따져봐야 한다.

그런데, 수학·과학 영재교육을 하는 아이들을 보면 5년 이상 선행학습을 한다. 차근차근 원리를 따지고 실험을 하고 깊이 있는 사고를 진행시키려면 결코 불가능한 일이다. 과정중심 공부는 한 단원 한 단원 철저히 이해하고 완벽히 알아야 다음 단원을 나가는 것이다. 그러니 초기에는 학습 시간이 서너 배 많다.

과정중심 공부법과 선행학습 공부법 가운데 어느 방법이 더 창의성이 생겨나겠는가?

두말할 나위 없이 과정중심으로 공부하는 것이 훨씬 더 창의적이다. 과정중심으로 공부하면 열린 사고를 하게 된다. 전 과목 모두 충실해야 하기 때문에 생각과 감성도 고르게 발달한다. 융합은 열린 사고에서 나온다. 창의적 사고도 마찬가지다. 21세기 인재는 특수한 분야만 특수하게 파고드는 전문가를 요구하지 않는다. 특수한 분야의 전문가라 할지라도 인문적 기초 교양부터 고른 교육이 뒷받침되어야 한다.

게다가 여러 다른 과목은 제쳐두고 한두 과목만 10년씩 앞서서 공부하는 아이가 나중에 커서 어떤 인재가 될 것인가? 제대로 창의적이고 융합 사고를 하는 인재가 될 수 있을까? 수학이나 물리, 과학 한 분야의 지식에만 편향된 집단이 양성될 수도 있다.

### 한자(한자어)를 배우면 학습 능력과 창의성이 동시에 좋아진다

한자를 쓰게 하면 학습 능력이 좋아진다. 한자가 중요한 이유는 우리말과 한자는 뗄 수 없는 관계이기 때문이다. 우리말의 70퍼센트가 한자로 되어 있다. 학습 용어는 90퍼센트 이상이 한자다. 국어의 개념은 말할 것도 없고 수학의 모든 개념도 한자로 되어 있다. 영어 문법의 개념도 한자다. 한자를 아는 학생은 학습 용어와 개념을 정확히 이해할 수 있지만, 모르면 무조건 달달 외울 수밖에 없다. 외우고도 헷갈릴 수 있다. 한자를 많이 알면 알수록 어휘력과 이해력이 당연히 높아진다. 어휘력과 이해력은 독해력을 향상시키고 그것을 바탕으로 모든 공부의 기본이 잡힌다. 과학 교과서에서 '조류'라는 한글 단어가 있다고 하자. 그러면 그 뜻이 뭔지 알 수 없다. 하늘을 나는 새의 종류도 조류라고 하고, 물 속에 사는 식물도 조류라고 한다. 또 바닷물이 흐르는 것도 조류이다. 한글로만 적어놓으면 무슨 뜻인지 확실히 알 수 없게 된다. 그러나 그 용어의 한자를 알고 나면 쉽고 정확히 이해할 수 있다.

### 상형문자인 한자는 우뇌를 자극한다

또한, 뇌 과학자들은 한자와 한글을 함께 배우면 뇌의 능력을 발달시키는 데 유리하다고 한다. **한글과 같은 소리글자는 좌뇌가 주로 활용되고, 형상이나 이미지로 되어 있는 한자는 우뇌를 자극한다는 것이다.** 좌뇌, 우뇌를 동시에 활용하면 뇌의 기능이 증진되고 좌우 균형을 통해 창의력을 키울 수 있다.

## 04 루이스 터먼의 흰 개미들
### – '지능'이냐 '노력'이냐?

두뇌활용

> "모든 사람은 경탄할 만한 잠재력을 가지고 있다.
> 자신의 힘과 젊음을 믿어라.
> '모든 것이 내가 하기 나름이다'라고
> 끊임없이 자신에게 말하는 법을 배우라."
> – 앙드레 지드(프랑스의 소설가)

**우생학과 영재교육의 시조, 골턴**

플라톤의 국가론에서도 그 존재를 찾을 수 있는 '우생학'은 21세기까지도 건재하다. 그 증거로 수많은 국가에서 영재교육이 이루어지고 있다. 대한민국에도 '영재학교' 제도가 시행되고 있다.

본격적인 우생학은 19세기 영국의 프랜시스 골턴에 의해서 시작된다. 그는 진화론의 창시자 찰스 다윈의 사촌이었다. 그는 인류를 유전학적으로 개량할 목적으로 연구를 시작했다. 골턴은 우생학이 인류에 도움이 될 수 있는 두 가지 방법을 말했다. 부정적인 우생학은 결혼 제한, 격리, 성적 거세 등의 극단적인 형태로 출산을 억제하는 방법이었다. 실제로 한때 미국에서는 10만 명 이상의 정신이상, 정신박약, 기형을 가진 사람들과 범죄자들에게 강제로 불임수술을 시키기도 했다. 긍정적인 우생학은 '적합한' 사람들 사이의 출산을 장려하고 교육을 돕는 것이었다. 이 '긍정적인 우생학'은 후에 발전하여 영재교육이 되었다. 골턴은 영재교육의 시조인 것이다.

## 어린이 천재 집단, 터마이트

1백 년 전 미국에서는 골턴의 주장을 좇아 이민자들을 대상으로 '열등' 인종을 구분했다. 엉터리 지능검사였지만 '열등' 인종에 대한 공포감이 사회를 휩쓸었다. 이 와중에 심리학 교수 한 명이 천재에 대한 연구를 필생의 과제로 삼는다. 그는 루이스 터먼으로 스탠퍼드대학의 젊고 야심찬 교수였다. 때마침 영연방재단(정부와 록펠러재단)에서 막대한 지원금도 내놓았다.

루이스 터먼은 초·중학생 25만 명의 지능지수를 검사했다. 세차례에 걸쳐 IQ 140에서 200인 학생 1,470명의 학생을 엄격히 선발했다. 이 학생들이 바로 '터마이트(Termites)'로 불리는 '어린이 천재 집단'이다. 터먼은 죽을 때까지 이 '터마이트'의 삶의 과정을 주의 깊게 관찰했다. 루이스 터먼은 인생의 성공에 가장 중요한 건 '지능'이라고 생각했다. 터먼은 제자들과 함께 '터마이트'의 학업성취, 결혼, 건강, 직업 변동, 승진 등 사회적인 변화사항을 철저하게 기록하고 관찰했다. 루이스 터먼은 어린 천재들의 사회적인 성공을 낙관했다.

그러나 시간이 흘러도 기대와 달리 어린 천재집단 '터마이트' 출신 가운데 위대하고 훌륭한 사람은 나타나지 않았다. 놀랄 만한 업적은커녕 커다란 사회적 성공을 이룬 사람조차 거의 없었다. 법조인이나 교수 몇 명이 등장했을 뿐이다. 원하는 연구의 결과를 보지 못하고 죽을 때가 가까워진 루이스 터먼은 초조해졌다. 오히려 당황스럽게도 검사 당시 IQ가 140을 넘지 못해 '천재 집단'의 대상에서 빠졌던 학생 가운데 두 사람이나 노벨상을 받았다. '터마이트'들은 성인이 되고 나이가 들수록 대부분 평범하기 이를 데 없는 보통사람으로 살아갈 뿐이었다. 실망에 빠진 루이스 터먼은 연구의 결론을 이렇게 내렸다.

"어린 천재들은 천재로 남아있지 않았다. 지능과 탁월한 사회적 성취 사이에는 어떤 상관관계도 없다."[15]

### 칭찬받던 영재들은 다 어디로 갔을까?

IQ테스트의 근본적 결함을 밝힌 영국 연구팀을 이끈 로저 하이필드 박사는 2012년 12월 연구를 마무리하면서 심경을 밝혔다. "인간의 뇌를 우주에서 가장 복잡하다고 말하면서도 많은 사람들이 뇌 기능을 몇 가지 IQ테스트만으로 측정할 수 있다고 생각하는 게 늘 이상했다."[16]

2003년 한국교육개발원이 1980년 전후로 태어난 영재 81명의 대학 진학 결과를 추적했더니, 절반 이상이 그저 평범한 인생을 살거나 상식적인 기대 수준에도 못 미치는 것으로 나타났다. (영재들 중에서 서울대, 고려대, 연세대, 포항공대, 카이스트 등 최상위권 대학의 진학자는 16명(19.8퍼센트)에 불과했다.)[17] 이러한 영재추적 결과는 외국도 크게 다르지 않다. 영국 미들섹스대학 존 프리먼 객원교수는 40대로 접어든 영재들을 추적한 결과 상당수가 어른이 된 뒤에는 어릴 적 재능을 보여주지 못하는 것으로 나타났다고 한다.

### 천재적 재능은 없다!

영국 엑세터대학교의 심리학과 교수 마이클 하우는 '재능과 천재성이란 주변 환경의 산물이고, 개인적인 노력과 계발로 이루어진다'고 주장한다.[18] 하우 교수 이론의 핵심은 최고의 천재로 알려진 이들도 결코 신이 내린 듯한 특별한 천재적 재능을 타고난 것은 아니라는 사실이다.

하우 교수는 일찌감치 세상에 알려진 모차르트의 전설적인 연주 실력에 관해서도 진실을 밝히려고 했다. 그의 견해에 따르면 모차르트와 그의 누이의 연주가 뛰어났던 것은 타고난 음악적 재능이라기보다는 연습 때문이다. 이미 어려서부터 모차르트는 음악으로 그의 생활을 가득 채웠고, 보통 아이들처럼 뛰어노는 시간을 거의 갖지 못했다. 하우 교수는 이렇게 계산한다. 아버지 레오폴트가 세 살 때부터 매일 평균 3시간씩 연습을 시켰다고 가정하면, 모차르트가 여섯 살이 되었을 때 악기 연습에 할애한 시간은 이미 3,500시간에 다다른다.

알베르트 아인슈타인도 선천적으로 출중한 사고 능력을 가지고 태어난 것은 절대 아니었다. 일찍부터 아인슈타인은 자신한테 필요하다고 생각하는 거인들에 대한 모방과 학습에 많은 시간을 할애했다.

## 영재의 조건 – 네트워크와 전인교육(토론 수업+인문학 교육)

### 성공한 영재교육, 미국 수학영재연구회(SMPY)

성공한 영재교육이라 불리는 하나의 사례가 있다. 미국 수학영재연구회이다. SMPY는 1971년, 존스홉킨스대학 줄리언 스탠리 교수가 많은 영재들이 마땅한 교육기관을 찾지 못하는 문제에 주목하면서 시작되었다. 5,000명을 추적 연구한 결과, 이 중 일부는 뛰어난 업적을 이루었다. 그 중에는 세계 수학계를 이끌고 있는 미국 듀크대 렌허드 응 교수, 페이스북 창업자 마크 저커버그, 구글 공동창업자 세르게이 브린, 가수 레이디 가가가 있다. 이때의 영재교육을 성공으로 이끈 힘은 뭘까? 윌리엄 사이디스와 다른 점은 무엇일까?

### 지식+전인교육+네트워크

당시 학생들은 교과 성적과 수학능력시험 성적으로 선발된 뒤 수학, 물리학 등을 집중 교육받았다. 그러나 사이디스처럼 이른 나이에 특정 분야의 지식만을 주입받지는 않았다. 지식을 바탕으로 한 전인교육이 이루어졌다. 사고력과 창의력, 논리력을 기르기 위해서 독서와 언어 수업도 진행했고, 특히 인문학 교육을 시켰다. 또한 성적이 우수 학생에게는 토론식 심화과정을 제공했다. 이러한 교육과정 속에서 타인과 교류하고 협동하는 능력을 바탕으로 그들 사이에 네트워크가 형성되었다. 좌뇌와 우뇌, 지성과 감성, 인성까지 골고루 계발된 것이다. '영재'라는 이름표를 달고 시작한 것은 같았다. 두뇌근육만을 편향적으로 발전시키지 않고, 두뇌근육과 함께 행동근육, 품성과 네트워크까지 만들어줬기 때문에 성공할 수 있었다.

## 05 뇌는 성장한다
### – 성장형 마음가짐

두뇌 활용

> "인간은 자신이 출현한 무(無)를 볼 수 없는 것처럼,
> 자신을 에워싼 무한함도 볼 수 없다."
>
> — 블레즈 파스칼, 『팡세』

'머리를 한 곳으로 오래도록 집중할 수 있는 힘'의 차이는 선천적인 두뇌 능력의 차이가 아니다. 두뇌 계발 활동에 대한 흥미도나 적극성의 차이에서 기인한다.

세계적 신경해부학자 메리언 다이아몬드 박사는 이에 관한 실험을 했다. 두 마리 쥐를 미로에 가두었다. 첫 번째 쥐는 아무 장애물도 없는 미로를 달리기만 하면 치즈를 먹을 수 있었다. 두 번째 쥐는 미로 안의 장애물을 넘어야만 치즈를 먹을 수 있었다.

실험 결과는 흥미로웠다. 첫 번째 쥐의 뇌 신경에는 별다른 변화가 없었는데, 두 번째의 쥐의 뇌 신경이 현저히 복잡해진 것이다.

메리언 다이아몬드 박사는 이 실험 결과가 인간에게도 동일하게 적용된다고 주장한다.

## '성장형 마음가짐'이 뇌를 성장시킨다

한 연구에서 과학자들은 학생들이 실패에 맞닥뜨릴 때 일어나는 뇌 안의 전기 활동을 측정했다. '성장할 수 없다, 능력은 정해져 있다'는 마음가짐의 학생들의 뇌는 활동이 거의 없었다. 이들은 자신의 실수에서 도피하려고 했다. 실수를 살펴보거나 고치려고 하지 않은 것이다.

이에 반해 '성장할 수 있다'는 마음가짐을 가진 학생들의 뇌는 활발히 활동했다. 그들은 자신의 능력이 점점 발전할 수 있다는 생각을 가지고 있었다. 이들은 실수를 분석하고 고치고 만회하기 위해 깊이 사고한다. **뇌를 움직이는 근본적인 힘은 '발전에 대한 가능성'이다.** 노력과 어려움을 통해 뇌 세포는 새롭고 더 강한 연결고리를 만든다. 우리는 어려운 문제를 풀 때, 노력할 때 똑똑해진다. 우리의 능력을 성장시킬 수 있다고 믿는 생각을 '성장형 마음가짐'이라고 부른다.

2012년 서울대학교 인문학부에 입학한 문승현 씨는 고등학교 1학년 때까지만 해도 공부에 관심이 없었다. 그러나 '안 되면 되게 하라'라고 책상에 써붙이고 공부를 시작했다. 그는 방송에서 "지금 상황이 어렵고 자기가 못한다고 하더라도 포기하지 않고 노력한다면 좋은 결과를 얻을 수 있을 것"이라며 "발전의 가능성은 누구에게나 있는 거라고 생각한다."라고 말했다. 그는 자신이 가지고 있는 '가능성'을 생각하여 정말로 공부를 잘할 수 있었다.[19]

### '아직'의 힘(The Power of Not Yet)

시카고의 어느 고등학교는 졸업하려면 일정 수의 과목을 통과해야 하는데 통과하지 못한 과목은 '아직(Not yet)'이라는 학점을 준다. 낙제를 하면 '나는 아무것도 아니다'라고 여길 수 있다. 그러나 낙제 대신에 '아직'이란 학점을 받은 학생은 자신이 배우는 과정중이라고 생각할 수 있다.

현재 심리학계에서 세계적으로 가장 각광받는 학자 중 한 명인 미국 스탠퍼드대학교 심리학과의 캐롤 드웩 교수는 마음가짐, 즉 마인드세트 개념의 창안자이기도 하다. 그녀는 사람의 마음가짐을 고착형 마음가짐와 성장형 마음가짐로 나눈다.

캐롤 드웩은 10세 아이들에게 조금 어려운 문제를 주었다. 반응은 두 가지로 나뉘었다. 첫 번째 집단은 긍정적으로 반응하는 아이들이었다. "나는 어려운 문제가 좋아요. 이 문제가 저에게 유익했으면 좋겠다고 생각했어요." 이 아이들은 자신의 능력이 개발될 수 있음을 알고 있었다.[20] '성장형 마음가짐'이었다.

하지만 두 번째 집단의 다른 학생들은 어려운 문제를 끔찍한 재앙이라고 생각했다. 그들은 자신의 지적 능력이 시험받고 있다고 여겼다. 어떠한 연구든, 연구마다 이런 '고착형 마음가짐'을 가진 아이들은 어려움에서 도피했다.

## "어려움을 어떻게 받아들이는가?"

어려움이 생겼을 때 그 어려움을 어떻게 극복하고, 거기에서 무엇을 얻는가는 그 사람이 어떤 마음가짐을 가지고 있느냐에 따라 180도 달라진다.

성장형 마음가짐를 지닌 학생은 장애물을 나타나도 계속 노력하지만, 고착형 마음가짐를 지닌 학생은 쉽게 포기하고 학습에 참여하지 않는다. 때로 공부를 잘하는 학생이 고착형 마음가짐을 가지고 있기도 하는데, 이 경우 자신의 '긍정적인' 상태를 깨고 싶지 않아 더 수준 높은 문제에는 도전하지 않으려고 한다.

| (성적 상위, 고착형 마음가짐)<br>"실패하기 싫어. 어려운 건 안 할래." | (성적 상위, 성장형 마음가짐)<br>"여기서 더 어려운 것도 할 수 있어." |
|---|---|
| (성적 하위, 고착형 마음가짐)<br>"나는 어차피 안 돼." | (성적 하위, 성장형 마음가짐)<br>"열심히 하면 나도 잘할 수 있어." |

고착형 마음가짐을 가진 사람들은 실수 역시 자신의 무능함의 증거로 여기고 수치스럽게 생각한다.

이런 태도의 가장 큰 문제는 자기가 실수를 한 분야의 일이나 그 실수를 목격한 사람들을 기피한다는 점이다. 자신은 그 분야에 재능이 없다고 단정 짓고 포기하게 된다. 그리고 우울감에 빠진다. 실제로 캐롤 드웩 교수의 조사 결과에 따르면 성장형 마음가짐을 가진 청소년들보다 고정형 마음가짐을 가진 청소년들이 우울증 점수가 더 높았다.

성장형 마음가짐을 가진 사람들은 세상 모든 '앞으로 어떻게 하느냐'에 달려있다고 본다. 이들에겐 어제의 나보다 오늘의 내가 얼마나 더 발전했는지를 비교하는 것이, 지금 현재 누가 더 잘하느냐를 비교하는 것보다 더 의미가 있다.

이런 마음가짐에서 지금 저지른 실수는 속 쓰리긴 하지만 앞으로 고쳐나가면 되는 일이다. 당연히 실수를 할수록 더 열심히 노력을 하고, 결과적으로 역경을 극복해낸다. 또한 이들은 몇 번의 실수로 자신을 단정 짓지 않듯이 지금 보여주는 능력을 가지고 남들을 차별하지도 않는다. 항상 성장을 위해 노력하고 실수를 고치기 위한 노력을 당연하게 생각한다.

## 성장형 마음가짐과 고착형 마음가짐[21]

### 고착형 마음가짐를 가진 사람

고착형 마음가짐를 가진 사람은 모든 상황을 평가 받는 시간으로 받아들인다. 그들은 언제나 다른 사람에게 인정받아야 안심한다. 자신이 똑똑하고, 멋지고, 능력이 있다는 것을 세상에서 입증을 받아야 한다고 생각한다. 그래서 매사 우울하다. 매 결과마다 자신의 존재의 증명이 갈리는데 어떻게 즐길 수 있겠는가? 만약 어떤 평가에서 똑똑하지 않고, 멋지지 않고, 능력이 부족하다는 것으로 판명이 되면 모든 것을 잃었다고 생각한다.

이 실패에서 무언가를 배우거나 그 원인을 개선하려고 노력하지 않는다. 노력은 '정말로' 결점이 있는 사람들이 하는 것이기 때문이다. 그래서 자신이 '정말로' 결점이 없다는 것을 변명하고 자존심을 회복하기 위해 다른 방법을 찾는다. 예를 들면, 한 연구에서 고착형 마음가짐을 가진 학생들은 시험에서 낮은 점수를 받자 다음 시험에서는 부정행위를 고려해보겠다고 했다. 이들에게 타인은 경쟁자다. 왜냐하면 타인보다 더 잘해야 자신의 존재가 증명되기 때문이다.

### 성장형 마음가짐을 가진 사람

**성장형 마음가짐을 가진 사람에게 삶은 배움의 과정이다.** 그들은 다른 사람에게 존재를 입증하려고 노력하지 않는다. 자신이 똑똑하지 않고, 멋지지 않고, 능력이 부족하더라도 노력을 하면 언제든지 더 잘할 수 있다고 믿기 때문이다. 그래서 이들은 매사 즐겁고 열정이 넘친다. 과정에서 최선을 다하는 것이 목적이기 때문이다. 좋지 않은 평가를 받더라도 좌절하지 않는다. 오히려 '도전할 만한 것'으로 간주하고 노력하고 연구한다.

또한 실패에서도 배울 점을 찾아 개선한다. 이들은 재능보다 노력을 더 높게 평가한다. 아무리 대단한 천재라고 해도 노력 없이는 재능을 꽃피울 수 없다고 생각한다. 게다가 **성장형 마음가짐을 가진 사람들은 세상의 모든 인간은 각자의 재능과 관심사를 가지고 있다고 믿는다. 그래서 타인은 동맹자다. 함께 협동하여** 이루고자 하는 목적을 달성할 수 있기 때문이다.

### 아이에게 하는 부모의 말에 메시지가 있다

실패를 했을 때 용기를 주는 말에도 메시지가 있다. 실질적으로 도움이 되지 못하는 '최고였다'는 말, 다른 사람 탓으로 돌리는 '트로피를 빼앗겼다'는 말, 쉽게 잘 할 수 없다고 해서 과소평가를 내리는 '별로 중요한 일은 아니었다'는 말, 근거 없는 믿음을 심어주는 '네게는 능력이 있으니 다음엔 잘할거야'라는 말은 고착형 마음가짐의 메시지를 담는다.

칭찬도 마찬가지다. "와! 너 정말 빨리 풀었구나!" 혹은 "이것 좀 봐. 실수가 하나도 없잖아!"라고 칭찬하는 것은 "빨리 풀지 못하면/실수를 하면 너는 훌륭하지 않아."라는 의미이다. 같은 맥락으로 '똑똑하구나', '재능이 있네'와 같은 칭찬은 아이에게 고착형 마음가짐을 준다. 부모의 칭찬은 아이의 노력과 성취를 이야기해야 한다. "열심히 풀었구나!" 혹은 "오늘은 저번보다 더 잘 집중하던데! 지켜보고 있었단다."와 같은 칭찬은 아이에게 "다음에 더 열심히/집중해서 공부해야지."라는 생각을 가지게 한다.

### 과정중심 부모 교육 지침서 6

**11. 좌뇌와 우뇌를 동시에 쓰도록 훈련해라**

두뇌 계발은 전문가가 아니면 하기 힘들다는 편견부터 버려라. 엄마의 뱃속에 있을 때부터 부모의 모든 말과 행동, 태어나서부터 지금까지 모든 환경이 아이의 두뇌 계발과 관련이 있다. '도리도리 잼잼'부터 젓가락질, 글씨 쓰기, **책 읽기, 블록놀이 등 모든 것이 아이의 뇌를 발달시켜준다.**

찾아보면 집에서 할 수 있는 두뇌 계발 활동들이 많다. 조금만 부지런히 생각하고 행동에 옮기자. 젓가락으로 콩 집어 옮기기 게임, 가족들과 교환일기 쓰기, 함께 책 읽기, 블록 쌓기 대결, 양손 번갈아가면서 가위바위보 내기 등 아이가 머리를 쓰게 하라.

**12. 언제나 '더 성장할 수 있다'고 말해줘라**

두뇌 계발의 첫걸음은 믿는 것에서 시작한다. 아이가 성장할 수 있다고, 더 잘할 수 있다고 믿게 하는 힘은 부모의 믿음에서 나온다. 물론 그렇게 생각하고 있는 부모는 많을지도 모른다. 그러나 얼마나 아이에게 표현하고 있는가? '쟤는 할머니를 닮아서 손이 느려!' '어렸을 때도 곧잘 덤벙거리더니!'와 같은 말은 흔히 장난으로 가볍게 쓰이는 말이지만 아이의 '성장형 마음가짐'을 흩트리는 말이다. 평소에 늘 말이나 행동으로 믿어줘야 한다. 아이가 손이 느리더라도 채가서 해주지 마라. **답답해도 꾹 참고 기다려라.** 그리고 아이가 해내면 칭찬해라. '저번보다 많이 능숙해졌구나! 연습을 많이 했네!'

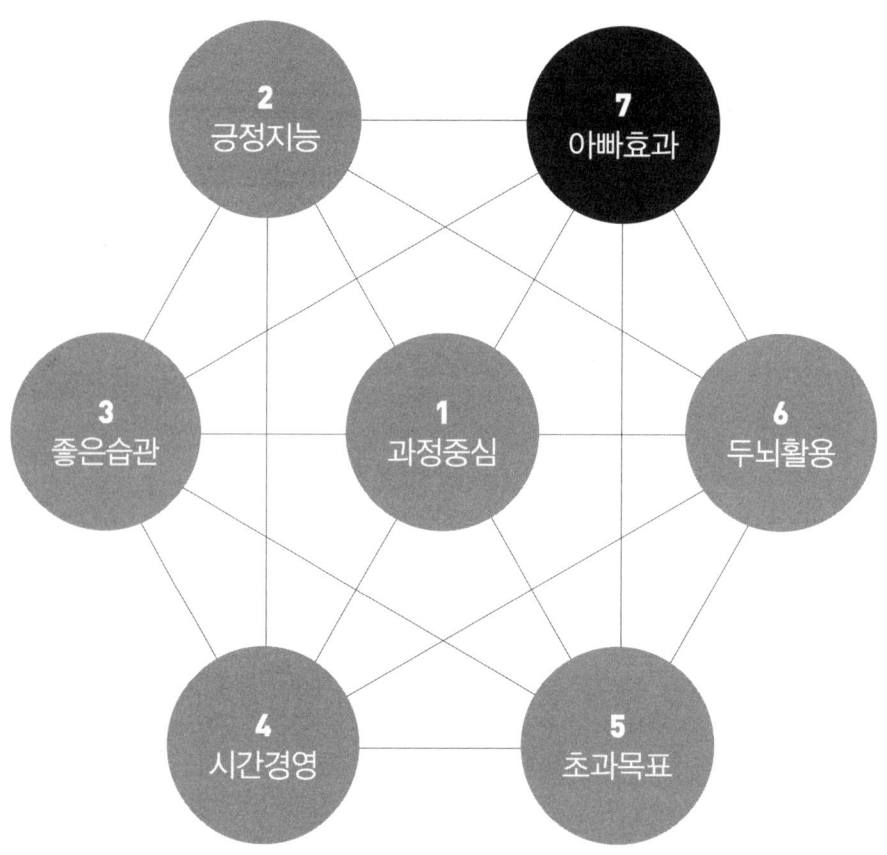

# 7장

## 아빠가 나서라

"그 어떤 성공도 가정의 실패를 보상해주지는 못한다."

**INTRO** 자녀의 미래를 결정하는 건 아빠다

01 중요한 건 부모, 그중에서도 아빠다
02 아빠가 함께 식사하라
03 아이들과 틈날 때마다 대화하라
04 극성 아빠는 왜 필요한가?
05 과징중심의 아빠의 역할

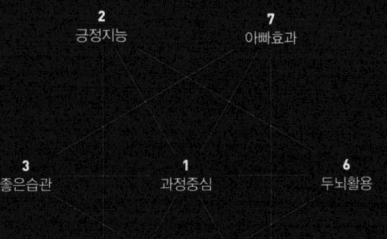

## INTRO 자녀의 미래를 결정하는 건 아빠다

영국 국립 아동발달연구소가 7, 11, 16세 아동 및 청소년 1만7천 명을 대상으로 30년에 걸쳐 생애를 추적했다. 그 결과를 옥스퍼드대학교 연구팀에서 세밀하게 분석했다. 결론은 다음과 같았다.

1. 아빠와 친한 아이들이 사회적으로 능력을 발휘하고 성공했다.
2. 아빠와 친한 아이들이 인성이 좋고 행복한 가정을 꾸렸다.
3. 아빠와 친한 아이들이 지능이 우수하고 언어 발달이 뛰어났다.

'아빠가 자녀의 미래를 결정한다.' 아이들은 어릴 때 엄마와는 다른 성향을 아빠에게서 배운다. 엄마는 정서적 반응에 민감하고 공감을 잘 해준다. 아빠는 언어 발달에 영향을 주고, 몸을 직접 움직이는 놀이를 함께 하면서 사회성을 가르친다. 아빠는 경쟁 사회에 적응하는 공격적이고 적극적인 힘도 배양시켜준다.

**공부 잘하는 학생 뒤에는 반드시 공부에 관심을 쏟는 아빠가 있다.** 과정중심으로 공부하는 최상위권 학생일수록 더욱 그렇다. 하지만 그런 아빠의 특성은 타고나는 것이 아니라 만들어진다. 좋은 아빠는 스스로 선택하여 좋은 아빠가 된다. "아버지 한 사람이 백 명의 스승보다 낫다."는 영국 철학자 허버트의 말은 시간이 흘러도 변함없는 진실이다.

## 01 중요한 건 부모, 그중에서도 아빠다

아빠 효과

> "교육이 한 인간을 양성하기 시작할 때의 방향이
> 훗날 그의 삶을 결정할 것이다."
> - 플라톤(고대 그리스의 철학자)

**공부 환경에서 제일 중요한 건 무엇인가?**

인생의 모든 분야에서 성공은 중요하다. 그중에서도 부모 역할에서의 성공이야말로 가장 중요하다. 공부하는 환경에서 가장 중요한 것은 부모다. 부모 중에서도 아빠다. 부모의 학벌이 좋으면 자식의 학벌이 좋다. 특히 아빠의 학벌이 높을수록 좋은 학교에 진학하고, 사회적 성공률도 높다. 이유를 알게 되면 부정적으로 볼 수 없다.

자녀의 공부를 위해 아빠의 역할은 중요하다. 특히 과정중심 공부에서는 아빠의 역할이 결정적이다. 아빠가 적극적으로 나서야 한다. 너무 바빠서 정 시간이 없다면 어떻게 한단 말인가? 아침마다 30분씩 밥이라도 같이 먹어야 한다. 아침이 힘들면 저녁을 함께 먹고, 저녁마저 힘들면 주말이라도 반드시 같이해야 한다. 그렇지 않으면 학생이 공부로 성공하기는 힘들다. 아버지가 나서지 않았는데 공부 잘하는 학생은 없다. 예외가 있다면 엄마가 모든 것을 희생하여 헌신적으로 아빠의 역할까지 했기 때문이다.

최고의 교육은 부모표 교육이다. 그중에서도 아빠표 교육이다. 부모표 교육의 특징은 학벌이 중요하다는 점이다. 학벌이 좋지 않은 부모가 자식을 성공시키는 경우도 물론 있다. 하지만 그건 그 부모, 특히 아버지가 전업교육에 나설 정도로 열정과 시간을 기울였을 때 가능하다. 엄청난 정성과 많은 시간을 할애해야만 한다.

**학생과 부모는 공부라는 장기레이스의 동반자다**

대치동 최상위권 학생들에게는 공통점이 있다. 첫째는 부모(특히 아빠)와 친밀하다. 둘째는 가족 모두가 규칙적인 생활을 하며 부지런하다. 셋째는 독서와 대화를 즐기는 집안 문화를 가지고 있다. 넷째는 부모가 아이들에게 기대와 믿음을 갖고 있다. 다섯째는 아빠를 중심으로 가족 단위의 문화 활동을 많이 한다.

엄마가 최초의 가정교사라면 아빠는 최초의 사회적 교사이다. 좋은 학교를 찾아 헤매는 맹모삼천지교보다 중요한 건 어릴 적 부모의 역할과 가르침이다. 학교에 입학한 다음에도 마찬가지다. 학교는 친구들과 같이 모여서 선생님에게서 사회성을 배우고 공부를 하는 곳이다. 학교에서 모든 것을 다 가르쳐주지 않는다. 집에서 가르치지 못하는 것을 학교에서 주로 가르치는 것이다.

### 엄마 혼자서 흔들리는 아이를 잡는 건 힘든 일이다

항상 아버지의 역할이 결정적이다. 최상위권 학생들도 결국 아버지가 뒤에 있다. 학교나 학원의 상담도 아버지들이 가서 한다.

고등학교 때 흔들리는 아이를 엄마가 혼자 잡아주는 것은 어렵다. 이른바 '돼지엄마'라고 불릴 정도의 노력으로 온갖 설명회를 찾아다니며 애써야 잡아줄 수 있다. 아버지들은 일반적으로 더 신중하고 진지하고 사회적이다. 엄마는 감정적으로 얘기하는 경우가 많고, 아빠는 객관적으로 얘기하는 경우가 많다. 사춘기는 아이가 이성적으로 생각하기 시작하는 시기다. 그래서 감정적이기보다 이성적으로 접근해야 아이들이 받아들인다. 이때는 부모에 대해서도 객관적으로 보려고 하는 시기인 것이다. 그런데 아빠는 객관적인 얘기를 한다. 감정적으로 다가오는 엄마보다 아빠의 말에 더 귀를 기울이는 까닭이다.

### 아이가 아니라 부모의 차이

아이들 성향에는 큰 차이가 없다. 더 큰 차이는 부모에게 있다.

아이의 머리가 나빠서 공부를 못하는 것은 아이 탓이 아니다. 불리하게 태어났을 따름이다. 유전적·선척적 차이를 이야기하려는 게 아니다. **머리가 나쁘지 않은데도 공부를 하지 않은 것도 아이 탓이 아니다. 아이는 '노력해야 한다'고 가르쳐주고 노력하는 습관을 길러주는 부모를 만나지 못한 것이다.** 노력하지 않는 것도 부모에게서 배운다. 노력을 가르쳐주지 않는 부모를 만났다는 이야기다.

육아의 신으로 불리는 『평범한 아이를 공부의 신으로 만든 비법』의 저자 이상화 씨는 "아이는 부모의 마음가짐을 자연스레 받아들입니다."라고 말한다. 그는 아이들에게 공부하라고 강요하기보다 아빠가 공부하는 모습을 보여줬다. 또한 책을 읽으라고 하기보다는 아이들에게 책을 읽어줬다. 걸어서 도서관에 갈 수 있는 곳을 골라 이사를 하기도 했다. 항상 아이와 함께 했다. 아이가 꼴찌 성적표를 받아왔을 때, 이상화 씨는 아이를 혼내기보다 독서실을 함께 갔다.[1] 그는 '가난 때문에 사교육은 꿈도 꾸지 못했'다고 하면서도 1,200권의 육아서를 탐독하면서 두 아이를 훌륭하게 키워낸 극성 아빠다.

### 환경이 사람을 만든다

아이들의 꿈은 막연하게 생기지 않는다. 환경이 사람을 만든다. 좋은 공부 환경이 공부 잘하는 학생을 만든다.

1966년 미국 존스홉킨스대학 제임스 콜먼 교수는 이에 대한 보고서를 발표했다. 보고서에 따르면 학생의 가정 환경 혹은 친한 친구의 가정 환경이 교육정책·교육과정·학교시설·교사의 질 등의 요소보다 학생의 학업성취도에 더 큰 영향을 미친다.[2]

학생과 부모 사이에 사랑과 믿음은 주고받는 것이다. 학생이 우등생으로 바뀌는 비법은 부모의 지속적인 믿음과 사랑, 그리고 관심이다. 집안 환경이 공부하기 좋은 환경으로 바뀌고 부모가 믿어주면 아이는 공부에 자신감을 갖는다. '공부는 피할 수 없다'는 사실을 깨닫는다.

부모는 오랜 기간 힘든 공부를 하는 학생 옆에서 함께 해줘야 한다. 늘 격려하면서 자신감을 북돋아줘야 한다. 조기교육은 어릴 때 좋은 습관을 익히기 위해서 하는 것이다. 남을 짓밟고 앞서 나가거나 수학이나 영어 선행학습을 시키기 위해서가 아니다.

습관을 통해서 집중이 가능해지면 하기 싫다는 느낌 자체를 잊어버린다. 작은 성취감들이 쌓이다 보면, 자신감이 높아진다. 오랫동안 어려운 문제를 풀면서 머리를 쓰고 피곤하지만 오히려 희열을 느끼게 된다. 갈수록 공부에 몰입을 하게 된다. 주변을 배제해버리고 그 안에서 즐거움을 찾는 것이다. 이렇게 되기까지는 오랜 시간이 걸린다. 적어도 1~2년 이상 집중적인 공부 훈련이 되어야 한다. 공부 습관이 만들어내는 힘이다.

### 유대인의 가족 문화에 주목하라

유대인들에게 부모는 가장 좋은 선생님이다. 이스라엘의 유대인들을 비롯해 세계의 열성적인 유대인들은 자녀교육을 학교나 학원에 전적으로 위탁하지 않고 부모가 적극적으로 관여한다. 유대인들이 생각하는 가장 훌륭한 스승은 학교 선생님도, 종교지도자인 랍비도 아닌 부모이기 때문이다. 이스라엘의 교육열을 제대로 느끼려면 학교나 사교육 기관보다 그들의 집, 가족 문화를 먼저 살펴야 한다.

유대인 부모는 자녀교육을 무엇보다 중요하게 생각한다. 자녀가 지적 호기심을 잃지 않고 공부할 수 있도록 아낌없이 지원해준다. 또한 아이에게 공부를 강요하는 것이 아니라 부모가 자발적으로 공부하는 모습을 보여준다. 매일 거르지 않고 온 가족이 모여 저녁 식사를 하면서 자녀와 함께 학교에서 있었던 일뿐만 아니라 국제적인 뉴스에도 대해 이야기를 나눈다.

부모는 자녀가 어릴 때는 잠들기 전에 꼭 책을 읽어주고, 오랜 기간 자녀의 학습을 직접 지도하며, 끊임없이 새로운 질문을 하도록 권장하고, 아이가 질문할 때마다 열심히 응대를 해준다. 또한 자녀가 어떤 모습을 보이든 다그치지 않고 기다려주며, 함께 휴일을 보내고, 여행이나 현장학습을 간다. 이런 일들은 부모가 공부를 중시하고 높은 교육열을 갖고 있지 않으면 불가능한 것이다.

유대인의 교육이 이루어지는 주요 무대는 가정이고 그 교육을 주도하고 책임지는 존재는 다름 아닌 부모다. 유대인들은 부모의 사랑과 헌신, 교육 속에서 인성, 자존감, 독립성, 사회성, 삶의 가치관 등 모든 것을 형성해나가며, 민족의 장래를 이어나가고, 인류 문명의 발전에 기여하는 인재로 성장한다.

### 아이의 사회적 성공은 아빠가 결정한다!

미국 노스캐롤라이나대학 연구진이 2세 아이를 가진 맞벌이 부부를 대상으로 연구를 진행하고 나서 다음 세 가지 결론을 얻었다.

첫째, 아빠가 아이와 놀아주며 다양하고 단어를 사용하며 많은 이야기를 해준 아이들이 3세가 되었을 때 언어 능력이 훨씬 발달했다. 둘째, 한 살 이상의 아이들을 연구 관찰한 결과 아빠와 많이 놀아본 아이들은 언어 발달이 빠르고 4세 때 측정한 지능이 그렇지 못한 아이들보다 높게 나타났다. 셋째, 아빠의 양육 참가가 아이의 지능을 발달시키는 데 중요하다. 아빠가 없거나 양육에 참여하지 않는 경우는 한 살 미만의 영아도 사회적 활동성이 미약했다.[3] 교육학자 페더슨은 생후 5개월부터 아빠와의 관계에 따라 사회성에 많은 차이가 날 수 있다고 강조했다.

### 어린 자식과 같이 독서하고 여행하라!

또한 영국 뉴캐슬대학에서 1958년에 태어난 영국인 남녀 1만1천여 명을 대상으로 생애추적 연구를 했다. 그 조사의 결과는 **어린 시절 아빠와 독서, 여행 등 재미있고 가치 있는 시간을 많이 보낸 아이들이 그렇지 않은 경우보다 지능지수가 높고 사회적으로도 성공한 것으로 나타났다.**

# 02 아빠가 함께 식사하라

아빠 효과

> "마른 빵 한 조각을 먹으며 화목하게 지내는 것이,
> 진수성찬을 가득히 차린 집에서 다투며 사는 것보다 낫다."
> — 『성경』「잠언」중에서

**전교 1등은 최소한 주 6회 이상 가족과 함께 식사한다**

SBS스페셜 제작팀에서 100여 개 중·고등학교 전교 1등에게 설문조사를 한 적이 있다. 주제는 식사에 관한 것이었다. 주중에 10회 이상 '가족과 함께' 식사를 한다는 답변이 40퍼센트에 달했다. '가족과 함께' 식사를 한다는 것은 엄마는 물론 아버지와 함께 식사를 한다는 의미다. 성적이 우수할수록 아버지와 함께 식사를 한다.

전교 1등 학생들은 비교군인 중위권 학생보다 주당 가족 식사 횟수가 월등히 높았다. 하지만 전교 1등이나 중위권 학생들이나 공부와 바쁜 부모님들의 사정상 같이 식사하는 것이 쉬운 일은 아니다. 그러나 그럼에도 불구하고 전교 1등 학생들은 주 6회 이상 가족 식사를 하는 비율이 73퍼센트나 되었다. 중위권 학생은 39퍼센트밖에 되지 않았다.[4] 똑같이 서로 바빴지만 전교 1등 학생의 집안은 아침 식사를 최대

한 같이 했다. 이것은 엄마의 선택이고, 아빠의 결심이다. 바쁜 가운데도 아침 식사를 사수하려면 새벽형 인간이 되든가 최소한 아침형 인간으로 바뀌어야 하기 때문이다.

### 아침 식사를 2시 30분에 한 고광림, 전혜성 박사 부부

예일대 로스쿨 학장을 역임한 고홍주 박사의 여섯 형제자매는 모두가 하버드와 예일대를 졸업했다. 집안의 맏딸인 고경신 씨는 중앙대 자연과학대학장, 장남 고경주 씨는 하버드대 보건대학원 교수, 2남 고동주 씨는 MIT의대 교수를 지냈다.

이들의 부모는 고광림, 전혜성 박사 부부다. 이들은 여섯 명의 자녀를 키우며 지킨 원칙이 있다. '무슨 일이 있어도 아침 식사를 반드시 함께 하는 것'이다. 식사 시간은 새벽 6시 30분. 아이들이 밤새 공부를 해도 예외가 없었다. 아버지 고광림 박사는 아침 식사만큼은 반드시 모두 참석하는 것을 원칙으로 했다. 식사 때 가족들은 서로 대화를 나누고 정보를 교환하고, 필요한 사항을 확인했다. 고광림 박사는 죽기 전까지 하루도 거르지 않고 이 원칙을 지켰다.

그런데 고광림 박사가 6시간이나 걸리는 대학으로 강의를 나가게 되었다. 원칙이 깨질 위기에 처한 것이다. 고 박사는 오전 3시 45분에 기차를 타고 출근해야 했다. 그러나 원칙은 지켜야 했다. 고광림, 전혜성 박사네 아침 식사 시간은 오전 2시 45분으로 앞당겨졌다. 하지만 자녀들은 누구 하나 불평하지 않았다.

"아침 일찍 일어나서 남들보다 하루를 길고 부지런하게 살 수 있었어요!"[5]

## 집에서 저녁 식사 하고 다시 일하러 간 유룡 교수

유룡 교수는 현재 카이스트 특훈 교수이며, 기초과학연구원 단장이다. 그는 한국에서 노벨상을 받을 과학자 1순위로 꼽히는 사람 가운데 하나다. 언제나 써야 할 논문과 해야 할 실험에 항상 바쁘다. 연구실에서 밤을 지새야 하는 적이 한두 번이 아니었다. 와중에도 그는 자녀들을 훌륭하게 키워냈다. 그 핵심에는 가족들과의 저녁 식사가 있다. '밥상머리 교육'의 힘인 것이다.

유룡 교수는 '논문 마감으로 밤샘을 밥 먹듯 하던 연구 활동 중에도, 학생들을 가르치던 교수 생활 중'에도 저녁 7시가 되면 반드시 집에 가서 가족과 함께 식사를 했다. 식사 시간에 특별하고 비범한 이야기를 한 것은 아니다. 일상적인 이야기를 했다. 하지만 반드시 '어떻게 살아가야 할 것인가?'라는 화두를 놓치지 않았다.

주말에도 연구를 위해 학교에 가야 할 때는 가족들을 모두 데리고 갔다. 1분 1초를 아껴서 연구와 실험에 매진하는 그에게 연구와 가정생활, 실험과 자녀교육은 분리되지 않았다. 저녁 식사를 하기 위해 학교 연구실에서 집에 갔다 오려면 왕복 1시간이 넘는 번거로움이 있었지만 그는 개의치 않았다. 그의 이런 습관은 농사일을 하시던 부모님으로부터 물려받았다. 그 역시 자신이 그랬듯 자식에게 물질적 자산보다 '의식과 습관'을 물려주려고 하는 것이다.

그가 방송에서 말한다. "의식이라는 것은 대물림되는 것 같아요. 우리 자식들이 그 의식으로 제대로 된 생활을 할 수 있게 교육하고 싶죠. 특별한 것이 아니라 세상 사는 지혜, 주로 그런 거죠. 저는 아이들에게 그런 것을 전해주려고 노력을 해요. 또 함께 생활하면서 아이들에게 흔들리지 않는 믿음을 주게 되는 거죠. 그동안에 쌓아온 인생의 지혜를 전달해줌으로써 아이들이 살면서 시행착오를 줄일 수 있는, 그런 교육을 하죠."[6]

### 유대인 아빠는 밥상머리에서 교육한다

유대인의 가족 문화에서 특히 주목할 만한 점은 온 가족이 얼마나 교육에 적극적으로 임하냐는 것이다. 유대인 가정에서 아빠의 가장 중요한 역할은 '교육자'이다. 아빠는 자녀들을 교육하는 가장 중요한 스승이다. 유대인 아빠는 자녀교육을 가장 1순위로 두며, 그 어떤 핑계로도 자녀교육을 미루지 않는다. 유대인에게 최고의 교육이란 '자녀가 평생 공부할 수 있는 토대를 마련해주는 것'이다.

유대인 교육이 이루어지는 가장 중요한 장소는 바로 '밥상머리'다. 성서의 내용 등에 대한 교육이 이루어지기도 한다. 특히 안식일에 가지는 만찬은 온 가족이 함께 준비하고, 참여하고, 정리한다. 식사를 마치면 차와 후식을 내어 자리를 이어간다. 그리고 이 과정 내내 대화가 오간다. 주제는 중요한 것부터 잡담까지 다양하다. 식사를 마치고 무엇을 할지 계획을 세울 수도 있다.

알렉스 : 공원에 가고 싶어요.

엄마 : 비가 와서 갈 수 없단다.

알렉스 : 생선가게에 갈래요.

엄마 : 비가 와서 갈 수 없어.

할머니 : 우비도 없잖니.

알렉스 : 생선가게로 뛰어가면 돼요. 그리고 집으로 다시 뛰어오면 돼요.

엄마 : 그래.

(천둥소리)

알렉스 : (천둥소리를 들은 듯) 빨리 뛰면 번개를 피할 수 있어요. 번개보다 빨리 뛰면 돼요.

할머니 : '천둥'이 뭔지 아니?

알렉스 : 예, 천둥번개…. (천둥과 번개는) 어떻게 생기는 거예요?

할머니 : 번개가 치는 날은 천사가 위층에서 볼링 치는 날이야. 천둥과 번개는 천국에서 생기는거고. 아주 시끄러워서 이 밑에서도 들린단다.

엄마 : 동화책에서 봤잖니. 천둥이랑 번개는….

할머니 : (엄마에게) 다른 이야기를 하는구나.

할아버지 : 알렉스, 번개는 구름 속의 에너지란다.

알렉스 : (전혀 다른 생각이 난듯) 천둥과 번개를 보고 놀란 적이 있어요. 노란색 불빛이 보여서 이불로 숨었어요.

할아버지 : (알렉스의 말을 받아주며) 이불 속에 숨었니?

— 「밥상머리의 작은 기적」 중에서

**제안하고, 설득하고, 새로운 단어를 배우고, 상상해보거나 과학적인 원리에 대해 배우기도 한다.** 하던 이야기가 중단되거나 아이가 갑자기 다른 주제를 꺼내도 아무도 지적하지 않는다. 자연스럽게 가족 전체가 각자의 이야기를 듣고 서로의 생각을 나눈다. 이런 과정에서 어린 아이들은 자신의 생각을 말하기도 하고, 어른들의 이야기를 듣기도 한다. 저절로 교육이 이루어지는 것이다.

또한 영국의 질리언 햄든-톰슨 교수 등이 연구한 결과에 의하면 가족과 함께 식사하는 빈도가 많은 학생일수록 '독해·문해' 성적이 높았다.[7] 가족 식사 자리에서 접하는 새로운 표현, 낯선 단어, 처음 듣는 소식이나 정보 등이 등장하는 어른들의 대화는 아이에게 좋은 자극이 된다. 놀라운 점은 아이는 대화 상황이나 문맥으로 모르는 것들을 충분히 추측해 이해한다는 것이다. 식사 시간은 이해가 되지 않거나 모르는 것을 바로 물어볼 수 있을 만큼 풀어진 분위기까지 제공한다. **반드시 아이를 위한 대화가 아니더라도, 대화가 있는 가족 식사는 아이의 어휘력과 표현력을 길러준다.**

## 03 아이들과 틈날 때마다 대화하라

아빠 효과

> "아이들에게 조언하는 가장 좋은 방법은
> 아이들이 무엇을 원하는지 알아내
> 그것을 하라고 조언하는 것임을 알게 되었다."
> – 해리 트루먼(미국의 33대 대통령)

### 늘 관심을 가지고 아이 전문가 되기

아이를 아무리 사랑한다고 해도 계속 붙어서 간섭할 수는 없다. 계속 지켜보고 있다가 흐트러지는 것 같으면 몇 차례 우회적으로 얘기하고, 안 되면 직접적으로 이야기하고, 그래도 안 되면 야단친다. 항상 관심을 줘야 하지만 지적을 매일 할 수는 없는 노릇이다. 언제나 감시한다는 느낌이 들면 아이가 못 견뎌한다.

사실 어른들은 관심을 가지고 있다면 보고 있지 않아도 보인다. 아이 표정만 봐도 알 수 있다. 열심히 하지 않을 때는 다른 행동에서도 흐트러져 있다. 예를 들면 식사 후에 책상 앞에 앉을 때까지의 속도를 보면 마음가짐을 알 수 있다. 안방에서 TV를 보다가도 뉴스가 끝나면 일어나서 책상으로 갈 때가 있고 화장실로 가서 꼼지락거릴 때가 있다. 아이에게 항상 관심을 두고 전문가가 되어야 한다.

### 대화는 어떻게 해야 하는가?

과정중심으로 공부하는 집에서는 아빠와 대화를 많이 나눈다.

과정중심으로 공부하는 집안에서는 아빠와 틈날 때마다 대화를 많이 나눈다. 밥 먹을 때는 밥상머리 교육을 하고, 시간이 나서 수행평가든 뭐든 공부를 할 때는 아빠도 적극적으로 거든다. 고등학생의 경우도 틈날 때마다 아빠와 대화를 나눈다.

아이와 이야기를 할 때에는 아이가 관심을 가지는 것에 대해서 이야기한다. 아이들도 공부하기 싫으면 잡담하고 싶어진다. 그 잡담의 대상이 친구들이 아니라 아빠가 되는 것이다. 그 대화가 작위적이어서는 안 된다.

### 미하일 엔데의 소설 『모모』 – 아이의 말을 들어라

미하일 엔데의 소설 속 모모는 화난 사람들이 자신의 이야기를 다 할 때까지 기다려주고 그들의 이야기에 귀를 기울인다. 사람들은 모모에게 이야기하면서 마음을 풀고 상대방도 이해하게 된다.

자녀와 이야기하려면 우선 마음을 열고 들어야 한다. 청소년기의 자녀라면 특히 그렇다. 사람은 문제가 생기면 마음속으로는 답을 갖고 있다. 그러나 확신이 없다. 누군가 그게 맞다고 해주면 좋은데 그렇지 못한 경우가 대부분이다. 모모네 마을 사람들도 마음속의 생각을 들고 모모를 찾는 것이다. 모모에게 이야기하면서 생각을 정리하고 그 문제에 대해 확신을 갖기 위해서다.

자녀도 마찬가지다. 뭔가 할 이야기가 있고 털어놓고 싶은 고민이 있다. 이때 부모는 자녀의 이야기를 경청해야 한다. 그러나 현실에서 대부분의 부모들은 윽박지르거나 잔소리부터 하게 된다. 어릴 적 시키는 대로 하던 아이가 태도가 변하면 적응을 못하기 때문이다.

### 아이를 가르칠 대상이 아니라 대화 상대로 보라

대화를 하려면 우선 자녀를 동등한 인격체로 봐야 한다. 자녀가 더 이상 어린 아이가 아니라는 점을 인정해야 한다. 대화는 상대방을 인정하고 이해하는 것에서 출발하기 때문이다. 참된 사랑은 상대방의 마음을 헤아리게 한다. 그것이 경청의 시작이다. 내 생각과 관점을 잠시 접어두고 상대방 속으로 들어가 그 마음을 이해해보아야 한다. 말하는 능력도 중요하지만 그에 못지않게 듣는 능력도 중요하다.

그러면서 '왜 아이가 나에게 이런 말을 하는가? 진정으로 하고 싶은 말은 뭘까?'에 대해 고민해보면 대화는 이어진다. 그 과정을 통해 현재의 고민은 무엇인지, 학교에서는 어떤 학생인지, 미래에 대해 어떻게 생각하는지, 성적은 어떤지, 무엇을 도와줘야 하는지 등을 추측해낼 수 있다. 안내자로서 부모는 아이의 상황을 가장 먼저 알아야 한다. 서로 소통하며 어떤 상태인지 파악할 수 있다.

2012년 한국인 최초로 하버드대학교를 수석 졸업한 진권용 씨는 수석 졸업의 영광 뿐아니라 최우등 졸업생(모든 학업 분야에서 상위 5퍼센트), 최우수 졸업 논문에 뽑혔으며 경제학과 수석을 차지했다. 그는 부모님에 대해 묻는 질문에 이렇게 대답했다.

"내 성격이 좋아하고 원하는 건 아주 열심히 하는데, 남이 강요해서 억지로 하면 성과가 잘 나지 않는다는 걸 일찌감치 간파하신 것 같다. 대신 결과에 대한 책임도 스스로 지라고 말씀하셨다."[8]

▼ 자녀와 대화할 때 부모가 주의해야 할 사항

**해주면 좋은 말**

- 양보다 질을 칭찬하라

- 결과보다 과정을 칭찬하라

- 스스로 노력한 것을 인정해주라

- 자녀의 선택을 믿고, 자녀의 마음 자체를 믿어주라

**해서는 안되는 말**

- 부모의 기분에 따라 야단치지 마라

- 이전의 잘못까지 거슬러서 야단치지 마라

- 가능성의 싹을 자르지 마라

- 자녀의 마음에 상처를 주지 마라

## 가족끼리 토론하기 - CEDA 토론

감정적인 대화도 중요하지만 아빠가 아이와 대화를 해야 하는 이유는 또 있다. 그것은 아빠가 대화에 참여함으로써 가족끼리 토론이 가능해지기 때문이다.

최소 세 사람만 있어도 가능한 토론 방식이 있다. 교차조사형 토론이다. 기존의 토론 형식은 주장과 그에 대한 반박으로만 이루어져 있다. 그래서 주장만 난무하고 상대방의 주장을 듣지 않았다. 그래서 1971년 미국 교차조사형토론협회(Cross Examination Debate Association)는 상호질문, 즉 '교차조사'를 더해 토론 형식을 만들었다. 협회의 이름을 따 '세다(CEDA)'라고 하기도 한다.

▼ 교차조사형 토론의 진행 절차[9]

| 순서 | 토론자의 역할 | 발언 시간 | | |
|---|---|---|---|---|
| | | ①안 | ②안 | ③안 |
| 1 | 찬성 측 A의 입론 | 9분 | 6분 | 4분 |
| 2 | 반대 측 B의 교차조사 | 3분 | 3분 | 2분 |
| 3 | 반대 측 A의 입론 | 9분 | 6분 | 4분 |
| 4 | 찬성 측 A의 교차조사 | 3분 | 3분 | 2분 |
| 5 | 찬성 측 B의 입론 | 9분 | 6분 | 4분 |
| 6 | 반대 측 A의 교차조사 | 3분 | 3분 | 2분 |

| | | | | |
|---|---|---|---|---|
| 7 | 반대 측 B의 입론 | 9분 | 6분 | 4분 |
| 8 | 찬성 측 B의 교차조사 | 3분 | 3분 | 2분 |
| 9 | 반대 측 A의 반론 | 6분 | 4분 | 3분 |
| 10 | 찬성 측 A의 반론 | 6분 | 4분 | 3분 |
| 11 | 반대 측 B의 반론 | 6분 | 4분 | 3분 |
| 12 | 찬성 측 B의 반론 | 6분 | 4분 | 3분 |
| 숙의 시간(팀당) | | 20분 (팀당 10분) | 10분 (팀당 5분) | 6분 (팀당 3분) |
| 총 소요 시간 | | 92분 | 62분 | 42분 |

①안: 미국CEDA협회 표준형 ②안: 전국대학생토론대회용 ③안: 대학 토론수업용

교차조사형 토론은 상대방의 주장이 끝날 때마다 상대방에게 주장에 대한 질문을 하는 시간을 가진다. 양측이 상대방의 주장에 대해 확인, 검증 후 반박하도록 한 것이다. 이러한 식의 토론은 초·중학생들에게 말하기, 듣기 능력을 동시에 높여줄 수 있다. 타인의 말은 잘 듣지 않고 자신의 주장을 앞세우려고 하기 때문이다.

무엇보다 이 방식의 토론은 최소 3명만 있으면 진행될 수 있다. 아이가 한 명이라고 해도 엄마와 아이가 각 찬성/반대의 팀을 맡고 아빠가 사회자가 되면 가능하다. 아빠는 사회자로서 아이가 자신의 생각을 잘 풀어놓을 수 있게 도울 수 있다. 정리를 하지 못하거나, 생각을 해내지 못하면 적절한 힌트를 줘서 아이가 스스로 해낼 수 있도록 해야 한다. 그리고 상대편의 말을 듣지 않고 자신의 말만 하려고 할 때 듣는 태도에 대해서 알려줄 수도 있다.

## 아빠가 책을 읽어주면 더 좋다

2015년 미국 하버드대학교 연구팀은 미국 저소득층 가정을 아빠가 책을 읽어주는 가정과 엄마가 책을 읽어주는 가정으로 나누었다. 그리고 아이의 이해력, 어휘력, 인지 발달 등을 조사했다.

결과는 '**아빠가 책을 읽어주는 것이 더 효과가 좋다**'는 것이었다. 아빠가 책을 읽어준 아이는 어휘 발달 테스트에서 높은 점수 향상을 보였다. 지식, 유아 언어, 인지 발달 면에서도 높은 점수를 받았다. 엄마가 책을 읽어준 아이 역시 어휘 발달 테스트에서 높은 점수를 보였지만, 아빠가 읽어준 아이보다 눈에 띄게 점수가 오르지는 않았다. 또한 인지 발달 면에서는 긍정적 영향을 보여주었지만 다른 면에서는 큰 상관관계를 보이지 않았다.

놀라운 것은, 조사 대상이 된 엄마들의 50퍼센트 정도가 매일 아이들에게 책을 읽어준 데 반해 아빠들은 29퍼센트만 매일 아이에게 책을 읽어줬다는 점이다. **빈도와는 무관하게 책은 아빠가 읽어주는 것이 더 좋았다.**[10]

## 04  극성 아빠는 왜 필요한가?

아 빠 효 과

> "부모의 장기적인 시야가
> 자녀의 꿈을 결정짓는 중요한 요소가 된다."
> – 루이 파스퇴르(프랑스의 화학자)

### 모차르트의 아버지와 리처드 파인만의 아버지

왜 아빠인가? 모차르트의 아버지와 리처드 파인만의 아버지를 보자. 모차르트는 다섯 살에 작곡을 시작해서 여덟 살에 공식 석상에서 피아노와 바이올린을 연주했고, 평생 수백 곡에 달하는 많은 작품을 발표했다. 그중 몇몇은 서양 문화의 보물이자 위대함의 상징으로 널리 인정받았고, 이 모든 것을 35년이라는 짧은 기간에 이루었다.

모차르트의 아버지 레오폴트 모차르트는 유명한 작곡자이자 연주자였고, 뛰어난 음악 교육자였다. 그가 펴낸 바이올린 교습서는 수십 년 동안 그 권위를 인정받았다. 모차르트는 세 살부터 아버지에게 강도 높은 훈련을 받았다. 어린 모차르트는 대위법과 화성을 포함해 음악에 관한 모든 것을 배웠다. 레오폴트는 아들의 음악적 발달에 도움이 될 수 있는 사람이라면 모두 만나게 했다.

게다가 모차르트는 누구보다 열심히 연습하고 노력했다. 28세 때는 너무 많이 연습하고, 연주하고, 작곡하느라 손을 쓰기 어려워졌을 정도다. 위대한 모차르트 뒤에는 혹독한 훈련과 교육을 시켰던 극성 아빠가 있었다. 모차르트가 쓴 초기 악보들은 모두 아버지 레오폴트가 고친 것이었다. 뛰어난 음악가였던 레오폴트는 아들을 가르치기 시작하면서부터 작곡을 그만두고, 말하자면 전업교육자로 나섰다.

아인슈타인과 함께 20세기 최고의 물리학자로 불리는 리처드 파인만도 마찬가지다. 파인만은 아버지에게서 많은 영향을 받았다. 파인만의 아버지는 파인만이 태어나기도 전에 아들이 태어나면 과학자가 될 것이라고 아내에게 종종 말했다. 파인만이 태어나자 자신만의 방식으로 교육에 힘썼다. 어린 파인만에게 질문을 통해 생각하는 힘을 가르쳐주고자 했다. 파인만을 무릎에 앉혀놓고 백과사전을 읽어줬다. 실감나고 흥미진진하게 설명해주려고 애를 썼다. 파인만은 아버지를 기억하면서 "강요나 억압은 전혀 없었고 단지 흥미롭고 사랑이 깃든 대화"[11]가 있었다고 말한다.

세계적인 교육학자인 벤자민 블룸이 사람이 성공하는 데 중요한 환경적 요소에 대하여 체계적인 조사를 한 적이 있다. 다양한 분야의 미국 최고 젊은 인재들과 그들의 부모를 집중 인터뷰했다. 결과는 그들의 가정 환경에 상당한 공통점이 있는 것으로 나왔다. 부모들은 배경이나 직업, 수입 등 여러 가지 차이가 있었지만 뛰어난 자녀를 둔 가정의 공통점은 그들 가정에서 모두가 '자녀를 최우선으로 생각한다'는 점이었다. 자녀들은 가정의 중심이었고, 자식을 위한 일이라면 부모들은 어떤 일이든 기꺼이 감수할 준비를 하고 있었다. 그리고 평상시 자녀교육에서 '뛰어나기, 최선을 다하기, 열심히 하기, 시간을 건설적으로 보내기' 등을 항상 강조했다. 그리고 그 가정의 최전선에는 아빠가 있었다.

**아빠의 깊은 관심으로 자녀교육이 선다**

최상위권 학생들의 공통점 가운데 하나는 아빠가 아이의 공부에 깊은 관심을 두거나 직접 관여한다는 것이다. 자주 아이들과 함께 한다. 교육 1번지 대치동에서는 고등학생 딸과 아빠가 손잡고 다니는 모습을 자주 볼 수 있다. 부모와 자식과의 관계가 좋은 것이다. 아빠들이 굉장히 가정적이다. 늦게까지 학원에서 공부하는 학생을 데리러 오는 사람도 주로 아빠다. 밤에는 불안하니까 집이 가까워도 온다.

게다가 대체적으로 이런 아빠들의 학벌이 높다. 학벌이 좋은 부모가 학벌을 대물림한다는 것은 통계를 통해 찾아볼 수 있다.

학벌이 대물림되는 것은 사교육비 때문이 아니다. 교육에 대한 자세 때문이다. 아버지가 고학력일수록 자녀교육에 적극적이다. 2016년 한국인구학회가 통계청 자료를 이용해 초중고 재학생 6,408명의 하루 평균 학습 시간을 분석한 결과 아버지의 교육 정도에 따라 60~150분 정도의 차이가 났다.

아빠의 교육 수준이 중학 이하인 초등학생 자녀의 총 학습 시간은 하루 275분, 대학 이상 학력을 지닌 아빠를 둔 경우의 학습 시간은 347분으로 70분가량 차이가 났다. 고등학생 자녀의 경우 아빠 교육 수준이 중학이하일 경우 380분, 대학 이상일 경우 538분으로 158분이나 차이가 났다.[12] 이 결과에 의하면 학력 수준이 높은 아빠일수록 자녀교육에 적극적임을 알 수 있다.

아빠의 학업 능력은 아이들의 교육에 큰 영향을 미친다. 아빠가 영향을 미치면 집안 전체가 교육에 몰입할 수 있다. 엄마들이 나서는 경우도 아빠가 깊이 관심이 있기 때문인 경우가 많다.

소위 말하는 엄마의 '치맛바람'에는 두 종류가 있다.
첫째, 아빠의 영향으로 엄마가 나서는 경우.
둘째, 엄마 혼자서 집안의 경제력을 바탕으로 나서는 경우.

첫 번째 경우보다 두 번째 경우가 실패확률이 크다. 경제력은 아빠의 빈자리를 메울 수 없기 때문이다. 강남에서도 부자가 서울대를 많이 가는 것이 아니고, 아빠의 학력이 높은 아이가 서울대를 많이 간다. 다른 지역도 마찬가지다. 그런데 학력이 높은 아빠들 중의 상당수가 돈을 잘 벌기 때문에 부잣집 아이가 대학을 잘 가는 것처럼 보인다. 강남에서도 대치동보다 경제력이 압도적으로 우세한 지역이 많다. 그러나 대학을 잘 보내는 건 학벌이 높은 대치동이다.

## 서울대 아빠가 서울대에 자식 보낸다

서울대 사회과학연구원 김광억 교수 연구팀은 1970년부터 34년 동안의 서울대 사회대에 입학한 12,500명의 자료를 토대로 가정 환경과 출신 지역 및 출신고를 분석했다. 이에 따르면 2000년 의사, 변호사 등 전문직과 4급 이상 고급공무원, 대기업 부장 이상 등 고소득 직군의 아빠를 둔 학생의 입학률은 1만 명당 37명이었다. 그렇지 않은 계층의 2.2명에 비해 무려 16.8배였다. 부모가 고학력일수록 자녀가 서울대에 입학하는 비율도 높게 나타났다. 고졸 아빠를 둔 신입생보다 대졸 출신 부모의 자녀 비율이 3.9배나 높았다.[13]

'2013학년도 서울대 신입생 특성조사' 결과에 따르면 신입생 중 대졸 이상 아빠의 비율이 83.1퍼센트, 대졸 이상 엄마의 비율이 72퍼센트였다. 이는 통계청에서 실시한 2010년 인구총조사 20세 이상 대졸 비율이 43.2퍼센트인 것과 비교할 때 월등히 높은 수치이다.

또 아버지의 직업은 사무직·전문직인 비율이 53.5퍼센트로 가장 높았고, 어머니의 직업은 전업주부가 48.4퍼센트로 가장 높았다.[14]

### 아이의 미래를 독단적으로 정하지 마라

부모의 목적에 따라 아이의 꿈과 미래를 좌지우지하면 안 된다. 공부 습관을 들일 때도 마찬가지다. 학생들의 성향은 저마다 다르다. 한 번에 푹 자는 학생이 있고, 토막잠을 자는 학생도 있다. 문과 공부를 잘하는 체질이 있는가 하면, 이과 공부를 잘하는 체질도 있다. 순순히 부모의 말을 잘 따르는 아이도 있고, 쇠고집을 가진 아이도 있다. 수학을 좋아하는 아이도 있고, 책 읽기를 좋아하는 아이도 있다. 미술, 음악과 같은 예체능을 좋아하는 학생도 있다. 이러한 아이들의 특성을 고려해서 가장 가까이서 돌볼 수 있는 사람은 부모뿐이다.

아래 A와 B 둘 다 의대를 보내고 싶어 하는 부모의 이야기다. 그러나 어느 쪽이 더 확실한 동기부여가 되겠는가?

A : "사람에겐 무엇보다 돈 벌고 안정을 이루는 게 최고야! 한국에서는 의대 졸업해서 의사되는 게 제일 확실하게 성공하는 거야!"

B : "질병으로 고통 받는 사람들을 도우면 좋지 않을까? 할머니도 눈이 안 좋으신데, 네가 치료할 수 있으면 멋지지 않겠니?"

그래도 대화라도 나누는 부모면 다행이다. 공부의 과정에는 참여하지 않으면서 결과만 요구하면 다음과 같이 된다.

"허구한 날 집구석에서 애들 공부도 못 봐주고 뭐하나?"

"남들보다 뭐가 부족해? 돈 들여 학원에 과외까지! 왜 성적은 그 모양이야?"

자주 틈을 내서 많은 대화를 해야 한다. 대화를 많이 하다 보면 자연스럽게 아이에게 꿈이 생기고 무언가 하겠다는 목표가 생긴다. 동기부여도 과정중심으로 해야 잘 받아들여진다. 의사가 되든 교육자가 되든 공무원이 되든 사회에 기여할 수 있고 뜻 있는 일을 한다는 것을 알게 해줬을 때, 아이들은 꿈을 가지고 노력하게 된다. 아이들은 '돈'이나 '돈에 대한 희망' 만으로는 결코 근본적으로 움직이지 않는다.

### 티칭(teaching)형 아빠, 코칭(coaching)형 아빠

티칭과 코칭은 다르다. 최근 '육아 코칭', '아빠 코칭' 등의 교육 프로그램이 각종 단체나 센터 주최로 열리고 있다. 웹사이트에 검색만 해도 수십 개가 쏟아져나온다. 왜 '티칭'이 아니라 '코칭'일까?

코칭은 코치가 코치 받는 사람의 파트너가 되어 상호 지속적인 협력 관계를 이루어 코치 받는 사람이 스스로 목표를 설정하고 해결해가며 발전할 수 있도록 돕는 것이다. 즉, 코치는 코치받는 사람이 자신의 잠재 능력을 발견하고 그것을 개발할 수 있도록 도와준다.

1971년 하버드대학 테니스부 주장이었던 티모시 갤웨이는 초보자들을 지도할 때, 기술만 가르치는 것이 아니라 잠재 능력을 일깨워주기 시작했다. 그러자 흥미도도 높아지고 실력 또한 빠르게 향상되었다.

코칭의 전제는 다음과 같다. "우리에게는 태어날 때부터 모든 것이 갖추어져 있다." 누구나 어떠한 잠재력을 가지고 있음을 믿는 것이다. 잠재력은 내부의 '자기방해'에 의해 발현되지 못하고 있을 뿐이다. 누군가에게 주입된 편견, 왜곡된 신념, 두려움, 자기부정 등은 우리가 행동할 수 없게 만든다.

코칭은 '자기방해'의 요인을 제거한다는 목적으로 시작한다. 다만 문제를 해결하는 것은 코치가 아니다. 코치는 다만 그들이 발견하지 못한 것을 발견하도록, 이미 알고 있는 것을 깨닫도록 도와준다. 그래서 코치의 질문은 코치 받는 사람에 대한 것들이다. 그 사람이 자신의 내면에 귀 기울일 수 있도록 한다. '네가 가장 좋아하는 것은 뭐니?' '더 노력해야 할 부분은 무엇일까?'

갤웨이는 **"코칭은 성과를 극대화하기 위해 묶여있는 개인의 잠재 능력을 풀어주는 것이다. 사람들이 코치의 가르침에만 의존하지 않고 스스로 배우도록 도와주는 것이다."**[15]라고 말했다.

코칭은 티칭, 멘토링과 헷갈릴 수 있다. '티칭'은 교사가 수강자에게 지식이나 정보를 제공하는 것이다. '멘토링'은 선경험자로서의 조언과 충고를 통해 지도한다. '코칭'은 스스로 해결 방식을 찾아내도록 질문 혹은 대답을 해주면서 지도하는 방식이다. 일방적인 가르침이 아니다.

# 05 과정중심의 아빠의 역할

아 빠 효 과

> "우리의 말보다 우리의 사람됨이
> 아이들에게 훨씬 더 많은 가르침을 준다.
> 그래서 우리는 우리가 아이들에게 바라는 그 모습이어야 한다."
> —조셉 칠턴 피어스(미국의 저술가)

**아빠와 엄마의 역할 분담이 필요하다**

안정적으로 과정중심적 생활을 잘 하는 아이들이 있다. 운이 좋아서나 제도의 허점을 이용해서가 아니고 진짜 실력이 좋아서 좋은 학교로 가는 학생들이 있다. 이런 애들은 모두 뒤에 아빠가 있다. 그런데 자녀교육을 하다 보면 누군가는 악역을 맡아야 한다.

이때 만약 아빠가 악역을 맡는다면 엄마는 아빠를 믿고 있어야 한다. 진짜로 아빠가 잘못됐다고 생각하면 안 된다. 아빠가 직접 아이의 공부에 개입하려고 악역을 맡으면 엄마는 아이의 지지 기반이 되어야 하고, 그게 아니면 엄마가 악역까지 도맡아야 한다. 가장 좋은 것은 부모가 미리 역할 분담을 하는 것이다. 한 명은 악역이고 한 명은 감싸줘야 한다. 이때 말이 이중적이면 안 된다. 엄마가 '아빠가 잘못됐어' 하면 안 된다. '아빠도 얼마나 힘들겠어' 하면서 자녀를 다독여줘야 한다. 아빠가 콜라를 못 먹게 하면 엄마가 한 잔 줄 수는 있지만, 몰래 줘야 한다. 아빠가 보는 데서 주면 아빠가 잘못되었다고 반증하는 것이기 때문이다.

을지병원 정신건강의학과 방수영 교수는 "부모가 서로 엇갈린 메시지를 주면 아이는 혼란을 느끼며 불안해한다. '눈치 보는 아이'로 자라기 십상이다. 부모의 생각이 다르더라도 아이에게는 일관된 메시지와 규칙을 제시하도록 노력해야 한다."[16]고 말한다.

**아빠와 엄마가 함께 호흡하라**
지적능력 향상에는 아버지와 대화하는 것이 훨씬 더 좋다. 대체적으로 엄마는 주관적인 입장에서 이야기를 많이 하고, 아버지는 객관적인 입장에서 이야기를 많이 한다. 게다가 아빠는 사회를 중심으로 아이를 본다. 아이가 사회에 적응을 할까 말까, 경쟁에서 이길 수 있을까를 본다. 그러니까 객관적으로 아이에게 부족한 걸 본다. 그러나 엄마는 잘못 본다. 그래서 아빠가 교육과정에 개입해야 한다.

결국 아이 교육을 위해서는 부모가 같이 호흡해야 한다. 엄마가 아이의 아픈 것을 봐주고, 아빠는 아이 상태를 객관적으로 보고 진로를 잡아주는 역할을 해야 한다. 이렇게 해야 성공할 수 있다.
만약 아빠 혼자서 밀어붙이면 아이가 탈선할 확률이 높아진다. 정서적으로도 그렇다. 그래서 아빠가 악역이면 엄마는 아이들에게 화를 내서는 안 된다. 엄마가 화를 내면 집에 아이의 설 자리가 없어진다. 엄마는 언제나 버팀목이어야 하고 아이가 무슨 잘못을 해도 엄마는 항상 내 편이라는 믿음이 있어야 한다.

특히 본격적으로 공부가 시작되는 중학교에 가서는 아빠는 악역을 담당해야 한다. 공부를 시켜야 되니까.

### 아빠가 중심을 잡는 과정중심 공부

과정중심 공부에서는 아빠가 중심을 잡는 것이 가장 중요하다. 사정상 아빠가 힘들다면 엄마가 나서야 한다. 엄마가 과정중심 공부에 동참하지 않아도 위험하다. 왜냐하면 공부하는 학생과 가장 많은 시간을 함께하는 건 주로 엄마이기 때문이다.

이제는 최상위권 학생이 되었지만 몇 년 전만 해도 최민상 군의 엄마는 과정중심 교육을 생각하지 않았다. 그렇다고 성적과 결과만 신경쓰는 결과중심인 교육을 하지도 않았다. 유복하게 자란 환경 때문에 아이가 공부를 잘해야 한다는 생각을 하지 않았다. 과정중심으로 교육시키기를 원했던 아빠는 엄마와 합의를 했다. 그리고 자신의 삶과 교육에 대한 가치관을 이렇게 설명했다.

"나에게 소중한 것이 당신에게는 그렇지 않을 수도 있다. 하지만 나는 아이 교육 문제만큼은 최선을 다해야 한다고 생각한다. 내가 다니는 회사에 회장 동생이 함께 다니는데 벤츠를 탄다. 당신도 알다시피

내 차는 엑셀이다. 하지만 나는 이렇게 생각한다. 그 사람의 1억 원짜리 벤츠는 부모 돈으로 산 것이고, 내 1천만 원짜리 엑셀은 내가 번 돈으로 샀다. 내가 땀 흘려 노력한 대가로 산 1천만 원짜리 차가 벤츠보다 훨씬 가치 있고 소중한 차라고 생각한다. 나는 내 자식에게 벤츠를 살 수 있는 돈을 물려주기보다 벤츠든 엑셀이든 자신의 힘으로 살 수 있는 수단인 교육을 물려주고 싶다."

결국 엄마도 동의를 했다. 남편의 생각에 동의하다 보니 남편의 교육 방식도 따라가게 됐다.

## 대치동 최상위권 학생의 공부에는 아빠가 개입한다

대치동 최상위권 학생들에게 특별한 공통점이 있다. 아빠가 공부에도 깊게 개입한다. 중학생 정도만 되어도 사춘기가 본격적으로 시작되기 때문에 엄마 혼자서는 통제가 되지 않는다. 엄마는 아이가 힘들어하면 본인이 더 힘들어한다. 엄마에게는 자기 아이가 세상의 중심이다. 아이를 중심으로 세상을 보기 때문에 애가 힘들면 자기도 힘들다. 이 때문에 아이들은 엄마가 무섭지 않다는 걸 안다.

최상위권 학생인 강민호 군은 수업에 집중하기로 소문이 나 있다. 왜 그런가 보니 아빠가 학교 생활에 충실하는 것을 철칙으로 여겼기 때문이었다. 집안 분위기가 그렇게 형성된 것이다. 학교 생활에서 허튼 짓하는 걸 용납하지 않았다. 식사할 때도 주된 소재는 오늘 수업에 충실했는지, 오늘도 선생님께 예의를 지키고 학교 생활 열심히 했는지 확인하는 것이었다.

아빠는 학창 시절 수업시간에 단 한 번도 졸아본 적이 없다는 사실을 수시로 강 군에게 이야기했다. 수업시간에 친구들이랑 잡담해본 적도 없다고 강조했다. 학교에 충실하고 수업에 열중하는 자세가 몸에 밴 것이다. 군사부일체, 아니 좀더 나아가 '군>사>부'의 순서로, '나라가 첫째, 스승님이 둘째, 아빠가 그 다음'인 유교적 충실성을 교육시켰다.

이런 절대적 기준이 가풍으로 내려오고 있었다. 강 군이 수업에 철저히 집중하고 학교 생활에 충실한 건 너무나 당연한 일이었다. 강 군의 성적이 우수할 뿐만 아니라 수업 태도가 바른 건 두말할 나위가 없는 사실이다.

### 학원 사용 Q & A

**부모가 맞벌이라면 어떻게 하는가?**

**A1. 할 수 있는 만큼 최대한 해라**

여건이 되지 않아도 최소한 채점을 해준다거나 외울 때 함께 봐준다거나 하는 식으로 관심을 가지는 것이 아이에게도 자극과 위로가 된다. 낮 시간에 함께 해줄 수 없다면 퇴근 후에, 퇴근이 늦다면 밤에라도, 새벽이 되어서야 집에 들어온다면 아침 식사를 함께 하면서, 정 여건이 되지 않는다면 수시로 통화를 하거나 편지를 써서라도 아이에게 '언제나 함께하고 있다'는 메시지를 전해야 한다. 커다란 동기부여가 된다. 동기부여를 위해 특별한 일을 할 수 없다면 대학생 과외를 2~3개월 시키는 것도 하나의 방법이 될 수 있다. 공부 외에도 대학 생활을 많이 얘기해달라고 부탁하면 동기부여에 도움이 된다.

**A2. 좋은 학원을 찾아 보내라**

학원, 선생님 등을 붙이는 것도 방법이다. 학원이 긍정적인 면은 바로 이때 생긴다. 사실 긴장을 지속시키는 데에 또래와의 경쟁만 한 게 없다. 열심히 하는 아이들이 모인 학교, 학원, 모임에 보내는 것은 동기부여에 도움이 된다. 또한 부모와 아이가 마찰이 많다면 수시로 완충 역할이 필요할 때가 있다. 사교육이 나쁘다고 아예 보내지 말자는 게 아니다. 학원 선택은 잘해야 한다. 보내려면 좋은 학원을 찾아서 보내야 한다. '학원 사용 설명서'가 필요하다.

## A3. 학원 사용 설명서

① **먼저 교육관을 봐야 한다.** 성과만 보는 것은 해가 된다. 공부가 아니라 생활을 봐주는 학원에 보내는 것이 가장 좋다. 품성으로 접근해서 학생과 학부모와 학습 방향에 대해 공유하는 학원이 좋은 학원이다.

② **학원은 소문 듣고 가서는 안 된다. 반드시 원장과 상담을 해봐야 한다.** 학원은 학생들을 예뻐하고 부모와 교육관이 맞아야 한다. 학원을 다니면서도 불필요한 정례 상담이 아니라 아이에 대한 꾸준한 관심을 바탕으로 한 심층 상담이 되어야 한다.

③ **구체적인 피드백이 되어야 한다.** 공부 얼마나 했느냐가 아니라 시간을 성실하게 보냈는지 공유해주는 학원을 보내야 한다. 적어도 매 수업에 대해 배운 내용을 이해하고 있는지에 대한 피드백은 있어야 한다. 그렇지 않은 학원에 보내는 것은 CCTV 없는 어린이집에 아이를 맡기는 것과 다름없다.

과정중심 부모 교육 지침서 7

### 13. 아빠를 끌어들여라, 본격적으로 역할분담하라!

대치동이 아니라면 아빠가 아이의 교육에 개입하고 있는 집은 드물다. 초등학교 때까지는 관심을 조금 가지다가 아이가 본격적으로 공부를 시작하고 사춘기를 맞으면 개입은커녕 서먹해지기까지 하는 경우도 있다.

그러나 아빠를 끌어들여야 한다. 엄마 혼자서 아이를 컨트롤하기는 힘들다. 당근과 채찍의 역할을 혼자서 수행하는 것에는 한계가 있다. 이성적인 조언자와 감정적인 지지자, 엄한 관리자와 무조건적인 아이 편을 함께 할 수는 없다. 아이도 혼란스러워하고, 엄마도 지친다. 아빠와 아이의 정보와 상태를 공유하고 상의해라.

### 14. 가족 활동을 늘리고 늘 대화하라

아침을 먹으면서, 집에 돌아와 거실에서, 차 안에서 침묵하지 말아라. 늘 대화를 하고 근황을 공유하는 것이 좋다. 침묵이 일상인 가족관계에서 아이는 고민거리를 '마음먹어야' 말할 수 있다.

영화를 보러가든, 가볍게 나들이를 가든 가족 활동을 늘리면 대화도 는다. 그러는 와중에 엄마와 아빠의 생각도 아이에게 자연스럽게 전달이 된다. 아이의 근황이나 고민거리, 친구관계 등도 특별히 물어볼 것 없이 알게 된다. 이런 문화에서 큰 아이는 표현하는 데에 거리낌이 없어지고 자신감이 생기며, 타인의 말도 들을 줄 알게 된다.

# 8장

# 대청중학교의 8가지 비밀

**INTRO** '대청중'을 다르게 만드는 비밀은?

1. 대청중학교는 공부 환경이 다르다
2. 대청중학생들은 학교 생활이 다르다
3. 대청중학생들의 학부모가 다르다
4. 대청중학생들은 아빠가 다르다
5. 대청중학생들은 집안 문화가 다르다
6. 대청중학생들은 공부 방식이 다르다
7. 대청중학생들은 시간 관리와 습관이 다르다
8. 학생과 부모님의 학원 선생님에 대한 개념이 다르다

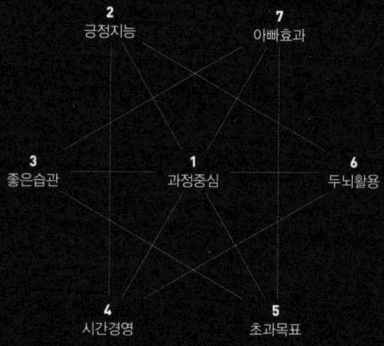

**INTRO** '대청중'을 다르게 만드는 비밀은?*

강남구는 서울지역 학업성취도평가에서 최고 수준이다. 그 곳에서도 대치동은 '강남 속의 강남'으로 전국에서 손가락을 꼽을 정도로 최상위 실력이다. 대치동의 핵심에 대청중학교가 있다.

대치동 비밀의 핵심은 대청중학교에서 찾을 수 있다. 대청중 학생들의 학업역량은 전반적으로 뛰어나고 공부 의지도 강하다. 대청중학교 학부모들은 남다르다. 학생과 학부모들의 자발적인 노력. 대청중학교 선생님들을 비롯한 구성원들의 헌신이 더해져서 더욱 강력한 '대청중학교의 힘'을 만들어가고 있다. 대청중학교 학생들은 고3 수험생보다 더 치열하게 공부한다. 공부로 그들을 이기는 건 결코 쉽지 않다.

대청중학교 학생과 학부모들은 어떻게 살아가는가? 대청중학교 학생들은 왜 공부를 잘하는가? 대청중학교 학생들은 무엇이 다른가?

*이 글 중후반부의 대화체에서 말하는 이의 주체는 이 책의 공저자 중 한 명인 이정현 선생이다.

비 밀　1

# 대청중학교는 공부 환경이 다르다

"큰 물고기는 큰 강에서 잡힌다."
– 유대인 속담

### 30년 넘은 낡은 아파트 '우성, 선경, 미도'에 오는 이유는?

대청중학교 학생들이 주로 거주하는 우성(83.12), 선경(83.12), 미도(83.12) 아파트는 30년이 훨씬 더 된 아파트다. 편의시설이 좋지도 않고, 아파트 주차환경은 열악하다. 그럼에도 매매가는 물론 전세가도 아주 비싸다. 그 이유는 바로 학교 배정이다. 이 세 군데 아파트에 다니는 아이들은 대치초등학교, 대청중학교로 배정받는다. 공부 환경이 좋으니 이 학교에 입학하기를 원하고, 낡은 아파트라도 가격이 높다.

### 확실한 면학 분위기가 조성된 대청중학교

대치동은 공부 잘하는 학생을 인정해준다. 최상위권 학생이었던 윤정환 군은 다른 지역에서 살다가 초등학교 5학년 때 부모님과 함께 대치동으로 전학을 왔다. 대치동에 온 후 첫 시험에서 2등을 하고 그 이후엔 계속 1등을 했던 윤 군은 이전과는 다른 주변의 반응에 놀랐다. 이전 동네에서는 공부를 잘하면 약간의 질시를 당하는 분위기가 있었는데 대치동에서는 공부 하나만 확실히 잘해도 주변 친구들에게 충분히 인정받았다.

이전 학교에서 공부를 제대로 하기 위해서는 고군분투해야 했다. 공부 안 하고 놀고 싶어 하는 친구들에 휩쓸리지 말아야 했기 때문이다. 그러나 대치동에 오니 주변 친구들이 다들 너무나 열심히 공부했다. 분위기에 휩쓸려서라도 안 할 수 없었다. 이전 학교에선 쉬는 시간에 공부하면 유난스럽다는 반응도 있었으나 대청중학교에서 쉬는 시간에 공부하는 모습은 자연스러운 일이다.

아이들에게 가장 많은 영향을 주는 건 동급생과 선후배다. 학교 마치고 같이 PC방 가자는 친구가 있고, 공부하러 독서실 같이 가자는 친구가 있다. 열심히 공부하는 친구와 공부하는 데 옆에서 노는 친구 중 어떤 친구가 동기부여가 되겠는가?

### '공부하고 싶은 마음'이 저절로 생긴다

머리가 정말 좋은 학생도 방심하면 성적이 한순간에 추락한다. 다 같이 열심히 하기 때문에 게을리하는 순간 본인이 최고가 아니란 걸 깨닫는다. 이런 상황에서 공부를 하고 싶은 마음이 들도록 해주는 게 가장 중요하다. 그런 이유로 대청중학교 부모님들은 적극적으로 나선다. 좋은 영향을 주고받을 수 있도록 친구들끼리 팀 수업을 만들어주고, 학원을 같이 묶어준다. 아이들에게 맞는 학원 선생님도 찾아준다.

세상에 엄마아빠보다 아이를 더 챙겨줄 수 있는 사람은 없다. 부모님이 바쁘면 방치되는 경우가 많지만 대청중학교 학생들의 부모님들은 경제적인 여유가 있고 전업주부 비율이 높다 보니 아이들 방과 후 관리가 잘된다. 부모님과 함께 보내는 시간이 많으면 비행청소년으로 자라날 가능성이 적다. 대청중학교에는 불량학생의 비율이 현저히 낮다. 불량해도 PC방에 다니는 정도다.

### 프라이드를 가진 대청중학교 선생님과 학생들

대청중학교 선생님들에게는 대청 프라이드가 있다. 우리 '대'청중학교. 명품 '대청'! 이런 생각이 있다. 이런 프라이드가 공부 환경을 만든다. 다른 학교에서 근무하던 보통 선생님도 대청에 오면 변한다. 시험 문제를 진짜 쉽게 낸다고 기대했던 선생님이 있는데 대청에 오면 달라진다.

"우리 애들은 이 정도는 할 수 있어!"

시험 문제도 훨씬 더 연구해서 낼 뿐더러 학생들에게 요구하는 것도 많아진다. 학생들이 우수하니 다양한 시도를 많이 해보게 된다. 선생님도 대청중학교의 수준에 맞도록 더 노력하게 되는 것이다.

대청중학교 학생들도 학교에 대한 프라이드가 강하다. 반에서 3등을 하더라도 다른 학교에선 전교 1등을 할 수 있다는 자신감이 있고 실제로 다른 학교 시험지를 풀어보면 쉽게 맞출 수 있기 때문이다.

비 밀 2

# 대청중학생들은 학교 생활이 다르다

"배움은 꿀처럼 달다"
– 유대인 속담

**성적 양극화에 좌절하지 않고 기초부터!**

대청중학교 역시 공부 수준의 양극화는 있다. 상위 그룹은 수준 차이가 별로 없을 정도로 다들 아주 뛰어나지만 하위권도 두텁게 형성되어 있는 장구형 구조다. 중간층이 별로 없다고 할 수 있다. 외지에서 온 학생들이 적응을 못하는 경우도 많기 때문이다.

원래 자신이 다니던 학교에서 반에서 1등은 기본이고 전교에서 최상위권이다가 대치동으로 왔더라도 중간 이하로 처지는 경우가 많다. 이때 결과중심 부모는 그 사실을 인정하지 못한다. 성적에 심하게 실망하면 전학을 가버리기도 한다. 하지만 교육열이 높은 과정중심 부모는 자신들이 우물 안 개구리였다는 것을 인정하고 학생과 진지하게 상의한다.

'이제 어떻게 하면 좋을까?'

그리곤 차근차근 단계를 밟아 올라간다. 기초를 튼튼히 하면서 과정 중심으로 공부를 하는 학생은 시간이 지나면 반드시 성적이 오른다.

### 수업에 집중하고 필기에 열중하며 공부 습관을 잡는다

대청중학교 상위권 학생들은 선생님 말씀을 우스갯소리까지 다 받아 적는다. 무슨 농담을 했는지 기억할 수 있을 정도로 꼼꼼히 필기를 하면 다시 책을 읽을 때 배웠던 모든 부분을 떠올릴 수 있기 때문이다. 그리고 선생님이 유난히 길게 설명한 부분이 있다면 그것 역시 따로 체크를 한다. 거기서 시험 문제가 나올 수도 있기 때문이다. 길게 설명한 부분에서 힌트가 나올 수도 있다.

학원에서는 교과서를 정기적으로 한 번씩 걷는다. 교과서를 살펴본 후, "너 되게 잘했다, 여기서 시험 나오겠다." 이런 식으로 대하면 학생도 신을 낸다. 그러면 다음 달에도 해온다. 시험기간에는 일주일 단위로 걷는다. 이렇게 훈련이 된 학생들은 고등학생이 되면 수업시간에 졸지 않고 필기하는 습관이 든다. 3년을 연습한 친구들이니까 공부 습관이 많이 잡힌다.

### 심층적 자기주도 학습 습관을 갖고 있는 학생들

대청중학교의 학생들은 심층적 자기주도 학습이 생활화되어 있다. 교과서 5회독 같은 공부법을 학교가 강요하는 것이 아니고, 학생들이 스스로 한다. 경쟁이 치열하니 그렇게 하지 않으면 상위권에 오를 수조차 없기 때문이다. 치열한 경쟁 속에서 기본 문제는 그야말로 기본 문제고, 핵심 문제도 모두가 맞춘다. 때문에 상위권에 오르기 위해서는 모두가 맞출 수 있는 기본 문제나 핵심 문제뿐만 아니라 지엽적이고 구석에 있는 문제도 풀어야 한다. 구석구석까지 완벽하게 공부하고 외우지 않으면 시험을 잘 볼 수가 없는 이유다. 이렇게 하지 않으면 고득점을 딸 수가 없고 고득점을 받겠다는 자발적인 경쟁이 자연스럽게 치열한 공부를 부르는 것이다.

대청중학교의 경우 학교 시험 자체가 굉장히 어렵다. 다른 학교에 없는 스타일의 공부까지 해야 한다. 예를 들면 국어 과목 같은 경우에는 '다음 중 알맞은 것은? 적절하지 않은 것은?' 이런 문제가 많이 나오는데, 대청중은 그런 문제조차도 'ㄱ~ㅈ 중에서 옳게 고른 것을 짝지은 것은?' 한다.

『토끼전』이 시험 범위에 들어간다면, 교과서에 없는 『흥부전』같이 동일 갈래의 다른 작품이 〈보기〉로 들어가는 식으로 출제된다. 물론 〈보기〉의 지문은 '아동방(我東邦)이 군자(君子)지국이요, 예의지방이라. 십실지읍(十室之邑)에도 충신(忠臣)이 있고, 칠세지아도 효제를 일삼으니~'로 따로 배우지 않은 한자어로 이루어져 있다.

서술형도 대중가요를 〈보기〉로 제시하고 '〈보기〉의 화자 입장에서 토끼와 자라가 공통적으로 한 행위에 대해 여섯 가지 조건에 맞추어 평가하라'고 한다.

논술형 문제까지 제시한다. 그리고 윤동주 시 작품이 교과서에 하나 나오면, 윤동주의 시 6개 정도가 추가로 출제된다. 그렇다보니까 고등학교 공부 스타일로 중학교 문제를 본다. 높은 수준이 요구되고 학생들은 방심할 수 없다. '국어는 이 정도 하면 돼'하는 범위가 점점 넓어진다. 다른 곳의 학생들이라면 2시간 공부할 것을 5~6시간은 해야 비슷한 점수를 받을 수 있다.

비 밀 3

## 대청중학생들의 학부모가 다르다

"어머니란 자식이 말하고 있지 않은 것까지 이해하는 사람이다."
— 유대인 속담

**'대치동의 비밀'은 '대청중학교 학부모의 비밀'**

공부를 잘 시키려면 한마디로 대치동 부모들처럼 하면 된다. 특히 대청중학교 학부모들처럼 하면 된다. 대치동 학생들의 70~80퍼센트가 초등학교 5, 6학년 때 다른 곳에서 온다. 우수한 자녀를 둔 학부모들이 '대청중학교'를 잘 아는 이유는 자녀교육에 대해 꾸준히 관심을 가지기 때문이다.

그들은 자녀의 교육을 위해 의사 엄마가 휴직을 하거나 파트타임 잡을 하면서 학생을 돌보기도 한다. 수행평가 숙제가 '불국사에 대해 써 오라'이면, 대학 교수인 엄마가 중학생 아이를 데리고 주말에 불국사로 간다. 그만큼 교육에 열정적이다.

대청중학교 학부모들은 모여서 좋은 학원을 알아본 후 같이 다닐 친구도 만들어준다. 학생 입장에선 같은 팀 수업을 듣고 같은 학원을 다니게 되니 함께 보내는 시간이 많아지고 결국 그 친구랑 보다 더 친하게 지내게 된다. 학창 시절 친구는 평생 간다고 하는데, 대청중학교 학부모들은 선의의 경쟁을 할 수 있는 긍정적인 관계의 친구를 만들어주기 위해 노력한다.

### 학부모들이 몸으로 모범을 보여준다

'공부해야지! 훌륭한 사람이 되어야지!' 라고 강요하지 않고 직접 행동으로 보여준다.

집에서 TV를 보거나 술을 마시는 아빠보다 자신의 일에 매진하는 아빠의 모습, 드라마나 스마트폰을 보지 않고 책을 읽는 엄마의 모습을 보며 성장한 아이들은 좋은 습관이 생긴다.

부모님들과 신문이나 책을 읽고 토론도 많이 한다. 아이들은 학교나 학원에서 배운 게 있으면 자랑하고 싶어서 집에 가서 부모님이랑 얘기를 한다. 정치, 경제, 사회, 최근에 일어난 이슈에 대해서 공부를 했는데 더 알고 싶으면 저녁 식사 자리에서 부모님에게 질문을 한다. 식탁

위에서 자연스럽게 이루어지는 대화와 토론은 아이의 지적 재산이 되고, 부모님과의 친밀감도 높아지고, 깊어지는 계기가 된다.

### 롤모델이 부모! 습관적으로 부모를 존경한다

대청중학교 학생들에게 존경하는 사람을 물어보면 유명한 사람이 아니라 대부분 부모다. 그들은 성공한 부모나 할아버지, 큰아버지, 이모, 삼촌들로부터 영향을 받고 저렇게 되어야겠다는 생각을 한다. 자신들이 본받고 싶은 롤모델이 가까이 있다 보니 수시로 자극을 받는다. 자연스러운 동기부여가 이루어진다. 오늘은 엄마가 내일은 아빠가. 동기부여는 끊임없이 진행된다. 환경 자체가 다른 길로 빠져나갈 가능성을 원천적으로 차단한다.

비 밀  4

## 대청중학생들은 아빠가 다르다

> "물고기 한 마리 준다면 하루를 살지만
> 물고기 잡는 법을 가르쳐주면 일생을 살아간다."
> – 유대인 속담

### 아빠가 자녀교육에 적극 나선다

특이하게도 대청중학교 학생들은 학원 등록을 하러오거나 상담을 하러 주로 아빠가 온다. 원래 대치동 아빠 출신들도 많다. 예를 들어 아빠는 휘문고등학교를 다녔고, 할머니가 대치동 1세대 엄마였던 경우다. 그럼 이제 할머니가 참여를 하신다. '할카'를 준다. 할머니, 할아버지 카드다. 자녀교육에 대한 열정은 세대를 넘어 끈끈하다.

"학원비는 이걸로 끊어라."

전업주부 엄마들은 오전 시간에 설명회 투어를 다니고 모임을 갖는다. 아빠들은 직장 때문에 설명회 참석이 힘드니까 아내로부터 받은 정보를 토대로 저녁에 상담을 다닌다. 본인이 배웠던 대로 학원을 알아본 후 커리큘럼에 깊게 관여를 한다. 어떤 학원이 자기 아이에게 맞는지 찾기 위해서 오는 거다.

커리큘럼이 좋은 학원은 많다. 그런데 그 커리큘럼이 우리 아이에게 맞는지는 부모님이 가장 잘 안다. 그걸 확인하는 거다. 담당 선생님을 찾아서 일일이 물어보고, 깊은 감사를 표시한다. "이 아이는 부모님이 이렇게 훌륭해서 아이도 예쁘구나!"라는 생각이 들게 한다.

### 학벌을 세습해주려는 아빠들

부자에는 두 가지 종류가 있다. 상속형 부자와 자수성가형 부자이다. 다른 지역에 비해 대치동에는 상대적으로 자수성가형 부자가 많다. 게다가 이 동네 학부모들은 학벌이 특별히 좋다. 예전부터 "선경아파트에서 관직 높음을 자랑하지 말고, 우성아파트에서 학벌 자랑 말라."는 말이 있을 정도로 대치동 학부모의 학벌은 높다. 그들은 학벌을 매개로 성공했기 때문에 학벌을 통해 성공할 수 있다는 경험적 확신이 있으므로 자녀에게 학벌을 유산으로 물려주고 싶어 한다.

같은 강남임에도 불구하고 다른 지역에 비해 대치동 학생들의 명문대 합격률이 월등히 높은 건 단지 강남에 사는 학생들이 대학을 잘 가는 게 아니고 교육에 지대한 관심을 가지는 부모의 아이들이 대학에 잘 간다는 걸 보여주는 사례라 할 수 있다.

### 대청중 아빠들은 자녀들과 많은 시간을 보낸다

대청중학교 학생의 아빠들은 직장이 집에서 멀더라도 주말에만 집에 오는 것이 아니라 가급적 집에서 출퇴근을 한다. 수원, 용인에서 일을 해도 6시에 끝나면 부리나케 집으로 온다. 그리고 아이와 함께 시간을 보낸다. 자신의 일을 하든 아이의 공부를 돕든 공부하는 아이 옆에서 과정을 함께 하는 것이다. 그렇기에 거리에 술 취한 어른들이 보이지 않는다. 이 말은 아버지가 술을 마시지 않고 그 시간에 자신의 아이와 함께 시간을 보내고 있다는 의미다.

비밀 5

# 대청중학생들은 집안 문화가 다르다

"자녀를 엄하게 가르쳐야 한다.
그러나 두려워하게 만들지는 마라."
- 유대인 속담

### 사춘기를 심하게 겪지 않는 아이들

다른 곳에서는 대치동이 지옥 같을 것이라 생각한다. 그러나 정작 대치동 안에서 공부 열심히 하는 학생들은 행복지수가 높다. 무엇보다 부모와 대화가 많고, 주변 사람이 모두 비슷하기 때문에 스트레스도 덜 받는다.

물론 대치동 아이들도 집에서 엄마에게 대들고 학교에서 친구들이랑 부모 흉도 본다. 그런데 다른 집 이야기도 듣다 보니 자기 엄마는 거의 천사에 가깝다는 걸 알게 된다. 우리 엄마를 능가하는 '원단마녀'가 친구들 집에 있다는 사실을 깨닫고 집에 돌아올 때는 행복한 아이가 되어 돌아온다. 나만 힘들다고 생각했는데 들어보니 친구들은 장난이 아닌 것이다.

### TV에 노출시키지 않는다

대치동의 공부하는 학생들 집에는 공통적으로 텔레비전이 없다. 혹시 안방에 있을지는 몰라도 거실에는 아예 없다. 다른 동네에서 보자면 인상적일 수 있지만, 이 동네에서는 당연하다.

TV를 바보상자라고 하는 데는 이유가 있다. 좋은 프로그램이 많다고 해도, 그런 프로그램을 구분하는 능력은 어른도 가지기 힘들다. 좋은 프로그램만 골라 보기가 쉽지 않다. 흥미 위주의 자극적인 내용에 빠지게 마련이다.

**집에서 TV 대신 같이 책을 보고 신문을 본다**
집의 메인 공간, 사람들이 주로 머무는 공간에 텔레비전이 있으면 거기에 익숙해진다. 그곳에 다른 것이 있으면 그것에 익숙해지는 것이 당연하다. 대치동 집들의 거실은 대부분 책이 있는 서재로 되어 있다.

아이가 혼자서 책을 읽고 좋아한다고 해도 부모님과 함께하는 독서 시간은 남다른 의미를 가진다. 부모와 아이의 대화도 많아지고, 교감이 자연스럽게 늘어나기 마련이다. 신문을 함께 읽고 자신보다 한 세대 이상 앞서는 부모님과 신문의 내용에 대해 일상적으로 대화를 나누다 보면 자녀들의 지적 능력은 자연스럽게 향상된다. 스스로 생각하는 습관도 길러진다. 사교육을 통해 특별한 훈련을 따로 하지 않아도 읽고 생각하는 습관이 만들어지는 것이다.

가정에서 부모와 아이들이 자발적으로 실천하는 '거실을 서재로'의 활동이자 '북스타트 운동'이다. 이렇게 자라는 학생들이 어찌 보면 '부모평가'라고 볼 수 있는 '수행평가'에서 압도적으로 우수할 수밖에 없는 근본적인 이유다.

꾸준한 독서와 대화가 자양분이 되어 중학생임에도 불구하고 사회를 보는 눈이 폭넓고 예리하다. 뿐만 아니라 책 읽기로 훈련이 되면 독해력이 우수해진다. 국어 성적은 당연히 좋아지고, 다른 과목의 기본기가 튼튼히 쌓이는 건 물론이다.

비 밀 6
## 대청중학생들은 공부 방식이 다르다

> "공부하는 학생이 반복해서 계속 공부하지 않고 예습만 하면
> 씨를 뿌리고 수확하지 않는 사람과 같다."
> – 유대인 속담

**대청중학교 학생들은 10회독 하고 99% 통째로 암기한다**

교과서와 자습서를 10회독 하고 통째로 암기를 한다. 설명이 있는 자습서에 빈 칸을 뚫어서 찾거나 외워서 적게 한다. 그리고 구술테스트를 한다. 우선 말로 물어보고, 문제를 풀게 하고, 시험으로 체크한다. 그렇게 학원에서 선생님이 물어보고 거기에 대해서 답을 하다 보면 자습서의 내용은 거의 다 암기가 된다.

### 중학교 교과서를 완전히 이해하도록 노력한다

국어 과목의 시를 외우는 건 기본 중에서도 가장 기본이다. 그리고 선생님처럼 똑같이 설명할 수 있을 정도로 공부한다. 많은 아이들은 자신이 그냥 들은 걸 이해하고 안다고 착각한다. 하지만 진짜 아는 것으로 바꾸기 위해서는 필수적으로 숙지하는 과정이 필요하다. 그렇게 숙지하는 '암기의 과정'을 거쳐야 비로소 진짜 안다고 할 수 있다. 그 암기를 중학교 때 해야 고등학교 때 응용력이 생기는데 중학교 때 안 한 친구들은 고등학교 때 힘이 들 수밖에 없다. 중학교 때 운율을 배우면 시 하나를 배우고 그 시에서 뭐가 운율을 형성했냐를 배우지 않는가? 그런데 고등학교에서는 그것을 새 작품에 적용하는 걸 시킨다.

예를 들어 '(가) 시의 화자와 〈보기〉에 있는 화자가 대화를 한다고 할 때 옳지 않은 내용은?' 이런 문제가 나온다면 훈련이 되지 않은 학생들은 못 푼다. 그런데 대청중학교 학생들은 그런 문제를 중학교 때부터 훈련해왔기에 보다 수월하게 풀 수 있다. 그렇기 때문에 학원에서 그런 연습을 시켜도 당연하게 받아들인다.

다른 곳에선 이렇게 하면, "그걸 제가 왜 해요? 너무 힘들어요. 중학교에선 쓸데없잖아요." 한다. 하지만 대청중학교 학생들은 최소한 시험기간에 한 달을 꼬박 그렇게 한다. 같은 책을 읽고, 읽고, 읽고 또 읽고. 그걸 읽었는지를 확인하고, 확인하고, 또 확인한다. 그러면 자유학기제가 있다고 해도 1학년 때 시험 1번, 2학년 때 4번, 3학년 때 4

번. 9번의 시험기간, 즉 아홉 달을 그런 과정을 반복하게 된다. 밥도 아홉 끼를 한꺼번에 먹으라면 못 먹지만 나눠서 먹으라면 먹을 수 있다. 마찬가지로 공부를 한번 했다가 한두 달 쉬고 또 하고, 또 하고를 9번을 한다. 대청중학교 학생들이 최강이 되는 이유다. 누구도 공부로 이들을 이기기가 쉽지 않다.

시험을 낼 때 동일한 문제의 조건을 다 꼬아서 다양한 방식으로 낸다. 사실 아이는 같은 문제를 10개 풀고 있는데 다 다른 문제처럼 보이게 내주면 이걸 진짜 아는 아이는 10문제를 다 맞추지만 그렇지 않은 아이는 한두 문제에 반드시 실수를 한다. 그리고 아이들은 말한다.

"어, 아는 문제인데 실수했어요. 문제를 잘못 봤어요."
아니다. 그건 착각이다. 만약 정말 완전히 안다면 실수하지 않는다.

### 120% 공부하는 훈련

사람은 본인의 역량보다 조금 더 과제가 주어졌을 때 분발한다. 운동선수도 달리기할 때 허벅지에 모래주머니를 차고 뛴다. 자신의 숨겨진 실력을 진짜로 발휘하기 위해서다. 숙제 역시 아이가 할 수 있는 능력보다 120퍼센트 이상을 준다. 그럴 역량이 되는 학생들은 다 해온다. 그럼 더 늘려주면 되는 거다. 학교에서 잠을 잘 새가 없다. 중학교 아이들이 그 훈련이 되고 있는 거다. 이 지역이 아니면 할 수 없다. 그 싫은 공부를 하루이틀도 아니고 매일같이 몇 년 동안 한다는 거다.

초등학교 때는 학원을 많이 다닌다. 수업이 일찍 끝나서 시간적인 여유도 있지만 초등학생 때가 아니면 준비할 수 없는 것들이 있기 때문이다. 예를 들면 수학 선행이나, 예체능 준비, 중학교 수행평가 준비다. 대치초등학교를 다니고 있는 학생이라면 대청중학교에 간다는 걸 미리 알 수 있다. 대청중학교는 수행평가로 줄넘기를 한다고 하면 미리 연습한다. 음악으로 기타를 배운다는 정보를 얻으면 미리 기타도 배워놓는 거다. 중학교 때는 따로 준비할 시간이 없다. 그래서 수영 같은 걸로 미리 체력도 길러 놓는다. 중학교, 고등학교 때 쓰러지는 일이 없도록 체력보강을 하는 것이다.

### 과정중심으로 공부하면 '공부법'을 알게 된다

정말 못하는 아이가 있어도 3년을 꾸준히 공부하면 결국은 좋아진다. 중학생이 되자 부모님조차 "어휴, 정말 어떻게 하나?" 걱정하던 아이도 3년이 지나니까 우등생으로 바뀐다. 수업시간에 말귀를 거의 못 알아듣는 아이였는데 반에서 중상위권으로 올라갔다. 처음에 서술형 문제를 쓰는데, 맞춤법도 너무 많이 틀리고 기초가 너무 부족했다. 과목 성적들을 봐도 국어도, 수학도, 영어도 딱히 우수한 과목이 없었다. 그냥 고르게 못했다. 이랬던 아이를 우등생으로 바꾼 건 과정중심 공부였다.

공부의 기초를 다시 잡아주는 과정이 필요했다. 과정중심으로 공부하면 공부법을 알게 된다. 국어를 잘하면 다른 과목도 잘하게 된다. 독서백편의자현이라고 해서 우선 같은 것을 여러 번 읽힌다. 어느 정도 독해력과 이해력을 갖추면 공략하기 쉬운 과목부터 시작한다. 사회나 과학은 공부를 조금 못하는 학생도 점수를 올리기가 상대적으로 쉬운 과목이다. '비록 도덕, 기가, 음악, 미술, 체육이라고 하더라도 필기 시험에서 100점을 맞을 수 있으면 된다' 하면서 얘기를 한다. 그렇게 해서 국어보다 쉬운 과목이 100점이 나오면, 자신감이 생긴다.

"나는 원래 공부를 못한다. 내 점수는 잘해봐야 80점이다." 에서
"나는 그 과목 잘해! 나도 100점 맞을 수 있어!"로 바뀐다.

"그래? 그럼 이것보다 범위가 조금 넓지만 이것도 한 번 해볼까?"
이렇게 동기부여가 된다. 사실 아주 못하는 아이에게 당장 국어 100점을 받게 하는 건 쉬운 일이 아니다. 쉬운 과목부터 아이의 고정관념을 깰 수 있게 도와주며 학생의 자신감을 고양시켜줘야 한다.

비 밀 7

# 대청중학생들은 시간 관리와 습관이 다르다

"지혜로운 사람은 다른 것과 틀린 것의 차이를 아는 사람이다."
- 유대인 속담

**대청중학교 학생들은 시간 관리가 남다르다**

공부 열심히 하는 대청중학생들은 오늘 목표한 양은 오늘 반드시 끝낸다. 그리고 그걸 끝내지 못했을 때 그걸 채울 수 있는 날을 준비해둔다. 그리고 이동 시간이나 시간이 빌 때 그 자투리 시간을 활용한다. 예를 들어 아침에 10분 정도 빨리 일어났다면 그 시간에 그냥 놀면서 허비하지 않는다. 그런 태도를 부모님들이 실제로 보여준다.

"너 왜 그렇게 해?" 라고 물어보면,

"어렸을 때부터 그랬어요." 한다.

"엄마가 그렇게 해? 아빠가 그렇게 해?"

"부모님 모두 그렇게 하고 계세요."

부모님께 좋은 습관을 물려받은 것이다. 어릴 때부터 보고 자랐으니까 학생들에겐 당연한 거다. '이걸 이 시간에 왜 해야 하지?' 하는 게 아니라 자연스럽게 한다. 배고플 때 밥을 먹듯이, 그런 시간 운용 자체가 습관이 된 것이다.

**방학 중 학원 생활은 전략적으로**

어차피 방학 때 집에 있으면 엄마랑 싸운다. "지금 몇 시야, 방은 왜 그 모양이야, 숙제 다했어?" "알아서 한다고!" 이렇게 된다. 그런 시간을 최대한 차단한다. 최상위권 학생의 경우는 학원을 한두 개 정도만 다니지만 일반적인 상위권 학생들의 경우 방학 때 학원을 적게 다니는 학생이 일곱 군데다. 국어는 한 군데라도 영어나 수학은 두 군데 이상 다니는 학생이 많다. 하나는 선행 학원, 지금은 내신, 아니면 선행을 하더라도 하나는 기하와 벡터, 하나는 확률과 통계. 한 학원에서도 수업을 여러 개 듣는다. 그리고 특강도 있다. 방학 때 엄마들이 학원을 보내는 이유 중 하나는 학교 때 공부의 규칙적인 사이클을 잃지 않는 것도 중요하다고 생각하기 때문이다.

**학생의 공부 습관을 위해 부모도 같이 움직인다**

학생이 새벽 2시까지 공부하는데 '엄마는 잘게' 하지 않는다. 엄마도 공부를 하든 음식을 만들어서 갖다주든 끝까지 서포트를 해준다. 전업주부 엄마는 아이 학교 보내고 자면 된다. 맞벌이하는 엄마는 퇴근 후 아이가 학원 가 있는 동안 잘 수도 있다. 또는 학원에 차로 데려다주고 아이가 수업 끝나고서 나올 때까지 2시간 정도 시간이 있다. 그 시간을 활용해 쉬더라도 아이의 공부하는 습관과 태도를 길러주기 위해 같이 노력한다. 학생과 부모는 공부 앞에서 공동운명체라는 마음가짐이 있기 때문이다.

교육열이 높은 부모들은 가족 단위로 영화를 많이 본다. 시험이 끝났는데 자녀를 바로 공부로 몰아넣기는 쉽지 않다. 아이들끼리 놀러 보내면 가봐야 PC방이나 노래방이다. 그 시간을 가족끼리 보내는 시간으로 대체하는 것이다. 영화관에 가면 가족끼리 온 사람이 많다. 음악회, 오페라, 뮤지컬 등 문화 생활도 즐긴다. 문화적 자본을 대를 이어 향유하려는 시도다. 자주 이렇게 하다 보면 습관으로 정착된다.

힘들던 내신 기간이 끝나면 일반적인 학생들은 놀거나 풀어지지만 대청중학교 학생들은 그 시간에 책을 읽는다. 그래서 학원에서는 일주일에 한 권을 읽고 토론을 한다. 그게 지루할 수 있으니 한 달에 한 번씩은 시사 토론을 한다. 예를 들면 의료보험 문제를 비롯해 다양한 주제를 두고 토론하는 시간을 갖는다. 이처럼 남는 시간을 활용하는 방식도 일반적인 학생들과 다르다. 그게 대청중학교 학생들의 차별화된 힘이다.

### 취미도 공부와 연결하는 습관이 있다

대청중학생들 역시 이른바 '덕질'이라고 좋아하는 연예인에게 빠지는 경우가 많다. 하지만, 양상이 조금 다르다. 연예인을 좋아하면 콘서트를 가고 앨범을 사고 사진을 모으고 물건을 모은다. 여기 학생들도 기본적인 건 비슷하지만, 좋아하는 연예인이 중국 활동을 하면 그걸 좇아 HSK(중국한어수평고시)자격증을 딴다. 좋아하는 오빠들이 하는 얘기를 중국 인터뷰 그대로 듣고자 하는 욕심 때문이다. 중국어 학원에 등록해달라고 부모님을 졸라 HSK 공부를 하고 나중에는 그 길로 계속 가다 외국어 고등학교에 진학한다.

비밀 8

# 학생과 부모님의 학원 선생님에 대한 개념이 다르다

> "지식을 갖고 있어도 다른 사람에게
> 나누어주지 않는 사람은
> 아무도 즐기는 이 없는 사막에 피어난 꽃과 같다."
> – 유대인 속담

**연예인을 따르는 것처럼 학원 선생님을 따른다**

아이돌을 믿고 따르는 것처럼 그렇게 학원 선생님을 따른다. 같은 얘기도 학원 선생님이 해주면 훨씬 더 크게 받아들인다. 아무래도 우리 선생님은 언니처럼 형처럼 친구처럼 해준다는 생각에 부모님께 차마 얘기하지 못하는 고민을 선생님한테 털어놓는 경우도 사실 많다.

사실 학원 선생님은 학생 입장에서 가장 고마운 사람이다. 늦은 시간에 질문해도 받아주는 사람이다. 새벽 1시에 모르는 게 있는데 전화해서 물어볼 사람이 있다. 난 지금 이걸 꼭 알고 싶은데……

특히 시험기간에 학원 선생님은 24시간 전화를 받는다. 혹시 선생님이 잠들었으면 전화를 하든 문자를 하든 깨우라고 한다. 시험 전날에는 직전 보강을 한다. 학교 수업 마치고 직전 보강을 하고 다음날 시험보기 전까지 밤을 새는 친구들을 위해 같이 밤을 새며 모든 질문에 답변을 해준다. 오전 8시에 시험이 시작된다면 7시 50분까지는 전화를 받는다. 자신의 시험을 위해 같이 밤을 새주는 가장 가까운 동료가 바로 학원 선생님인 것이다.

### 부모님 역시 학원 선생님께 예의를 지킨다

만약 학생의 부모님께서 시험기간에 아이가 공부할 때 주무신다면 학생에게 엄마 아빠 깨우라고 한다.

"엄마 깨워. 과일이라도 깎아달라 그래!"

그리고 전화 통화가 되면 엄마에게 잔소리를 한다.

"아이가 밤새도록 공부를 하는데, 내일 아이 학교 가고 주무시면 되지 내일 아이 성적 안 나오면 왜 못 봤냐고 하실 건가요? '너 왜 하나 틀렸어? 실수했어, 또?' 이러실 건가요?"

학원 선생님이 이렇게 말하면 기분이 나쁠 법도 하지만 대치동의 어머니들은 모두 잘 받아들인다. 그게 바로 이곳의 특별한 점이다.

"아, 선생님 죄송합니다. 정말 감사합니다."

이렇게 말씀하신다.

하다못해 숙제를 상습적으로 하지 않는 아이 어머니께 전화를 드려 "숙제가 안 됐으니까 우리 ○○이 숙제를 해서 보내주세요!"라고 전화하면 대치동에서 조금 떨어진 지역만 해도 알았다고 대답만 하고 여

전히 숙제를 하지 않은 채 보내거나

"제가 그걸 못하니까 학원에 보냈죠." 따지기도 한다.

그런데 대치동 엄마들은 대부분 "죄송합니다!" 한다.

다음날 아이는 야단을 맞았든 어쨌든 숙제를 해온다. 조금 특별한 아이는 평일에 따로 찾아와 정중하게 선생님께 사과를 하고 돌아간다. 엄마가 시킨 거다. 결국 자신의 아이를 위해 학원 선생님이 그런 이야기를 한다는 걸 누구보다 아이의 부모님이 잘 알기에, 아이에게 그 부분을 이야기해주시는 거다. 그럼 아이 역시 선생님이 이렇게 챙겨주시는데 정말 죄송하다고 생각한다. 인성 교육도 남다르다. 부모님들이 사회적으로 어느 정도 지위가 있고 체면을 중시하다 보니까 아이들한테도 그런 걸 요구한다. 자연스럽게 습득되는 게 많다.

부모님보다 더 오래 같이 있는 사람들이 선생님이다. 특히 한 과목으로 따지면 학원 선생님은 가장 오래 같이 있는 사람이다. 좋은 학원은 좋은 선생님이 있는 곳이다. 학원에서 가장 돈이 많이 드는 게 무엇일까? 바로 인건비다. 이 사실이 반증한다. 같은 학원에 다니더라도 어떤 선생님에게 배우느냐가 영향이 크다.

### 가장 중요한 건 공부하려는 마음

나는 손목이 약해서 글씨 쓰는데 굉장히 시간이 오래 걸린다. 대신 컴퓨터 타이핑이 빠르다. 내 글씨보다 컴퓨터 글씨가 훨씬 예쁘고 깔끔하다. 하지만 아이들한테 시험 직전에 주는 노트를 전부 손으로 써서 준다. 학생이 2백 명이 들어와도 많이 걸려야 2일, 대부분 당일에 이름을 다 외운다. 그리고 꼭 그 학생을 이름으로 불러준다. 또 학생이 학원에서 받아가는 모든 교재에 이름을 다 직접 써준다.

그리고 시험기간에는 '꼭 100점 받을 누구!' 하고 써준다. 그리고 수업시간에 공부했던 걸 보충시간에 학생에게 질문을 한다. 모든 학생의 상태가 다 다르므로 한 명 한 명 제대로 파악하기 위해선 직접 질문해주는 노력이 필요하다. 학생이 질문에 대한 답을 틀리면 공부할 시간을 주고, 다시 질문을 할 때는 그 아이가 틀린 문제를 기억해서 반드시 다시 물어봐준다.

그런 정성 하나하나가 학생들에게 정신적으로도 도움이 된다고 믿는다. 그 마음이 닿는다면 학생이 지금 공부 못하는 것은 상관없다. 그런 관심과 정성을 받는 아이는 스스로 알아서 하는 능동적인 태도로 서서히 변하기 시작한다. 그 이후엔 확실한 성적의 상승이 기다리고 있다. 이렇게 학생들의 잠재력을 끌어내 자신의 한계를 깨기 위해 노력할 수 있도록 해주는 게 학원 선생님이 해야 하는 역할이다.

학교에서 그런 경험 있지 않은가?
자신이 좋아하는 선생님 수업은 진짜 열심히 한다.

## 대청중학교 – 서울특별시 강남구 대치동에 위치한 공립중학교

**설립** 1987년 5월 6일 설립

**주소** 서울시 강남구 양재천로 321(대치동 502번지)

**교장** 송봉애 **교감** 김진옥

| 교직원 | 75명 |
|---|---|
| 1학년 | 353명 (11학급) |
| 2학년 | 366 (11학급) |
| 3학년 | 336 (10학급) |
| 총학생수 | 총 1,055명 |

- 2017년 3월 6일 기준
- 학급 평균 학생수 – 서울시 25명, 강남구 26.6명, 대청중 32.9명

**교목** 소나무. 소나무는 기개, 강인, 높은 이상을 의미한다.

**교화** 철쭉. 철쭉꽃은 생명력, 신념, 소박, 겸손을 의미한다.

**교훈** 참되고 슬기롭고 튼튼하게

**교육목표**

창의 지성, 협력 인성, 함께 행복한 학교

대청중학교는 자율적이고 창의적인 민주시민 육성, 미래지향적 사고를 지닌 실력 있는 인재육성, 올바른 가치관과 품성을 지닌 인간 양성을 교육목표로 삼고 있다. 교육목표를 달성하기 위해 기본교육 내실화, 인성·진로교육 내실화, 글로벌 리더 육성, 참여와 협력의 교육 공동체 구축을 실천하고 있다.

## 변천

대청중학교는 1986년 12월 17일 설립인가를 받았다. 1987년 3월 1일 박진택 초대 교장이 취임하였다. 1987년 3월 3일 제1회 입학식(14학급)이 거행되었다. 2007년 3월 1일에는 교원능력개발평가 선도학교로 지정되어 2009년까지 운영되었다. 2017년 제11대 송봉애 교장이 취임하였고, 2017년 2월 2일 제 28회 졸업식이 거행되었으며, 총 14,709명의 졸업생을 배출하였다.

## 교육 활동

대청중학교는 나눔·배려 실천운동을 통해 자율적·민주적 시민의식을 함양하고 독서·토론·논술교육의 강화를 통해 사고력과 문제해결력을 신장하고자 한다. 또한 사고력·창의력 신장을 위한 교수 학습 및 평가 방법을 개선하고 글로벌 리더 육성을 위해 개인차를 고려한 맞춤형 수업, 원어민 활용 극대화를 통해 실생활에 영어를 접한 기회를 증진시킨다. 마지막으로 교내합창대회, 백일장 및 사생대회 등을 통해 문·예·체 교육을 강화한다.

대청중학교는 여러 차례 각종 분야에서 우수학교로 지정되어 표창을 받았다. 2006년 12월 28일 환경교육 우수학교, 체육활동 우수학교 교육감, 2007년 12월 31일 학교경영 우수학교, 영어교육 우수학교 교육감, 2008년 12월 31일 교육과정운영 우수학교 교육감, 2008년 12월 31일 학생생활지도 우수학교 교육감, 2008년 12월 31일 과학교육 우수학교 교육장, 2010년 12월 23일 과학교육 우수학교 교육감 표창을 받았다.

2012년 학교평가 최우수학교 교육감, 환경교육 우수학교 교육장, 2013년 과학교육 우수학교 교육감 표창을 받았다. 2014년부터 2013년 융합인재육성(STEAM 교육) 연구학교, 서울형 자유학기제 연구학교를 운영했고 같은 해 환경교육 우수학교 교육감, 서울형 자유학기제 우수학교 교육감 표창을 받았다. 2015년에 환경교육 우수학교, 서울형 자유학기제 우수학교 교육감, 전국 100대 교육과정 우수학교 교육부 장관, 서울독서교육대상 교육감, 환경보전 시범학교 최우수 강남구청장, 에코마일리지 운영 우수학교, 학교보안관제 운영 우수학교 강남구청장 표창을 받았다.

▼ 2011, 2015학년도 보통학력 이상 비율 (대치동 주요 중학교 국·영·수 학업성취도)

| 학교 | 2011학년도 | 2015학년도 | 외고, 국제고 진학률* | 과학고, 영재고 진학률 |
|---|---|---|---|---|
| 대청중 | 97.4% (1) | 97.9% (1) | 2.1% (2) | 1.4% (6) |
| 진선여중 | 91.5% (4) | 94.3% (2) | 1.7% (6) | 0.6% (8) |
| 대명중 | 93.8% (2) | 94.0% (3) | 2.0% (3) | 1.5% (5) |
| 도곡중 | 89.4% (6) | 92.3% (4) | 1.8% (4) | 2.4% (2) |
| 역삼중 | 93.0% (3) | 91.9% (5) | 1.8% (4) | 1.8% (4) |
| 숙명여중 | 88.8% (8) | 90.9% (6) | 2.6% (1) | 0.4% (9) |
| 휘문중 | 91.1% (6) | 86.8% (7) | 1.3% (8) | 2.0% (3) |
| 단대부중 | 91.5% (4) | 86.1% (8) | 0.3% (9) | 3.8% (1) |
| 대치중 | 78.4% (9) | 85.2% (9) | 1.6% (7) | 1.3% (2) |

* 2013~2015년 졸업생 대비 합격생 비율 / 괄호는 조사대상 9개 학교 내 순위
(《중앙일보》 2016.01.20., 『심정섭의 대한민국 학군지도』, 진서원, 2016.)

**INTERVIEW** 대청중학교 교무부장 박미화 선생님

대청중학교 홈페이지에 가보면 '1987년 개교하여 '넓은 품으로 사람을 품고 자연을 사랑하여 이 세상의 중심이 될 인재를 배출하고 있는' 학교라고 소개되어있습니다. 2015년 서울형 자유학기제 우수학교 교육감 표창, 전국 100대 교육과정 우수학교 교육부장관 표창, 과학교육 우수학교 교육감 표창 등 최근 몇 년만 해도 많은 수상을 했습니다.

**1. 대청중학교가 다른 학교와 차이가 나는 점은 무엇이 있을까요?**

일단 제일 큰 차이점은 대청중학교 학생들은 집안의 경제적 수준이 전반적으로 비슷한 편이며, 부모님들의 학력 수준이 매우 높은 편입니다. **학부모님들의 공부시키려는 의지와 학생들의 공부하려는 열정이 더해져서, 면학 분위기가 잘 조성되어 있습니다.**

**2. 대청중학교 학생들만의 특성이 좀 있는가요?**

대부분의 아이들이 경제적 어려움 없이 행복하게 생활하는 편입니다. **공부하는 것이 힘들지만, '공부는 당연히 해야 하는 것'이라고 생각합니다.** 다른 곳에서는 중학교 때부터도 공부를 포기하는 학생들이 꽤 있습니다. 하지만 여기서는 그런 학생이 거의 없습니다. **너도 나도 모**

두가 공부를 열심히 하는 환경에 있다 보니까 힘든 과정을 이겨내는 '인내력'도 생기는 것 같습니다.

3. 학교 수업 분위기는 어떤가요?
학생들이 열의도 많고 공부를 열심히 하고자 하니까 당연히 선생님들께서 수업 준비를 위해 시간과 노력을 많이 투자하는 편입니다. 수업 수준이 높아지고, 그에 따라 거의 모든 학생들이 수업에 충실하고 열심히 공부하는 분위기가 만들어지는 것 같습니다.

4. 대청중학교 학부모님들의 특성은 어떠신가요?
학부모님들께서 기본적으로 교육에 관심이 많고, 학생들에게 세심하게 신경을 쓰십니다. 학교 교육과정 내의 학습적인 면뿐만 아니라, 학생들의 수행평가나 모둠 활동 같은 것에도 많은 정성과 애정을 기울이고 계십니다.

5. 대청중학교 자유학기제 수업과정은 잘 진행되는 편인가요?
2014학년도부터 자유학기제를 시행하고 있습니다. 2017학년도는 1학기를 자유학기제로 운영하며, 학생들의 꿈과 끼를 키우기 위해 다양한 프로그램을 운영하고 있습니다. 학생 수가 많은 어려움 속에서도 12개의 주제선택 활동, 14개의 예술체육 활동 프로그램을 진행하였으며, 연간 40시간 이상의 진로탐색 활동과 진로체험 활동 등을 실시하고 있습니다.

**6. 선생님과 학생, 선생님과 학부모님 간의 소통은 잘 되는 편인가요?**

요즘 대부분의 학교에서는 학생과 학부모와의 소통을 중요하게 생각하고 있습니다. 저희 대청중학교에서도 개별 상담이나 면담을 통해 학생들과 지속적으로 소통하며, 대의원회의, 학급회의 등을 이용하여 학교 내 여러 안건을 함께 고민하고자 애쓰는 편입니다. 학부모와는 'e-알리미(휴대폰 앱)'로 가정통신문을 발송하고 있어, 학교활동에 대해 비교적 잘 파악하고 계실 것입니다.

**7. '명품' 대청, '우리' 대청하는 강한 '프라이드'가 있다고 하는데 선생님이 보시기에도 실제로 느껴지시는가요?**

과거에는 성적이 매우 우수한 학교라는 다소 차별화되는 시각이 있었다고 생각합니다. 그러나 최근에는 진로 교육의 확대 및 자유학기제 시행으로 인해 교육의 방향이 다양화되고 있습니다. 많은 학교들이 '프라이드'를 갖고 있으며, 학교별 특색에 맞게 학생들의 교육을 위해 노력하고 있습니다. 대청중학교 역시 '창의적인 지성'과 '협력적인 인성'을 갖춘 인재 양성을 교육목표로 삼아 선생님들이 열정을 바치고 계십니다.

**8. 대청중학교 시험 문제가 다른 중학교에 비해 매우 어렵다는데 실제로 그러한가요?**

현재, 서울시교육청에서 선행학습이나 선행교육 예방에 대해 매우 강조하고 있습니다. 선생님들께서는 어렵게 내기보다는 좋은 문제를 출제하기 위해 오랜 시간 많은 노력을 하십니다. 학생들이 교과별 성취 수준을 달성할 수 있도록, 교과서와 수업 중 배운 내용 위주로 정성을 들여 시험이 출제되는 것으로 알고 있습니다.

**9. 대청중학교가 서울시 학력평가나 학업성취도 발표 자료를 보면 항상 최우수학교로 나오던데 비결이라도 있는가요?**

항상 최우수학교는 아닙니다^^ 하지만 앞부분에 답변한 것들이 모두 합해져서 상승효과를 나타내는 게 아닐까요?

**10. 인성도 우수하고 창의적이며 학업성취도도 높은 인재를 배출하는 대청중학교만의 창의적이고 독특한 교육 노하우가 있을 것 같습니다. 조금 소개를 해주신다면?**

학생들이 올바른 사회 구성원으로 성장할 수 있도록, 또한 항상 학생들을 위하는 마음으로 학교와 학부모가 인성과 학업 면에서 지속적으로 관심을 갖고 노력하고 있습니다. 이것은 대청중학교만의 교육 노하우라기보다는 모든 교육관계자분들이 지향하는 방향과 동일하다고 생각합니다.

**바쁘신 와중에 좋은 말씀 감사합니다.**

# 9장

## 왜 과정중심으로 공부해야 하는가?

### 과정중심 공부의 7가지 비밀

**INTRO** 정상에 오르려면 무엇이 필요한가?

1. 공부의 과정을 중심에 두면 스트레스가 적고 슬럼프가 없다
2. 과정을 중심에 두면 기초가 튼튼해진다
3. 과정을 중심에 두면 인성이 좋아진다
4. 과정을 중심에 두면 가족관계가 끈끈해진다
5. 과정을 중심에 두면 최적의 공부법을 찾게 된다
6. 과정중심 공부는 전 과목 성적 향상의 원동력
7. 과정중심으로 공부하면 성공률이 압도적이다

**INTRO** 정상에 오르려면 무엇이 필요한가?

세계 최고봉, 히말라야의 에베레스트. 1950년 초까지만 해도 에베레스트는 인간의 발길을 허락하지 않았다. 많은 사람들이 정상을 정복하려 했지만 실패하고 죽음을 맞이했다. 1953년 영국에서 특명이 떨어졌다. "엘리자베스 여왕의 대관식 전에 반드시 에베레스트를 밟고 와라." 일곱 번의 실패를 뒤로 하고 8차 원정대를 선발했다. 그해 4월 영국인들로 구성된 1차 등반대는 베이스캠프를 떠나 정상 정복을 시도했다. 그러나 거센 눈보라가 그들의 앞길을 막았다.

5월 29일, 당시 영국 식민지 뉴질랜드의 목동 출신 산악인과 네팔 출신 셰르파가 다시 도전했다. 새벽에 출발한 그들은 정오 무렵 악전고투 끝에 목숨을 건 등정에 성공한다. 베이스캠프에 무전을 날렸다.

"더 이상 오를 곳이 없다."

주인공은 에드먼드 힐러리와 텐징 노르가이였다. 20세기 가장 위대한 탐험가의 한 사람으로 존경받는 에드먼드 힐러리와 네팔의 영웅 텐징. 그들의 후손은 그 후 지금까지 3대에 걸쳐 에베레스트를 같이 등정한다. 많은 사람들이 힐러리에게 물었다. "누가 먼저 정상에 발을 디뎠는가?" 에드먼드 힐러리는 항상 이렇게 대답했다.

"우리는 서로 도우며 함께 올랐다."

원 칙   1

## 공부의 과정을 중심에 두면
## 스트레스가 적고 슬럼프가 없다

"우리가 정복한 것은 산이 아니라 우리 자신이다."
– 에드먼드 힐러리(뉴질랜드의 탐험가)

**전교 1등과 전교 꼴찌의 스트레스 강도**

전교 1등은 학교 끝나면 학원이나 자습실, 집으로 다시 공부하러 간다. 전교 꼴찌는 스트레스를 풀기 위해 노래방이나 PC방으로 간다.

겉보기에 전교 꼴찌는 스트레스도 풀었으니 조금 더 행복해야 맞다. 반면 공부 감옥에 사는 전교 1등은 당연히 피곤한 삶이어야 한다. 하지만 정신과 검사 결과는 전교 1등이 훨씬 행복한 상태이고, 전교 꼴찌는 스트레스 지수가 지나쳐 우울증 수준이다. 공부 못하는 학생들은 '잘해야 하는데, 안 하고 못한다'는 압박과 스트레스가 심한 탓이다.

공부를 하지 않는데 스트레스가 심한 것은 결과에 대한 생각을 늘 하고 있기 때문이다. 놀면서 미처 못한 숙제를 걱정한다. 공부는 안 하지만 심한 압박감으로 스트레스만 받으면서 공부와 상관없는 곳에 에너지를 다 써버린다. 그리곤 정작 아무것도 못한다.

### 함께, 나를 위해 하기 때문에 스트레스가 적다

공부 안 하는 학생들이 부모님과 갈등도 더 많다. 물론 공부 잘하는 학생들도 부모님과 마찰을 빚는다. 그러나 그 마찰은 부모님과 소통이나 공감을 제때 못하거나 공부에 지쳐서 생겨나는 편이다. 공부 자체에 대한 스트레스로 대들지는 않는다. 공부 잘하는 학생들은 오히려 공부에 대한 스트레스를 덜 받는다.

과정중심이면 집안의 문화가 달라진다. 서로가 서로에게 충실해진다. 공부는 누구 하나가 아니라 모두를 위한 것이고, 인격의 완성을 향한 과정임을 알기 때문이다. 관계 속에서 서로를 존중한다. 학생이 공부하는데 부모가 나태하게 있을 수 없다. 그 반대의 경우도 마찬가지다. 부모가 열심히 일하거나 책을 보고 있는데 학생이 어긋나는 행위를 하지는 못한다. **나만 힘든 것이 아니라 우리 부모님도 함께 하고 있다. 누구를 위해서가 아니라 나를 위해서 하는 공부다.**

### 과정을 중심에 두면 슬럼프가 없다

학생들의 공부 스트레스는 엄청나다. 성적이 뜻대로 오르지 않거나 슬럼프에 빠지게 되면 '공부를 왜 하나' 싶고, '이 공부를 진짜 이렇게 해야 하나, 하지 말까' 별의별 생각을 다 하게 된다. 공부에도 슬럼프가 있다. 이럴 때일수록 스트레스는 더 심해진다. 학생에 특성에 따라 자주 오기도 하고, 심하게 나타나기도 한다. 성적이나 결과를 중심에 두기 때문이다. 들인 노력에 비해 결과에 만족하지 못하면, 심리적인 상처가 오는 건 당연하다.

운동선수 역시 슬럼프를 겪는다. 잘 나가다가 어느 날 갑자기 아무리 연습을 해도 더 이상 효과가 나타나지 않는 때가 있다. 덩달아 의욕마저 상실하고 성적이 저하된다.

슬럼프를 극복하는 길은 간단하다. 슬럼프를 피하려면 결과에 목매달지 말아야 한다. 어차피 드러난 결과다. 실망한다고 과거가 바뀌지 않는다. 슬럼프가 없이 공부하는 비법은 '과정을 중심에 두는' 것이다. **얻으려는 결과가 아니라 과정 자체를 즐기면 된다. 어차피 인생은 길고 공부는 평생 함께 해나가는 과정이기 때문이다.**

원 칙  2

## 과정을 중심에 두면 기초가 튼튼해진다

"에베레스트를 어떻게 올랐느냐고?
간단하다. 한발 한발 걸어서 올라갔다."
- 에드먼드 힐러리

**단계를 밟아 공부해야 과정중심**

현재 교육과정은 초등학교 때 기초 개념, 중학교에서 개념의 체계화와 심화, 고등학교 때 더 깊은 심화, 이렇게 설정되어 있다. 그래서 초등학교 때 개념 정리가 잘 되어있지 않으면 중학교 때 따라가기 힘들다. 개념이 본격적으로 체계화되는 중학교 과정을 건성으로 했다면 고등학교 과정은 도저히 따라갈 수 없다.

그렇다면 초등학교 때 공부를 제대로 하지 않은 학생이 중학교나 고등학교 때 마음먹고 공부하려면 어떻게 해야 할까? 초등학교, 중학교, 고등학교 과정을 단계적으로 밟아서 차근차근 해나가야 한다. **기본으로 돌아가서 한 계단씩 올라가듯 작은 목표를 달성해나가며 순서대로 해야 한다.** 먼저 기본 개념을 익히고 원리를 파악해야 한다. 지금 눈앞의 점수가 중요한 것이 아니다. 모르는 것부터 공부하고, 지나가버린 초등학교나 중학교 과정부터 새로 완전히 익혀야 한다.

2009학년도 일본 동경대 물리학과 합격, 서울대 의예과 수석 합격을 한 위원석 씨는 중학교 2학년 때까지는 부모님께 잔소리를 들을 만큼 공부와 거리가 멀었다. 그는 중학교 3학년 때 공부를 시작했다. 공부에 관심을 가지기 시작하니 1, 2학년 때 놓친 부분들이 보였다. 그래서 그는 1, 2학년 진도를 상식적인 수준에서부터 다시 공부하기 시작했다. 역사의 경우, 먼저 흐름과 개괄적인 개념들을 파악하는 데 집중했다. 기초부터 시작하니 성적은 눈에 띄게 오르기 시작해 고등학교에 입학해서는 전국 0.01퍼센트 상위권으로 진입했다.[1]

### 초기의 시간 투입은 당연한 과정

과정중심 공부는 초기에 시간이 많이 걸린다. 처음에는 똑같은 범위를 공부하는데 남보다 3~4배의 노력을 들여야 하기 때문이다. 남들이

**한 과정을 수업만 듣고 끝낼 때, 과정중심은 예습하고 수업을 듣고 복습을 한다. 최소 3번을 보고 완전히 이해될 때까지 5번, 10번을 본다.** 그러나 갈수록 탄력이 붙어서 기초가 쌓이고 힘이 생긴다. 이 과정을 차근차근 단계를 밟아가면서 체계적으로 거치면 반드시 성공한다. 중기적으로 매우 효율적이고 장기적으로는 강력한 힘을 발휘한다.

하지만 눈앞의 성적에 급급해 결과중심으로 공부하다 한번 뒤처지면 영영 따라잡을 기회를 찾지 못하게 된다. 기본은 안되어 있는데, 다급한 시험은 언제나 코앞에 닥쳐있기 때문이다. 한 달가량의 방학으로는 근본적인 해결이 되지 않는다. 기본이 부족한 상태에서 결과중심으로 공부하면 결국 재수를 선택하게 된다.

재수하면 학교 안 다니고 시험 안 보면서 1년 동안 자기 공부를 할 수 있다. 이때 비로소 공부를 체계적으로 할 수 있게 된다. 재수생에게는 코앞의 시험에 급급하지 않고 차근차근 공부할 수 있는 기회가 12년 만에 처음 주어진다. 내신에 대한 스트레스가 없기 때문에 성공률도 높아진다. 자기 관리를 잘 하는 재수, 삼수생의 수능 성적이 좋은 이유는 이 때문이다.

원 칙 3

# 과정을 중심에 두면 인성이 좋아진다

"우리는 함께 정상에 도착했다.
그 작업, 위험, 성공 모두는 우리 팀의 공유물이다.
팀 전체의 노력과 협동이 중요할 뿐 나머지는 무의미하다."
- 힐러리와 텐징

**공부는 점수기계 양성이 아니라 인격도야**

과정을 중심에 두고 공부하면 두 가지가 다르다. 첫째, 학교 생활에 충실해진다. 과정을 중심에 두기 위해 학교에서 쓰는 시간을 결코 버리거나 낭비하지 않는다. 국어 과목의 해당 단원을 철저히 알기 위해서 가장 필요한 건 수업시간 선생님의 가르침이다. 결과중심인 학생들은 수업의 과정보다 성적과 결과를 중시한다. 학교 생활에 충실하지 않을 가능성이 크다.

둘째, 품성과 태도가 좋아진다. **학교 생활에 충실하고 선생님에 대한 예의를 중요시하면 품성과 태도도 좋아진다. 선생님에게 예의바른 학생은 집안이나 평상시 생활 태도 역시 좋다.** 당장 눈앞에 보이는 성적을 위해서라면 시험기간에만 바짝 열심히 하는 게 유리하다. 주요 과목만 공부하는 것이 더 평균 점수가 잘 나온다.

**예의와 태도가 바로 잡히지 않는다면 공부를 잘할 리 없고, 공부를 잘한다고 하더라도 인성과 사회성, 좋은 습관을 가지기 힘들다.** 시간이 없어서 학교 수업을 포기하고 학원 숙제를 하면, 어른이 되어서도 책임감을 키울 수 없다. 공부만 잘하고 책도, 신문도 읽지 않으면 나이를 먹을수록 교양을 갖추기 어렵다. 모든 걸 자신에게 필요한가 아닌가로 판단한다. 사람을 만날 때도 정직하고 좋은 사람보다 당장 내게 쓸모 있는 사람만 찾게 된다. 학교에서 필요한 수업 외에는 버리는 식으로 생활했기 때문이다. 중·고등학교에서 기술 버리고, 가사 버리고, 도덕 버리고, 역사도 버리고 무슨 공부를 한다는 것인가?

### 공부는 부족한 나를 완성해가는 과정

결과에 연연하기보다 과정을 중심에 두면 외부의 변화나 운에 좌우되지 않는다. 우리나라 입시제도는 변화가 너무 심하다. 절대평가, 상대평가, 자유학기제, 문이과 통합 등 수시로 변한다. 결과중심으로 공부하는 학생들은 자유학기제가 되면 공부를 제대로 하지 않는다. 학교에서 시험을 보지 않기 때문이다. 학교 수업에 임하는 자세가 평소와 같지 않다. 그러나 과정중심으로 공부하는 학생들은 자유학기제라 하더라도 어차피 1학년 때 해야 할 공부를 확실하게 하고 넘어간다. 시험을 보든 말든 해당 과정을 공부하는 것은 당연하기 때문이다.

대학교는 빼더라도 초등학교 6년, 중·고등학교 6년, 학생으로 공부하는 시기는 12년이나 된다. 지치지 않으려면 과정중심 공부를 해야 한다. 항상 성적이나 결과만 바라보고 살아간다면 너무 힘들고 고통스럽다. 성적이나 결과는 때로 기복이 있을 수도 있다. 당연히 슬럼프도 찾아온다. 하지만 '공부는 스스로 부족한 걸 채워가는 과정'이라고 생각한다면 지칠 이유가 없다.

원 칙   4

# 과정을 중심에 두면
# 가족관계가 끈끈해진다

> "기술과 능력만으로는 정상에 설 수가 없다.
> 중요한 것은 의지력이다."
> – 다베이 준코(세계 최초 에베레스트 등반 여성 일본인)

**부모와 자식, 부부관계는 하나의 공동체 속에서 화목해진다**

공부하는 과정에서 아이 자체의 문제는 대부분 해결된다. 그러나 부모가 문제인 경우는 해결점을 찾기가 쉽지 않다. 아이가 공부 문제로 가출을 하거나 극단적으로 자살을 하는 것도 결국 자세히 따지고 들어가면 부모의 문제다. 몇 년 전 초등학생이 아빠보다 본인이 더 공부를 열심히 한다는 이유로 자살한 것은 하나의 극단적인 사례다. 직장에서 어떤 고생을 하든 집에서는 부모나 아이나 모두가 동등한 자격이다. 부모는 TV를 보거나 스마트폰을 하면서 아이에게는 공부만 강요한다면 불공정을 넘어서 심한 폭력이다.

초기에는 부모 입장에서도 상당한 인내와 절제가 필요하다. 편하게 생활하다 공부 환경을 만드는 데 돌입하려면 고통으로 느껴질 수 있다. 퇴근 후 TV시청이나 편안한 휴식도, 술자리도 아이의 공부를 위해서 조심할 수밖에 없기 때문이다. 쉴 땐 모두 같이 쉬고, 공부 시간에는 공부를 같이 하든가, 가족 누구나 그에 준하는 행위를 한다. 하지만 이런 생활이 반복되고 정착되면 가족 간의 관계는 매우 끈끈하고 돈독해진다. 화목한 관계 속에서 공부는 공동의 목적이 되고, 가족을 하나로 뭉치는 효과를 가져온다.

**과정중심에서는 온 가족의 행복지수가 높아진다**

과정중심 공부는 집안의 문화도 바꾼다. 과정중심의 공부는 관계 속에서 이루어지고, 집안의 관계란 부모와 학생이 함께하기 때문이다.

초등학교나 중학교 학생의 과정중심 공부가 성공하려면 부모가 시간을 조절해서 하루에 일정한 시간은 반드시 함께 점검하고 체크해주어야 한다. 하루에 30분이라도 아이에게 시간을 내야 한다. 사교육을 시키지 않으려 한다면 시간을 더 많이 내야 한다. 시간이 갈수록 아이와 함께하는 시간이 고통스러울 수도 있다. 아이가 단기간에 내가 원하는 만큼 쫓아오지 못하면 인내가 한계에 부딪친다. 따로 공부하지 않는다면 교과서 또한 쉽지 않다. 하지만 끈기를 갖고 참아내야 한다. 매일 쏟는 작은 시간의 정성이 아이의 인생을 바꾸고 미래를 만든다.

내용이 어려워서 아이를 가르칠 수 없어도 괜찮다. 본격적으로 가르치려면 부모도 같이 공부를 해야 한다. 가르치기 힘들다면 어디까지

했는지는 반드시 확인해줘야 한다. 해당 단원 내용을 제대로 공부했는지 점검해준다. 습관과 태도가 바르게 잡혀가고 있는지 세밀하게 확인해준다. 이 정도만 해도 훌륭하다. 물론 부모가 즐거운 마음으로 아이의 공부에 참여하면 더할 나위 없이 좋다. 문제는 마음과 성의를 다해 오랜 기간 지속해야 한다는 것이다. 아이는 분명히 바뀐다. 습관이 바뀌고, 태도가 변하고, 실력이 달라진다.

원 칙 5

## 과정을 중심에 두면 최적의 공부법을 찾게 된다

> "꿈은 인간의 생각을 평범한 것들 위로 끌어올려주는 날개입니다."
> – 존 푸엘렌바흐(신부, 시인)

### 과정중심으로 공부하면 '학습 태도와 방법'이 바뀐다

사람은 저마다 생활리듬, 공부 습관, 신체적 특성이 다르다. 누구에게나 맞는 절대적인 공부법은 없다. 과정중심 공부는 공부하는 사람에게 맞는 교육 방법을 찾도록 해준다.

과정중심 공부는 모든 과목의 학습법을 터득하게 해준다. 과정중심 공부를 제대로 하려면 문제풀이에 열중하는 게 아니라 '한 단원 한 단원의 내용을 완전히 '이해'하기 위하여 스스로 찾아서 공부해야 한다. 이것저것 배우는 게 중요한 게 아니라 '자기화'시키는 작업이 필요하다. 확실히 알기 위해서 예습은 물론 몇 차례씩 복습해야 한다. 그렇게 해야 머릿속으로 기억하게 되고 완벽하게 숙지할 수 있기 때문이다.

벼락치기 공부가 버릇이 된 학생이나 부모는 과정중심 공부를 싫어한다. 성적이 단기간에 빨리 오르지 않기 때문이다. 조금 하다가도 못 버틴다. 단기간에 빨리 성적을 높이고 싶어 하는 부모도 싫어한다. 시간에 맞게 효율적으로 시험에 나올 만한 것을 뽑아서 공부하고 문제풀이로 확인하면 되는데 뭘 그렇게 세세하게 공부하나, 싶은 거다. 그러나 자녀의 공부에 관심이 깊은 부모나 공부를 제대로 하는 학생들은 시간이 갈수록 이 방법을 확신한다.

### 아이의 성장을 긴 호흡으로 바라봐야 한다

누구에게나 필요한 공부 태도와 자세는 있다. 공부의 왕도는 외면적이라기보다 내면적인 데서 찾아야 한다. 공부를 마음가짐과 태도, 품성과 자세로 접근하면 우선 사람이 바뀐다. **단기적인 결과에 대한 마음은 버리고, 과정중심으로 접근하면 장기적인 해법이 나온다.**

한때의 시험 성적이 아이 인생의 행복을 모두 보장해주지 않는다. 다이어트에 비교해보면 쉽다. 갑자기 결심하고 다이어트를 한다면, 한 두 달 주기로 굶었다 뺐다 하면서 고생이 이만저만이 아니다. 다이어트를 하는 대부분의 사람들은 그렇게 한다.

하지만 먹는 양과 탄수화물을 줄이는 등 습관을 고치면 그렇게 고통스럽지 않게 다이어트에 성공할 수 있다. 다만 식습관과 생활 습관을 전부 바꿔야 하기 때문에 힘이 드는 것이다. 다이어트에 끝내 성공하는 사람들은 장기적으로 좋은 습관을 새롭게 만든다.

진정한 자기주도 학습에서 중요한 건 학생이 스스로 공부하는 힘이다. 공부하는 학생 자신이 하겠다는 마음가짐을 스스로 갖는다는 게 결정적이다. 자신이 해당 단원의 내용을 철저히 알겠다는 자세 이상으로 중요한 게 무엇이겠는가?

원 칙 6

# 과정중심 공부는
# 전 과목 성적 향상의 원동력

"나는 배웠다.
태도가 내가 올라갈 수 있는 고도를 결정한다는 사실을."
– 영화 〈에베레스트〉에서

### 모든 과목에 충실해야 한다

중학생이 국·영·수만 잘하고 다른 과목은 못한다면, 국·영·수만 중요하게 보고 그것만 주로 하기 때문이다. 어떤 과목의 공부든 안하다 보면 못하게 되고, 못하다 보면 싫어하게 된다.

못하고 싫어하면 '난 그 과목은 못한다'고 생각하게 된다. 이때부터 공부가 힘들어진다. 전 과목을 포기하지 않고 골고루 해야 '어차피 못한다'는 생각이 사라진다.

음식도 골고루 먹는 것이 건강에 좋듯이 중학생 시절의 공부도 골고루 해야 한다. 이 사회를 살아가기 위한 기초적인 교양을 배우기 때문이다. 중학생 때부터 우선 순위를 정해서 필요한 것만 취하게 되면 나중에 어떻게 사회 생활을 제대로 하겠는가? 장사를 하든, 사업을 하든, 직장에 다니든, 공무원이나 교사가 되든, 정치를 하든, 보험 세일즈를 하든, 자신에게 좋고 도움 되고 필요한 사람만 만날 수는 없다. 자신을 싫어하는 사람까지도 설득하고 끌어들여야 성공한다. 만약 교사가 자신이 마음에 드는 아이만 가르치려 한다면, 그 교육이 제대로 되겠는가?

### 학년이 오를수록 전 과목 실력이 고르게 향상한다

한 단원 한 단원 과정을 중심에 두고 공부하다 보면 전 과목 점수가 고르게 향상한다. 중학교 1학년 1학기보다 2학기 실력이 늘고, 1학년 점수보다 2학년 점수는 눈에 띄게 좋아진다. 중학교 때부터 지속적으로 이렇게 공부해나가다 고등학교에 진학하면 성적은 매우 향상한다. 보통의 경우라면 중학교 때 전교 등수가 고등학교에 가면 반 등수로 바뀐다. 그러나 과정중심으로 공부하는 학생들은 중학교 때 반 등수가 고등학교 때 전교 등수가 된다.

과정중심 공부에서는 중학교 1학년 공부가 매우 중요하다. 중학교 1학년 과정이 미진했다고 생각이 들면 중학교 2학년 넘어가기 전이라도 다시 1학년 1학기부터 여러 차례 복습해야 한다. 중학교 1학년 교과 내용에 중학교 전체 과정의 기본 개념이 대부분 담겨있기 때문이다.

2017학년도 서울대 의예과에 합격한 성세운 군은 공부 비결로 '편식 없이 모든 과목을 골고루 공부한 점'을 꼽았다. 학교에서 진행하는 다양한 활동들도 빠지지 않고 적극적으로 참여했다. 덕분에 후에 뚜렷한 진로를 찾았을 때 희망전공과 다양한 활동들을 연결시킬 수 있었다. 성 군은 '언젠가는 도움이 되겠지'라는 생각으로 모든 과목 수업시간에 집중하고 모든 활동에 참여했다. 이러한 태도는 지필평가와 수행평가에서 높은 점수를 받을 수 있었던 비결이었다.[2]

### 학교 선생님에게 사랑 받는다

품성과 태도가 바뀌면 학교 선생님에게도 잘한다. 생활 태도가 좋아지니까 선생님들에게 관심을 더 받는다.

선생님과의 관계가 좋아지면 그 과목 공부를 더 하게 되고 성적은 당연히 좋아진다. 자연스럽게 시간이 흐를수록 조금이라도 더 잘하기 위해 노력하게 된다. 수행평가도 좋을 수밖에 없다. 결과중심이라면 이런 관계를 중요하게 여기지 않는다. 자식이 가져온 성적이나 결과가 합당하지 않다고 생각하는 부모는 학교나 선생님을 무시하고, 불쾌하면 항의한다. 학생도 비슷해진다.

원 칙 7

# 과정중심으로 공부하면
# 성공률이 압도적이다

> "에베레스트여, 너는 날 자꾸 좌절하게 만들지만
> 나는 또 오고 다시 와 널 끝내 이길 것이다.
> 너는 더 이상 커지지 않지만 나는 더 클 수 있으니까."
> – 에드먼드 힐러리

## 압도적인 성공률의 과정중심

과정중심 공부는 품성과 태도를 중요하게 여기지만 결과중심 공부보다 압도적으로 성공률이 높고, 효과가 강력하다. 학기가 지나고 학년이 오를수록 공부하는 시간 대비 효율성이 매우 높아진다. 고등학교에 올라가면 더욱 강력한 효과가 나타난다. 또한 사교육비가 적게 들어 매우 경제적이다. 과정중심 공부를 제대로만 한다면 사교육비가 거의 들어가지 않는다. 사교육비를 거의 들이지 않고 자녀를 서울대에 합격시키는 부모들의 공부 비밀을 살펴보면 그 실체는 하나같이 과정중심으로 공부하기 때문이다.

"대체 왜 과정중심이 중요한가요? 올바르기 때문인가요, 성과가 좋기 때문인가요?"

이 질문에 대한 솔직한 대답은 이렇다.

"인생은 길기 때문에 효율성보다는 올바름이 우선입니다. 그러나 과정중심으로 가야 성과도 훨씬 좋습니다. 아무리 과정을 중심에 두고 간다 해도 성적이나 결과가 따라주질 않는다면 과정중심 공부법이 어떻게 정말로 올바르다고 하겠습니까?"

### 중학교 3퍼센트가 고등학교 30퍼센트로!

중학교 시절 상위권에 있던 과정중심의 3퍼센트는 시간이 흐르고 학년이 오를수록 점점 확대된다. 고등학교에 가면 이 3퍼센트가 최상위권의 30퍼센트로 변하게 된다.

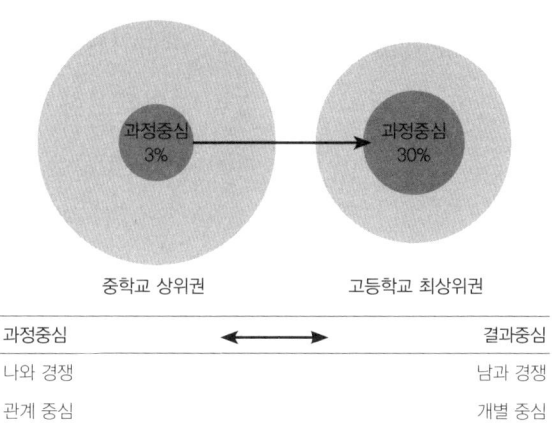

반 석차가 고등학교 때의 전교 석차로 바뀐다. 시간이 갈수록 과정중심의 마법은 강력한 효과를 나타낸다. 중장기적 공부 효율성으로 따지면 엄청난 차이가 나게 된다.

과정중심 공부를 확실히 하려면 한 과정(단원) 한 과정(단원) 확실하게 알고 넘어가야 한다. 한 단계에서 안 넘어가면 완전히 이해가 될 때까지 무한반복해야 한다. **완벽하게 알 때까지 복습을 통해 기본을 튼튼하게 다져야 한다.** '열심히 했다'보다 '완벽히 했다'에 집중하면서 '최선'의 크기를 넓혀나가야 한다. 듣기 싫은 과목이나 중요치 않아 보이는 수업이라도 집중해야 하는 까닭은 여기에 있다. 공부는 무엇보다 품성에서 시작한다. 최고의 결과는 언제나 최선의 과정에서 비롯되기 때문이다.

이것이 바로 품성과 태도까지 바뀌는 진짜 전교 1등의 학습법이다. 이 방법으로 1~2년 이상 철저히 공부하면 하위권은 중위권으로, 중위권은 상위권으로, 상위권의 학생들은 모두 최상위권으로 변한다. 중학교 때 시작한 전교 꼴찌도 고등학교 전교 1등이 충분히 가능하다.

지금까지 살펴본 '과정중심의 비밀'은 1장에서 7장까지 다루었던 공부의 7가지 왕도와 긴밀하게 연결되어 있다. 다음 표에 7가지 공부의 비밀과 7가지 왕도를 매칭해놓았다. 모든 7왕도와 연결되지만 가장 영향력이 큰 2가지씩만 표기했다.

예를 들어, 과정중심 공부를 하면 스트레스가 적고 슬럼프가 없는 이유는 2장과 7장에서 더 자세히 알 수 있다. 긍정적인 마음가짐과 부모가 함께하는 가족관계가 학생의 스트레스를 줄여주기 때문이다.

관련 내용을 다시 한 번 자세히 읽고 싶다면 참고하여 복습해보자.

| 9장 과정중심 7가지 비밀 | 공부의 7왕도 내용과 매칭 |
|---|---|
| 1. 스트레스가 적고 슬럼프가 없다 | 2장(긍정지능) – 7장(아빠효과) |
| 2. 기초가 튼튼해진다 | 4장(시간경영) – 5장(초과목표) |
| 3. 인성이 좋아진다 | 1장(과정중심) – 3장(좋은습관) |
| 4. 가족관계가 끈끈해진다 | 6장(두뇌활용) – 7장(아빠효과) |
| 5. 최적의 공부법을 찾게 된다 | 2장(긍정지능) – 6장(두뇌활용) |
| 6. 전 과목 성적 향상의 원동력이다 | 1장(과정중심) – 4장(시간경영) |
| 7. 성공률이 압도적이다 | 3장(좋은습관) – 5장(초과목표) |

**INTERVIEW** 나는 사교육에 의존하지 않고
두 딸을 명문대에 보냈다

− 고양시 학부모(닉네임 '복덩이들') 인터뷰

대치동이 아닌 곳에서 공부의 과정을 함께하며 두 자녀를 명문대에 입학시킨 어머니에 대한 특별인터뷰다. 지금도 중·고등학생의 교육현장에서 뛰고 계시는 분이다.

## 1. 우선 고양시 학생들의 입시현실이 10년 전에 비해 어떤가요?

10년 전에 비하면 현재 고양시는 중·고등학생들 수준이 살아나고 있는 편이에요. 10년 전 백석고에서 예외적으로 서울대를 10명씩 보냈어요. 그때는 특목고나 자사고가 별로 없을 때입니다. 입시 판도는 몇 년 단위로 바뀌어요. 외고 등이 절정기였을 때는 7~8년 전입니다.

## 2. 현재 고등학교 입시는 어떤가요?

자사고는 전 과목이 탄탄하고 수학에 가중치가 붙은 아이들이 갑니다. 자사고라도 해도 중학교에서 기본기를 잘 닦은 아이들이 견딥니다. 수학을 튼튼히 한 경우에 잘 버티죠. 공부는 습관입니다. 공부 습관이 붙은 아이들이 자사고에서도 잘 버팁니다. 얼마 전까지만 해도 일산이 특목고를 가장 많이 보내는 동네였어요. 그 시절에는 관리형 학원이 많았지요. 지금은 전문학원으로 많이 바뀌었어요. 입시가 바뀌면 관리형 학원으로 바뀔지도 모르지요. 학부모들이 잘 모르시는 게 있어요.

중학교에서 고등학교로 넘어갈 때 꼭 관리해줘야 할 부분이 있거든요. 흔히 '독서'라고만 생각하시는데, 독서의 양이 아니라 질입니다. 독해력 훈련이 중요하거든요. 즐거워서 읽는 책과 공부하면서 읽는 책은 다릅니다. 독해력과 사고력을 키우는 훈련을 해야 합니다. 독해력 훈련은 요약정리부터 시작해 차근차근 단계를 밟아야 합니다.

인터넷 강의로 하든, 학원에 가든, 부모님과 함께 하든, 따로 공부를 하든 방법을 찾아야 합니다. 독해력 훈련이 모든 공부의 기본이거든요. 지금은 국어가 가장 중요해졌습니다. 인문계열과 자연계열이나 원점수에서 표준편차의 차이가 크거든요. 국어의 영향력이 굉장히 큽니다. 의대 입시도 마찬가지입니다. 기출 문제를 많이 푼다 해도 융합 문제가 나오기 때문에 풀기 힘듭니다. 이해력이 뒷받침되어야 합니다.

### 3. 두 따님은 어디를 보내셨나요?

첫째는 외고를 가서 연대를 갔어요. 현재 스물여섯이에요. 지금은 이과가 강하지만 그때는 문과가 우수할 때였어요. 수학을 잘하던 아이들이 이과보다 문과를 갔거든요. 문과·이과 우수함이 상황이나 시기별로 달라요. 둘째는 일반고를 졸업하고 서울대를 갔어요. 둘째는 서울대, 연대, 고대 각각 다른 전형으로 합격했었어요.

### 4. 어머님이 노력을 많이 하신 것으로 들었어요.

제가 입시공부를 10년 정도 했어요. 입시의 흐름을 잡고 가야겠다고 마음먹고 사교육 많이 안 하고 공부시키려고 제가 직접 공부했어요.

## 5. 고양시에서 입시를 준비하는 학생들은 어떤가요?

아이러니하게도 1차로 영재·과학고로 빠져나가고 남은 아이들이 훨씬 효과가 더 좋아요. 고양시의 경우는 재수생의 비중이 적어요. 경제적 여건이랑 연결될 수도 있을 거예요. 중요한 건 최선을 다해서 현역으로 보내자는 겁니다. 그게 기본입니다. 그런데, 대치동에서는 최상위권이건 아니건 학부모들이 경제적 능력만 되면 재수를 시키는 경우가 많아요. 재수를 하는 경우는 원래 목표치에 근접한 실력이었는데 컨디션 조절을 잘못하거나 시험 당일 실수를 했을 때입니다. 하지만 강남에서 재수하는 학생들의 거의 90퍼센트는 그렇지 않아요. 학부모들은 아깝게 재수를 한다고 하지만 냉정하고 객관적으로 보면 실력이 안 되는 경우가 대부분입니다. 거기까지 끌어올리고 싶은 부모의 주관적 교육관이나 욕심 때문에 하는 것이지요. 학생도 마찬가지고요. 판단을 정확히 해야 합니다.

고양시는 학부모들의 학벌도 매우 높고 엄마들도 정보에도 상당히 밝습니다. 예전에는 입시의 판을 못 읽어서 실수하는 분들도 많았습니다. 하지만 지금은 강남의 학원들도 많이 들어왔고, 대부분 입시의 판을 잘 읽습니다.
3~4년 전만 해도 입시 판독 능력이 고양시(일산)는 강남보다 6개월이나 뒤쳐졌어요. 생생한 입시정보를 신속하게 접할 기회가 별로 없었던 거죠. 저처럼 대치동 가서 말 그대로 '죽순이'처럼 살던 엄마가 아니라면 늦었어요. 그런데 이곳 엄마들도 정보력이 많이 좋아졌어요.

고양시에도 한 학교에서 많게는 서울대를 7명 보내고 연고대까지(SKY)는 15명에서 20명 보내는 경우도 많아요. 작년(2016) 통계보다 올해(2017)는 더 좋아졌어요. 판도가 바뀌기 시작한 것이 몇 년 되지 않아요. 지금은 일반고등학교 아이들도 모의고사 성적이 좋아요. 영어가 절대평가로 바뀌면서 외고·특목고 우위가 없어지면서 달라진 것이에요. 특목고 가서 치열하게 경쟁하니 일반고 가서 수월하게 경쟁하자고 생각하는 부모들도 많아졌어요.

**6. 대치동의 재수생들이 비중이 높은 건 어떻게 보세요?**

강남은 재수생 비율이 엄청나요. 수능을 보는 학생들이 N수생까지 해서 현역 입시생의 1.5배가 넘기도 합니다. 고등학교를 4년(3+1) 다니는 거나 마찬가지입니다. '3년 동안 내신 잡고, 1년 동안 재수해서 의대 가자!' 이런 것이지요. 현재를 보았을 때는 의대가 다른 직업에 비해 안전한 직장일 수도 있어요. 하지만 세상은 급속히 변하고 있어요. 자신의 능력과 소신에 따라 합리적으로 미래를 개척해가는 게 좋지 않을까요? 전략적으로 보자면 대치동은 애들 교육 때문에 전세로 간 사람들이 많지만 결국 가성비가 매우 약한 공부가 될 수도 있습니다. 물론 성공하면 다행입니다. 하지만 그렇지 않으면 돈은 돈대로 들고, 고생은 고생대로 합니다.

두 딸을 서울대와 연대 보내면서 사교육비를 한 달에 30만 원씩만 들이면서 공부시켰다고 하면 누가 제대로 믿겠는가요?

**7. 한 달에 30만원이요? 그럼 거의 한 과목만 사교육 하신 건가요?**

그렇지는 않아요. 왜냐하면 시험이 있는 내신 기간에는 혼자 공부하잖아요. 방학이나 시간이 날 때 시켰어요. 평균을 따졌을 때 그 정도 들었어요. 많이 시키지 않고 합리적으로 선택과 집중을 잘 한 것이지요.

**8. 신문 요약이나 독해는 따로 시키셨나요?**

잘 찾아보면 특별한 프로그램을 가진 곳들이 있어요. 똑같은 학원이라도 학원 다니는 걸 비밀로 하고 싶은 학원인 셈이죠. 독해 훈련을 시키는 프로그램을 가진 곳이에요. 제 주변에 SKY(서울대·고대·연대)나 의치한(의대·치대·한의대)을 간 학생들은 그런 독해 훈련을 일찍부터 받은 경우가 대부분이에요. 저희 둘째도 국어 점수 30점 받고 그랬어요. 그런데 이런 훈련을 받고는 바뀌었어요.

결국 '자기 스스로 공부할 수 있는 힘'을 기르는 프로그램이에요. 이런 경험을 실제로 하게 되면 자기 동생에게도 알려주고 싶어 하지 않는다고 해요. 특별한 부모님은 자녀들을 직접 훈련시키는 분들도 계시더라구요.

**9. 대치동보다 가성비가 좋다는 말씀을 좀더 구체적으로 하시면?**

고양시는 가성비 면에서 갑이에요. 대치동 엄마들이 돈 쓰는 것에 비해서 여기 아이들이 학력 수준에서 밀리지도 않아요. 최상위권이 결코 밀리지 않습니다. 자사고든 특목고든 일반고든 어디 가서도 잘하고, 대학교 가서도 잘합니다. 그런데 그게 이유가 있습니다.

## 10. 대치동으로 가는 이유는 최고의 공부 환경 때문 아닌가요?

그건 맞습니다. 장점은 분명합니다. 그곳엔 최상의 면학 분위기가 형성되어 있어요. 긍정적으로 보자면 한도 끝도 없습니다. 하지만, 부정적으로 보자면 또 한도 끝도 없지요.

최상의 면학 분위기가 형성되어 있으니 절대 놀 수 있는 분위기는 아니에요. 하지만 아이들의 자존감은 바닥으로 떨어지는 경우가 허다합니다. 학부모님들은 그런 걸 왜 생각 못 하시는지, 안 하시는지 모르겠어요. 잘못하면 애들이 바보가 될 수도 있어요. 상위권이 되지 못하면 중하위권은 바닥을 치게 됩니다. 그 상처는 평생을 가는 거예요. 부모님들이 아이들의 그런 현실을 진짜 모르세요. 대치동에서 중하위권 아이들이 어떻게 살아가는지 보면 너무 마음이 아파요.

솔직히 말해서 대치동은 강남 금수저권에 A클래스로 들어가고 싶은 사람들이 모여서 공부시키는 곳입니다. 그래서 그들은 대치동으로 들어가는 거지요. 그 사람들은 돈이든 시간이든 여유가 있는 사람들입니다. 대를 이어 여유가 있을 수도 있어요. 그런데 보통 사람들은 그렇지 못합니다. 돈의 가치는 사람마다 다르고, 중요도를 생각하는 기준도 다릅니다. 고양시는 '자기주도적 공부'로 성공한 케이스가 정말 많아요. 물론 '스스로 할 수 있는 힘'이 혼자서 하는 게 아닙니다. 부모가 나서서 '스스로 할 수 있는 힘'을 충분히 길러줘야 하지요. 오랜 시간 옆에서 같이 노력해야 합니다.

## 11. 그런데 어머니 혼자서 하셨나요? 아버님이랑 같이 하셨나요?

저 혼자 했어요. 그래서 힘들었어요. 아이들 교육적인 영역 만큼은 제가 아빠 역할까지 담당하려고 많이 고민하고 공부하고, 실천하려고 무척 노력했거든요. 끝까지 포기하지 않았기 때문에 성공했다고 봅니다. 물론 아빠도 몸은 함께하지 못해도 마음으로는 늘 응원해줬지요.

## 12. 첫째랑 둘째랑 누가 더 힘드셨나요?

첫째, 둘째 다 따로 따로 힘들었어요. 둘 다 딸인데 첫째는 어려서부터 너무 고지식하고 융통성이 없어서 여행을 자주 보냈어요. 제가 데리고 간 것이 아니라 결혼하지 않은 이모랑 보냈어요. 매년 한두 달씩 해외여행을 보냈지요. 최대한 경비를 줄이려고 고생을 사서 하는 여행을 하게 했어요. 아이의 사고를 좀 깨뜨려주려고 한 것이지요.

둘째는 여행을 보낸 건 아니구요. 독해 훈련을 하는 프로그램을 하면서 올백을 찍기 시작했어요. 국어와 독해를 잘 하게 되니까 전 과목으로 퍼지게 되더라구요. 국어 공부가 모든 공부의 기초인 것 같아요. 말하자면 공부의 도구과목이지요. 그걸 잘 모르는 엄마들이 많은 것 같아요. 고등학교 가서도 국어가 발목을 잡아서 성적이 오르지 않는 게 아니에요. 공부의 기초 역량이 부족해서 점수가 안 나오는 거예요. 기본이 부족하면 나머지 공부 모두가 흔들릴 수 있어요. 여기서 말하는 '국어'는 수능 점수를 잘 맞기 위한 것만이 아니에요. 기본 개념 파악력, 문해력, 독해력, 어휘력 모두를 말하는 것이지요.

전체적인 흐름을 잡을 수 있는 능력을 배양하는 겁니다. 그게 진짜 국어 능력입니다. 정확한 독해만 잘해도 공부 시간을 30~40퍼센트 줄일 수 있어요. 국어를 잘하게 되면 영어도 잘하게 됩니다. 언어 능력은 연결이 되어있거든요. 국어를 잘하면서부터 모든 과목을 잘하게 되었어요. 가성비가 월등하게 높아진 것이죠. 국어를 잘하니 영어도 잘하고, 그럼 이번에는 토론을 시켜볼까? 그래서 토론을 시키니까 토론도 잘하네. 또 에세이도 잘 써. 그러다 보니까 논술도 잘해. 이렇게 전체적으로 골고루 다 잘하게 된 것이지요. 우리 아이는 가성비가 매우 좋은 경우였어요. 평범한 아이들은 적절하게 선택과 집중을 하면 최고는 몰라도 최상의 결과를 얻을 수 있어요.

### 13. 사교육은 영재고가 제일 문제 아닌가요?

맞아요. 굉장히 문제인데 정부에서 그건 제대로 건드리고 있지 않지요, 지금.

### 14. 공교육이나 정부 정책은 어떤가요?

사교육을 많이 받아서 수업시간에 자는 경우도 있어요. 하지만 자존감이 떨어지면 공부에 의욕이 생기지 않아요. 대치동의 경우는 학구열이 있고 면학분위기가 있어요. 강한 통제권을 가진 학원까지 있으니 강제로라도 유지가 됩니다. 그런데 여기는 그렇지 않아요. 결국 자기 스스로 공부할 수 있는 힘을 어떻게 길러주느냐의 문제입니다. 그래도 예전에 비하면 지금은 학생부종합전형 등으로 학생들에게 자극이 되는 경우도 많아요.

제가 보기에도 교육정책은 문제점이 많아요. 하지만 교육은 모두가 요구하는 대로 다 맞추는 건 불가능합니다. 내가 볼 때는 문제점이지만 다른 사람이 보면 아닐 수도 있어요. 그렇다면 부정하기보다 일단 맞추어야 합니다. 저도 찬성, 반대 확실하게 할 수 있어요. 하지만 그렇게 하지 않습니다. 강력한 주장을 하는 사람들도 기본적으로 자기 아이들과 관련이 있기 때문이에요. 그 주장에 합류하고 나설 수도 있지만, 우선은 주어진 정책에 맞추어 따라가야 한다고 봐요.

아이들은 어떠한 상황에서도 움직일 수 있는 주체로 성장하도록 도와줘야 하거든요. 부모들이 모두 입시관이나 교육관이 확고한가요? 대부분 그렇지 않지요. 교육현실은 언제나 유동적이었고, 입시는 수시로 바뀌어왔어요. 그렇다면 우리가 그 상황에 맞춰서 준비해야 합니다. 찬반을 논하더라도 입시는 상황에 맞춰 준비해야 합니다. 현실을 바꾸는 건 투표든 무엇이든 다른 차원에서 또 노력해야지요.

## 15. 아이에게 중요한 건 무엇일까요?

저는 언어 능력이 뛰어나고 영어를 상당히 잘하면 외고를 가는 게 맞다고 봅니다. 자사고를 가려면 실력과 함께 성실성이 갖춰져 있어야 하겠구요. 성실함을 기본으로 다른 아이들과의 경쟁에서 밀려서 상처받지 않을 수 있는지 살펴봐야겠지요. 아이가 열심히는 하지만 소심하거나 상처를 잘 받아서 가슴에 멍울처럼 간직하고 있는 스타일이라면 경쟁이 치열한 곳에 보내면 안 됩니다. 그냥 본인이 원하는 곳으로 보내야지요. 특목고 같은 곳을 보내려면 역량이 되는지를 체크를 해야 합니다. 상처 받지 않고, 좋은 친구들과 있으면서 경쟁에서 지치지 않고 공부할 수 있는지 봐야 합니다. 부모가 자신의 아이를 객관적으로 평가할 줄 알아야 해요.

저는 항상 이렇게 이야기합니다. '내 자식이 항상 어디를 가든지 빛이 나는 곳에 있어야 한다!' 인생을 살면서 다 단계가 있다고 생각해요. 내가 살고 있는 곳이 현실이고, 내가 발 딛고 있는 곳이 내가 주인공이 될 수 있는 무대라고 생각합니다. 그러면 거기서 빛나는 게 낫지 않겠냐고 생각하는 것이지요.

### 16. 자녀교육 하면서 특별한 점이 있다면요?

저는 아이들 장점노트를 썼어요. 왜냐하면 아이와 너무 많이 싸워서요. 하도 많이 싸워서 그걸 해결하는 방법으로 나를 내려놓는 걸 선택한 것이지요. 스스로 인내하는 게 정말 쉽지 않았어요. 저는 열정만 있는 평범한 엄마일 따름이고, 학벌도 좋지 않아요. 하지만 저는 끈기를 갖고 아이를 정말 잘 키워보고 싶었어요. 잘할 줄 아는 게 별로 없는 평범한 엄마로서 말이지요.

### 17. 특별한 노력을 많이 하신 거 아닌가요?

특별한 거라면 저는 동기부여를 확실하게 해줬어요. 여행을 갔다 오면 제가 이야기했어요. "네가 이번에 성과를 내면 내년에도 보내줄게!" 그러면 또 아이가 열심히 하려고 노력합니다. 그리고 여행을 보냅니다. 힘들게 갔다가 한국에 들어와서 며칠만 지나면 잊어버려도, 여운이 많이 남는 모양입니다. 또 이야기하지요. "엄마가 볼 때 네가 이 정도까지만 해주면 내년에는 이모랑 상의해서 다른 곳을 보내줄게."

그렇게 계속 동기를 부여해주었어요. 해외여행은 이모랑 보냈고, 국내여행은 저랑 같이 많이 다녔어요. 해외여행을 보낸 이유는 엄마랑 떨어져서 독립적으로 키워보고 싶은 마음에 그렇게 보낸 것이에요. 초등학교부터 중학교 1학년까지 그렇게 했어요.

원래 너무 답답하고 속 터지는 아이였어요. 1+1은 절대로 2라고만 생각하는 고지식한 아이요. 그래서 제가 동기부여를 시킬 방법을 찾다가 여행을 선택한 거예요. 부모가 데리고 가는 것은 의미가 없을 것 같았고, 생고생하는 여행을 보낸 것이지요. 어지간한 나라에 가서 한 달씩 여행을 다니니까 그 나라에 사는 사람보다 그 지역에 대해 더 많이 아는 것도 생기더라구요. 결혼 안 한 이모와 같이 고생하는 여행을 했기 때문에 큰 돈은 아니었지만 그래도 투자를 꽤 했지요. 큰 딸은 말이 없고, 성실한 편이에요.

반면에 둘째는 고집 세고 불성실한 스타일이에요. 그래서 둘째는 해외여행도 보내지 않았어요. 그런데도 결국 둘째는 서울대·연대·고대 다 붙었어요. 그 아이는 그저 포기하지 않고 끝까지 노력한 덕분인 것 같아요. 어릴 때부터 독서든 무엇이든 기본적으로 했던 역량이 좀 있기도 했구요. 저는 큰 딸 때문에 입시공부를 시작했지만 둘째 때는 꼴통이지만 역량이 있어서 끝까지 포기를 하지 않았어요.

부모는 신이 아니잖아요? 아이가 반발하면 부모도 포기하고 싶은 순간이 불쑥불쑥 찾아옵니다. 엄마가 공부를 하지 않으면 자신도 공부를 하지 않겠다고 하더라구요. 힘들었지만 포기하지 않았어요. 아이의 역량을 키워주도록 끝까지 포기하지 않고 노력했어요. 결국 서울대 인류학과에 일반 전형으로 들어갔어요.

**18. 아까 고양시에 서울대 많이 보내는 학교가 있다고 하셨는데?**

학교가 학생을 보낸다는 건 조금 착각입니다. 학교가 잘해서 서울대를 많이 보내는 게 아니고 그 학교를 선택했던 아이들이 기본적으로 우수했던 겁니다. 선생님 가운데도 좋은 선생님은 있습니다. 담임선생님을 잘 만나면 좋은 경우도 있지요. 하지만 다 그렇지 못합니다.

입시는 매일 몇 시간씩 시간 투자를 해야 합니다. 그러나 야근 수당이 나오는 것도 아니고 공교육 선생님들은 어려운 환경입니다. 공교육이 더 발전하려면 연수도 필요하고 교육도 지속적으로 필요하다고 생각합니다.

또 학교는 리더(교장, 교감)에 따라 달라집니다. 학교 구성원들과 잘 맞아야 해요. 학생부종합전형으로 많이 보내고 싶으면 선생님이 따라줘야 하지요. 학생들의 능력을 발양시켜줘야 합니다.

**치열한 교육 현장에서 몸으로 겪은 말씀 감사합니다.**

최상위권 도약을 위한 지침 1

# 부모님께 – 어렵지만 꼭 지켜야 할 실행 지침

### 1. 아이 앞에서 일하거나 책을 읽어라

부모들은 직장에서 열심히 일하고 왔으니 집에서는 쉬어야 한다고 생각한다. 그러나 자녀들은 집에서 공부를 해야 한다고 생각한다. 자녀들이 절대 납득할 수 없는 논리이다. 자녀들은 자신도 학원과 학교애서 고생하고 왔다고 생각하기 때문이다. 자녀들이 하기를 원하는 행동을 아이들 앞에서 부모가 직접 해야 한다.

### 2. 거실에서 TV를 없애고 책장으로 채워라

부모가 TV를 보면 아이들도 TV를 본다. 부모가 TV를 보면서 자녀들에게 TV를 보지 말라고 하지 말라. 자제력도 기대하지 말아야 한다. 부모가 하지 못하는 것을 자녀들이 할 수 있다고 생각하면 안 된다. 거실에 TV가 있으면 쉴 때 TV를 본다. 거실에 책이 가득하면 쉴 때 책을 본다. 쉴 때 책을 본다는 것이 이상하게 느껴진다면 부모의 습관도 잘못된 것이다.

### 3. 스마트폰을 아예 없애버리거나, 아이 앞에서 꺼내지 마라

학생들에게 스마트폰은 필요가 없다. 오직 시간을 허비하기 위해 사용될 뿐이다. 자녀들에게 스마트폰을 사주지 않으려면 부모도 쓰지 말아야 한다. 하지만 현실적으로 부모 세대가 스마트폰을 쓰지 않기는 힘들다. 아이 앞에서만 쓰지 말아야 한다. 반드시 해야 하는 일은 자녀 앞에서 노트북을 써라. 실제로 스마트폰으로 해야 하는 일은 노트북으로 대신할 수 있다. 일하는 것처럼 보이고, 실제로 스마트폰을 쓰는 것보다는 더 능동적으로 활동하게 된다.

### 4. 온 가족이 함께 저녁 식사 혹은 아침 식사를 하라

온 가족이 함께 시간을 보낸다는 것은 생각보다 중요하다. 자녀에게 좋은 영향을 줄 수 있는 시간이기도 하다. 식사까지 함께 준비하지는 못하더라도 함께 식사를 하며 서로에 대해 자연스럽게 이야기를 나누자. 부모도 자신의 일에 대해 이야기하라. 어린 자녀들은 생각보다 부모의 일에 대해 알지 못한다. 그러나 돈과 부동산에 대해서는 말하지 말아야 한다. 그리고 식사를 할 때는 스마트폰과 신문을 치워라.

### 5. 시험 성적에 대해 칭찬하거나 혼내지 마라

성적이 아닌 과정에 대해서만 말해야 한다. 공부를 안 했는데도 성적이 잘 나올 수 있다. 이때 칭찬을 받으면 자녀는 공부하지 않는다. 노력하지 않고 결과를 얻는 달콤한 맛을 봤기 때문이다. 공부를 열심히 했는데, 성적이 안 나올 수도 있다. 이때 혼을 내면 자녀는 공부하지 않는다. 열심히 노력하는 것은 소용없다는 인식을 가지기 때문이다.

### 6. 선생님을 존중하게 하라

자신을 가르쳐주고 평가하는 선생님을 무시하면 과연 누구를 존중할 수 있을까? 아무리 부족해 보여도 고등교육을 받고 현직에서 오래 종사하신 분들이다. 존경까지는 못하더라도 존중하는 마음을 가져야 한다. 부모가 존중하는 태도를 보이면 자녀들은 금방 닮는다. 다른 모든 사람들을 존중하는 마음의 출발점이다.

### 7. 혼자 공부할 수 있는 시간을 확보해줘라

일주일 내내 빽빽하게 학원 스케줄을 채우면 안 된다. 많이 배운 것 같지만 아무 것도 머리에 남지 않은 상태로 바쁘고 힘든 시간만 지나게 된다. 배운 내용을 복습하고 제대로 과제를 준비할 수 있는 날을 하루정도 만들어 주어야 한다. 그리고 이 날은 자녀를 혼자 두지 말고 함께 공부하라.

### 8. 문제만 많이 풀게 하지 말아라

문제는 많이 풀어야 하지만, 문제만 많이 푸는 것은 의미가 없다. 교과서와 개념 정리 등 이론적인 학습을 함께 해야 한다. 배경지식을 심화하기 위해 책을 읽는 것도 좋다. 그리고 이론적인 학습을 할 때는 눈으로만 보지 말고 자기 나름대로 내용을 정리한 노트를 만들게 하라.

### 9. 대화를 많이 하라

대화는 가능한 빨리, 많이 해야 한다. 중2 정도 되면 부모와의 대화가 단절되기 시작한다. 그러나 대화를 이미 많이 한 아이들은 그 나이가 되어도 많은 대화를 나눈다. 대화를 나누어야 아이에게 꿈과 비전을 심어줄 수 있다. 아이들은 부모의 세계관과 가치관을 닮아간다. 부모가 속물적인 이야기를 나누면 아이도 똑같이 된다. 부모가 숭고한 가치를 쫓으면 아이들도 그렇게 된다. 자신의 직업과 일에 대해 비관적인 이야기는 절대 금물이다. 공부에 대해 비관적으로 된다. 타인에 대한 부정적인 이야기도 하지 말아야 한다. 항상 아이에게 관심을 가지고 대화를 나누고, 항상 좋은 가치를 추구하는 이야기를 나누어라.

## 10. 항상 최선을 다하게 하라

자기에게 이익이 되는 부분만 열심히 하는 학생들은 주변 사람들이 모두 싫어한다. 모든 것에 최선을 다하면 지금 당장은 힘들고 결과도 덜 좋을 수 있지만, 언젠가는 빛을 발한다. 최선을 다하지 않는 습관은 평생 습관으로 남는다. 언제나 최선을 다하는 습관도 평생 습관으로 남는다. 좋은 비전을 가지고 최선을 다하는 학생은 남과 자신을 비교하지 않고 자신의 태도만을 되돌아본다. 그리고 지치지 않고 충만한 삶을 살 수 있다.

최상위권 도약을 위한 지침 2

# 학생에게 – 자기주도 전교 1등을 위한 실행 지침

상위권에서 최상위권으로 도약하는 것은 힘들지만 충분히 가능한 일이다. 공부 습관, 공부 방법, 생활 습관, 시간 관리법 등 여러 측면에서 '조금 다르게' 살아야 한다. 어렸을 때부터 꾸준히 쌓아왔다면 다행이지만 그렇지 않다면 의식적인 도전을 해야한다. 학생뿐만 아니라 부모 역시 그렇다.

### 1. 교과서 10회독은 기본

교과서를 철저히 해부하며 읽는 것은 기본 중의 기본이다. 교과서는 대한민국 최고의 필진이 참여해 만든 최강의 기본서다. 학습목표부터 보충설명까지 샅샅이 공부한다. 모르는 부분을 넘기지 말고 반드시 확인한다. 뼈대에 살을 붙여나가듯 읽으면 기초가 탄탄해진다.

### 2. 철저한 예습·복습으로 심층적 자기주도 학습 생활화

예습은 공부를 즐겁게 하도록 하고 복습은 오래 기억하게 한다. 내일 배울 것을 예습하고 오늘 배운 것을 복습하는 기본 패턴을 지켜나가면 공부는 습관이 될 수 있다. 의식하지 않고도 일상에 공부가 자리잡게 되는 것이다.

### 3. 통시간에 몰입하고 자투리 시간은 활용하는 시간 관리

한 달, 일주일, 하루를 어떻게 쓰고 있는지 파악해야 한다. 데이터를 바탕으로 통시간과 자투리 시간을 분류할 수 있다. 통시간에는 최대한 몰입하고, 자투리 시간은 단어장, 스톱워치, 운동 등 다양한 방법으로 활용해야 한다.

### 4. 독서 활동, 신문 요약 등 독해력과 문해력 기초 향상 훈련

어릴 때 시작하는 것이 좋다. 다양한 분야의 독서는 독해력과 상상력을 동시에 길러준다. 신문 읽기로 문해력, 어휘력, 상식을 얻을 수 있다. 부모가 함께 하면 더욱 좋다. 꾸준히 하면 평생 가져갈 수 있는 좋은 습관을 얻을 수 있다.

### 5. 반복학습을 통해 교과서는 통으로 암기

10회독과 끊임없는 예습과 복습으로 반복하면 교과서를 통째로 암기할 수 있다. 영어 같은 언어 공부는 더 효과적이다. 반복해서 암기가 되고 완벽하게 숙지하면 그 안의 단어, 문법, 구조, 쓰임새 등을 자연스럽게 습득할 수 있다.

### 6. 가르치듯이 공부하는 시뮬레이션 공부 방법 활성화

완벽한 이해를 위해서는 시뮬레이션이 효율적이다. 마지막 점검이나 시험기간만이 아니라 평소 예습이나 복습을 할 때에도 활용하면 좋다. 특히 복습을 할 때 충분히 개념을 숙지하고 있는지, 암기해야 할 부분은 제대로 외웠는지를 명확히 알 수 있다.

### 7. 모든 과목에서 기초부터 튼튼히

기초가 부족하면 고등학교 때 힘들다. 기초 개념에서 확장된 심화 개념을 이해할 수 없고, 기초가 탄탄해야 풀 수 있는 고난이도 문제들이 많다. 기초로 돌아올 시간도 여유도 없을 수 있으니 처음 배울 때 튼튼히 해놓는 것이 좋다.

## 최상위권 도약을 위한 지침 3

# 실전 지침 – 대치동 전교 1등의 교과서 필기 방법

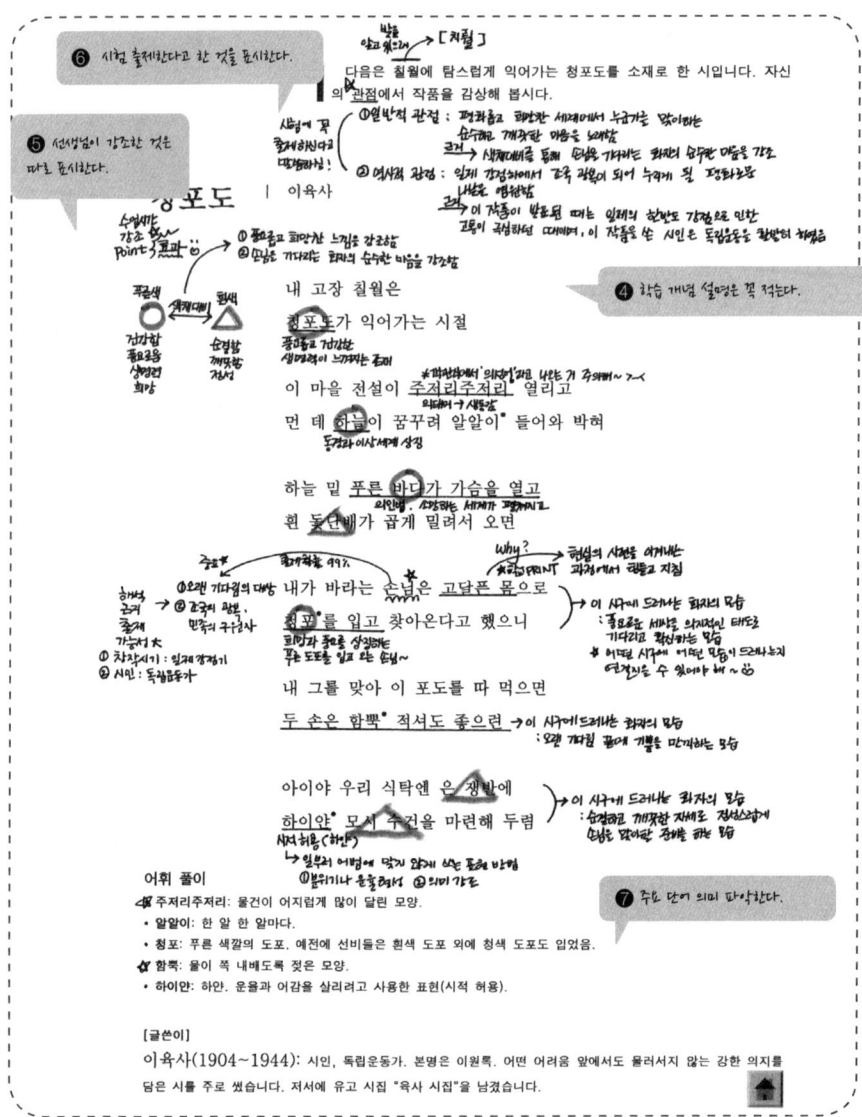

❶ 선생님이 말씀하시는 모든 것을 받아 적는다.
❷ 언제라도 알아볼 수 있게 또박또박 받아 적는다.
❸ 다 적지 못한 부분은 쉬는 시간에 마저 적는다.

→ 수업시간에 열심 강조하신 것만 따로 모았어~

<서술 출제 예감>
1. 서술자의 특성과 주제와의 연관성
2. 시점 (1인칭 주인공 시점) 특징
3. 소재 (감자, 닭싸움, 동백꽃 )의 의미
4. '나'와 '점순'의 성격과 관계
5. 숨겨 배열 → 과거와 현재
   → 서정이 일어난 순서

그림에 따르면
작고 노란 생김
새의 꽃
서식으로 **동백꽃** | 김유정
'동박꽃'

→ 농촌의 실상을 해학적으로 표현

★ 1인칭 시점의 효과
'점순'의 애정적인 관심을 알아채지 못하는 '나'의 어수룩한 모습을 통해 웃음을 유발하고, 사춘기 소년소녀의 사랑을 더욱 순수하게 느끼게함

★제목의 의미: 밭에 '한창 피어 퍼드러진 노란 동백꽃'은 소년과 소녀의 순박한 사랑을 상징함

점순네 수탉에게 우리 수탉이 여지없 당겨옴

우리 수탉 vs 점순네 → 오늘도 또 우리 수탉이 막 쪼이었다. 내가 점심을 먹고 나무를 하
→ 닭싸움          백합적인 상황   러 갔으려고 나올 때이었다. 산으로 올라서려니까 등 뒤에서 푸드덕
① 어유가 드러나지 않음 의외대이야   푸드덕 하고 닭의 홰소리*가 야단이다. 깜짝 놀라며 고개를 돌려 보
 문제 갈등요소 유발
② '나'에 대한 '점순'  날쌍이 크게 나갔으면 탁력했을것이다
의 미움과 애정이 두  니 아니나 다르랴, 두 놈이 또 얼리었다.*
는 이중적인 갑지의 표현   웃기의 사양이나 있음이 갖대 섞어서 이루어지
③오저 자긴 귀에서는  점순네 수탉(은 대강이*가 크고 똑 소리같이 실팍하게* 생긴 놈
닭씨음을 얘기로 해서  '머리'를 속되게 이름   생래서 몸과 따위가 버째 매우실하다
와 와 사건의 자연스런   이 덩저리*작은 우리 수탉을 함부로 해내는* 것이다. 그것도 그냥 해
전개됨                상대편을 위함한 일  이겨나
 '상황을 위함하여 일  
                    내는 것이 아니라 푸드덕하고 면두*를 쪼고 물러섰다가 좀 사이를
★핵심정리              '벼슬'의 방언
 갈래: 현대소설, 단편소설, 농촌소설  두고 또 푸드덕하고 모가지를 쪼았다. 이렇게 멋을 부려 가며 여지없
 성격: 해학적, 향토적, 서정적   이 닭아 놓는다. 그러면 이 못생긴 것은 쪼일 적마다 주둥이로 땅
 배경: 시간 - 1930년대 봄  → '나'의 수탉
 공간 - 강원도 산골 농촌   을 받으며 그 비명이 킥, 킥 할 뿐이다. 물론 미쳐 아물지도 않은 면두
 시점: 1인칭 주인공 시점  를 또 쪼이어 붉은 선혈*은 뚝뚝 떨어진다.
 주제: 산골 젊은 남녀 간의        산혈
         순박한 사랑              이걸 가만히 내려다보자니 내 대강이가 터져서 피가 흐르는 것같이
 특징①  엉뚱하고 어수룩한 '나'를  '나'의 성격: 분노 (적대시 수탉이 피투성이 당아고 있어서)
        서술자로 선정하여 작품의  두 눈에서 불이 번쩍 났다. 대뜸 지게막대기를 메고 달려들어 점순네
        해학성을 돋움            '나'의 처지와 성격 짐작 가능 (정순: 마음의 땅, 나: 소작농의 아들)
     ② 토속적 어휘 등 사투리의  닭을 후려칠까 하다가 생각을 고쳐먹고 헛매질로 때어만 놓았다. → 제급차이
        향토적인 분위기 자아냄                                              이 드러나는 부분
     ③ 역순행적 구성을 취함    이번에도 점순이가 쌈을 붙여 놨을 것이다. 바짝바짝 내 기를 올리
                    ↑ 1인칭주인공시점의구    → 정순이가 닭싸움을 불었음
                      특징: 자신이 느라고 그랬음에 틀림없을 것이다.
                        생각이나 
                        갔 인물의 행동  고놈의 계집애가 요새로 들어서서 왜 나를 못 먹겠다고 고렇게 아
현재 ↑                 관활 됨   르렁거리는지 모른다.] // 발단: '점순'이 닭싸움으로 '나'의 약을 올림
과거 ↓                역순행적 4일 전  갑자 조간*만 하더라도 나는 저에게 조금도 잘못한 것은
                       구성   4일전  → 정순이가 '나'의 집의 자신의 닭을 쓸을 들이는 원인   정순의 마음을 어지지 못함
                       없다. 1일 현재
                             2일 이틀
                              전 서
                                     계집애가 나물을 캐러 가졌 남 울타리 엮는데 쌩이질*을 하
                                                                 한창 바쁠 때 쓸데없는 짓 남 귀찮게 구는 것
                                     는 것은 다 뭐냐. [그것도 발소리를 죽여 가지고 등 뒤로 살며시 와서
                                     "얘! 너 혼자만 일하니?"] '나'에게 고정을 보이는 점순

411

### 비음화, 유음화, 구개음화

**※ 말소리가 바뀌는 방향**

① 순행 동화
: 앞말의 영향으로 뒷말이 바뀜
예) 담력[담녁]·담라[담나]·달라[달라]

② 역행 동화
: 뒷말의 영향으로 앞말이 바뀜
예) 착함[착함]·전리[절리]

● 먹는 → [멍는]     ● 닫는 → [단는]     ● 밥물 → [밤물]
  역행·불완전            역행·완전              역행·완전

> **규칙 ▶** 받침 'ㄱ, ㄷ, ㅂ'이 'ㄴ, ㅁ' 앞에서 [ㅇ, ㄴ, ㅁ](으)로 소리
> 비음화   난다.

③ 상호 동화
: 앞말과 뒷말이 서로 영향을 받아 모두 변함
예) 백로[뱅노]·협력[혐녁]

● 칼날 → [칼랄]     ● 난로 → [날로]
  순행·완전              역행·완전

> **규칙 ▶** 'ㄴ'은 'ㄹ'과 만나 [ㄹ](으)로 소리 난다.
> 유음화

**※ 동화 정도**

① 완전 동화
: 영향을 준 것과 받은 것 일치
예) 신라[실라]·풍년[풍년]·물결[물결]

● 굳이 → [구디] [구지]     ● 같이 → [가티] [가치]

② 불완전 동화
: 영향을 준 것과 받은 것 불일치
예) 심리[심니]·백로[뱅노]

● 미닫이 → [미다디] [미다지]     ● 붙이다 → [부터다] → [부치다]

> **규칙 ▶** 받침 'ㄷ, ㅌ'이 조사와 접미사의 모음 'ㅣ'와 만나는 경우에
> 구개음화   [ㅈ, ㅊ](으)로 소리 난다.   정복^^

→ 어렵게 음운규칙 정의 ~ ❤

※ <시험 출제 예감> → 학교생이 주는 TIP

1. 음운 규칙 정의 : 정확하게 알 수 있어야 한다고 반복해 강조하심

2. 여러 단어에 적용된 음운 규칙 파악하기 : 활동활동에 있는 <읽기예문> 유형으로 출제하신대!

잠깐! 서술형 작성시에는 <조건>을 잘 지켜야 해! 정답 또 중에 <조건>에 맞게 썼는지 꼭 확인해야. 특히, 문제에서 요구하는 것 뻔진 것이 없는지 &, 요구한 형태대로 썼는지 꼭 검토하자~

|  |  |
|---|---|
| 비음화 | **비음화** 비음이 아닌 음운 'ㄱ, ㄷ, ㅂ'이 비음 'ㄴ, ㅁ'과 만나 비음 'ㅇ, ㄴ, ㅁ'으로 바뀌는 현상. |
| 유음화 | **유음화** 유음이 아닌 음운 'ㄴ'이 유음 'ㄹ'과 만나 유음 'ㄹ'로 바뀌는 현상. |
| 구개음화 | **구개음화** 구개음이 아닌 음운 'ㄷ, ㅌ'이 조사와 접미사의 모음 'ㅣ'를 만나 구개음 'ㅈ, ㅊ'으로 바뀌는 현상. |

비음화, 유음화, 구개음화는 한쪽 음운이 다른 쪽 음운의 성질을 닮아 가는 현상이다. 이런 현상이 일어나는 이유는 두 말소리를 닮게 발음하면 더 쉽고 편하게 발음할 수 있기 때문이다.

<음운 규칙의 적용>
한 단어에 여러 음운 규칙이 단계적으로 적용될 때가 있다.

예) 앞문 →(음절의 끝소리 규칙)→ [압문] →(비음화)→ [암문]

닫히다 →(축약)→ [다티다] →(구개음화)→ [다치다]

짓는 →(음절의 끝소리 규칙)→ [짇는] →(비음화)→ [진는]

### 이어진문장

● 이어진문장의 종류에 대해 알아봅시다.

(1) <보기>는 두 개의 홑문장으로 하나의 이어진문장을 만든 것입니다. 이를 참고해 주어진 연결 어미를 활용하여 두 개의 홑문장을 하나의 이어진문장으로 만들어 봅시다.

<보기>
㉮ 낮말은 새가 듣는다. 밤말은 쥐가 듣는다.
→ 낮말은 새가 듣고 밤말은 쥐가 듣는다.
㉯ 바람이 분다. 나뭇잎이 떨어진다.
→ 바람이 불어서 나뭇잎이 떨어진다.

● 밤말은 쥐가 듣는다. 낮말은 새가 듣는다.
→ ─────────────── -고

● 나뭇잎이 떨어진다. 바람이 분다.
→ ─────────── (-아/-어)서

(2) (1)의 홑문장을 이어진문장으로 바꾸었을 때, 그 의미가 자연스러운지 말해 봅시다.

| 이어진문장 | 이어진문장은 앞 절과 뒤 절의 의미 관계에 따라 대등하게 이어진 문장과 종속적으로 이어진 문장으로 나눌 수 있다. 이어진문장에는 연결 어미가 사용된다.<br>1. 대등하게 이어진 문장: 앞 절과 뒤 절의 의미가 대등한 관계에 있는 문장을 말한다.<br>㉠ • 민지는 친절하고, 희수는 다정하다.<br>• 나는 배는 좋아하지만, 사과는 좋아하지 않는다.<br>2. 종속적으로 이어진 문장: 앞 절과 뒤 절의 의미가 독립적이지 못하고 종속적인 관계에 있는 문장을 말한다.<br>㉠ • 네가 없으면, 나는 쓸쓸해.<br>• 산에 오르려고, 우리는 일찍 일어났다. |
|---|---|
| 대등적 연결어미:<br>-고, -(으)며,<br>-든지, -지만 등 | |
| 종속적 연결어미:<br>-(아)서, -(으)면<br>-(으)려고, -는데<br>-(으)ㄹ지라도 등 | |

국어 2 (2단원) 13

최상위권 도약을 위한 지침 4

# 독서목록 – 대치동 전교 1등의 주요 독서목록

| 문학 |

1984(조지 오웰)

가시고기(조창인)

갈매기의 꿈(리처드 바크)

거짓말쟁이와 모나리자(E. L. 코닉스버그)

그 많던 싱아는 누가 다 먹었을까(박완서)

김유정 단편전집(김유정)

난장이가 쏘아올린 작은 공(조세희)

뉴욕 쥐 이야기(로이 세이들러)

데미안(헤르만 헤세)

돈키호테(세르반테스)

동물농장(조지 오웰)

뒤바뀐 교환학생(크리스티네 뇌슬링어)

레미제라블(빅토르 위고)

로봇 소년, 학교에 가다(톰 앵글버거 외)

마션(앤디 위어)

맥베스(윌리엄 셰익스피어)

멋진 신세계(올더스 헉슬리)

명혜(김소연)

모모(미하엘 엔데)

빠삐용(베르나르 베르베르)

생명이 있는 것은 다 아름답다(최재천)

선생님과 함께 읽는 우상의 눈물
(전국국어교사모임)

수레바퀴 밑에서(헤르만 헤세)

시인 동주(안소영)

아Q정전(루쉰)

연금술사(파울로 코엘료)

연어(안도현)

오이대왕(크리스티네 뇌스틀링거)

원미동 사람들(양귀자)

위대한 개츠비
(프랜시스 스콧 피츠제럴드)

이보시오 낭군님아, 이내 심중에도 천하가 담겼다오(장주식)

전갈의 아이(낸시 파머)

전우치전(구인환)

좀머 씨 이야기(파트리크 쥐스킨트)

지킬 박사와 하이드
(로버트 루이스 스티븐슨)

최척전: 어지러운 세상 인연의 배를 띄워
(황혜진)

커피우유와 소보로빵(카롤린 필립스)

퇴계, 달중이를 만나다(김은미)

파도(토드 스트라써)

햄릿(윌리엄 셰익스피어)

히라도의 눈물(한정영)

II 인문사회

10대를 위한 JUSTICE 정의란 무엇인가
(마이클 센델)

가난한 사람들을 위한 은행가
(무하마드 유누스)

거북이는 왜 달리기 경주를 했을까
(김경집 외)

경제 교과서, 세상에 딴지 걸다(이완배)

경제는 내 친구(정광재)

경제학 콘서트(팀 하포드)

국경없는 의사회(데이비드 몰리)

국제기구 인턴십 분투기(이종현)

그 순간 대한민국이 바뀌었다(김욱)

그들이 말하지 않는 23가지(장하준)

금오신화(김시습)

김영란의 열린 법 이야기(김영란)

김영란의 열린 법 이야기(김영란)

김홍도의 풍속화로 보는 옛 사람들의 삶
(최석조)

나는 세계일주로 경제를 배웠다(코너 우드먼)

나는 세계일주로 자본주의를 배웠다
(코너 우드먼)

나쁜 사마리아인들(장하준)

넛지(리처드 탈러)

누가 내 머릿속에 브랜드를 넣었지?
(박지혜)

니체의 차라투스트라는 이렇게 말했다
(진은영)

다른 게 나쁜 건 아니잖아요
(SBS스페셜제작팀)

데스노트에 이름을 쓰면 살인죄일까?
(김지룡)

도시는 무엇으로 사는가(유현준)

도시의 승리(에드워드 글레이저)

디케의 눈(금태섭)

부의 미래(앨빈 토플러)

산업혁명 세상을 바꾸는 14가지 미래기술
(한국경제TV사업팀)

삼국유사(일연)

생각의 탐험(최재천)

생각하는 십대를 위한 토론콘서트
(이완배)

세계의 환경도시를 가다
(이노우에 토시히코)

슈퍼괴짜경제학(스티븐 레빗)

스토리텔링 초등 한국사 교과서3
(초등역사교사모임)

스티브 잡스(월터 아이작슨)

식탁 위의 세계사(이영숙)

아웃라이어(말콤 글래드웰)

안중근 재판정 참관기(김흥식)

앨빈 토플러 청소년 부의 미래
(앨빈 토플러, 하이디 토플러)

어댑트(팀 하포드)

열린 법 이야기(김영란)

오리지널스(애덤 그랜트)

오주석의 옛그림 읽기의 즐거움(오주석)

왜 세상의 절반은 굶주리는가?
(장 지글러)

이야기의 힘(EBS다큐프라임)

일론 머스크, 미래의 설계자(애슐리 반스)

정의란 무엇인가(리처드 샌델)

죽은 경제학자들의 살아있는 아이디어
(토드 부크홀츠)

청소년을 위한 경제의 역사
(니콜라우스 피퍼)

총균쇠(제러드 다이아몬드)

침묵의 봄(레이첼 카슨)

크로스(진중권, 정재승)

판결을 다시 생각한다(김영란)

프레임(최인철)

**416**
대치동 최상위권 공부의 비밀

## III 과학 및 수학

2030 화성 오디세이(최기혁 외)

게놈(맷 리들리)

과학자와 놀자(김성화 외)

과학콘서트(정재승)

극지과학자가 들려주는 기후변화 이야기(하호경)

떡갈나무 바라보기(주디스 콜)

생명이 있는 것은 다 아름답다(최재천)

스키너의 심리상자 열기(로렌 슬레이터)

아내를 모자로 착각한 남자(올리버 색스)

앨러건트 유니버스(브라이언 그린)

원자, 인간을 완성하다(커트 스테이저)

이기적 유전자(리처드 도킨스)

이타적 유전자(맷 리들리)

인간과 우주에 대해 아주 조금밖에 모르는 것들(정재승)

지구가 뿔났다(남종영)

철학, 과학 기술에 다시 말을 걸다(이상헌)

청소년을 위한 정신의학 에세이(하지현)

코스모스(칼 세이건)

탐구한다는 것(남창훈)

파인만 씨, 농담도 잘하시네!(리처드 파인만)

평행우주(미치오 카쿠)

프로이트의 의자(정도언)

하노이의 탑(네가미 세이야)

하리하라의 몸 이야기(이은희)

하리하라의 바이오 사이언스(이은희)

하리하라의 청소년을 위한 의학 이야기(이은희)

확장된 표현형(리처드 도킨스)

**특별기고**

# 영재학교를 해부한다

한성환

1. 명문대 지름길이 되어버린 영재학교
2. 과연 영재학교는 어떤 학교인가?
3. 사교육 없이 갈 수 없는 학교
4. 영재학교, 해법은 있다

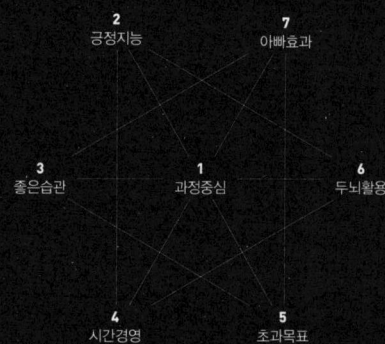

교육현실

# 1 명문대 지름길이 되어버린 영재학교

최근 수 년간 서울대를 비롯한 이른바 SKY 대학의 수시전형결과를 보면 특정 유형의 학교가 합격을 독점하고 있는 것을 발견할 수 있다. 수월성 교육을 목표로 설립된 특수목적고(여기서는 관련 법령에 따른 특목고 개념이 아니라, 일반고가 아닌 경우를 모두 특수한 목적을 가진 학교로 정의한다)가 이들 학교다. 외고, 자율형 사립고, 국제고, 영재학교, 과학고 등이다. 이들 학교는 당초의 목적과 달리 SKY 대학에 진학하려는 학생들이 집중적으로 지원함에 따라 'SKY 대학 입시준비교'로 성격이 전환되었다는 우려를 낳고 있다.

문재인 정부는 대선 기간 외고, 자사고, 국제고 등을 일반고로 전환할 것을 공약으로 정했고, 새 정부 출범 이후에는 교육부를 중심으로 이를 위한 로드맵을 제시함으로써 이들 특정 유형의 학교들이 일반고로 전환하는 것은 돌이킬 수 없을 것 같다.(《아시아경제》, 2017.03.23.)

특수목적을 갖고 설립된 특별한 유형의 고교 중에서 문제가 더 많은 학교는 새 정부의 일반고 전환정책에서 배제되고 있어 그 배경에 의문이 짙다. 바로 서울과학고를 비롯한 영재학교다.

이 글은 현행 대학입시제도에 제기되는 다양한 문제점들을 가장 복합적으로 안고 있으면서도 개혁 대상에서 빠져 있는 영재학교를 집중 해부하고, 이에 대한 해법을 모색하기 위한 시도다.

## 영재학교에 가면 서울대가 보장된다?

영재학교 중 하나인 서울과학고의 최근 몇 년간의 대입결과다.

▼ 서울과학고 주요 대학별 진학 현황(2014~2017년)

단위 : 명

| 년도 | 서울대 | 고려대 | 연세대 | 카이스트 | 포항공대 | 응시자총수 |
|---|---|---|---|---|---|---|
| 2014 | 83 | 7 | 13 | 2 | 4 | 122 |
| 2015 | 53 | 17 | 19 | 3 | 13 | 129 |
| 2016 | 51 | 15 | 18 | 4 | 9 | 129 |
| 2017 | 60 | 8 | 25 | 6 | 1 | 125 |

출처 : 〈뉴스타파 목격자들〉 "교육개혁1부:사교육 몸통은 영재고다"

서울과학고는 재학생의 50%가 서울대학교를 간다. 영재학교 모두 서울대는 물론 고려대, 연세대와 카이스트 포항공대까지 이른바 명문대학 합격률이 평균 90%를 상회한다. 이 학교 학생들 중 열에 아홉은 이미 명문대에 합격했다는 얘기가 된다.

대학진학 결과가 이처럼 상위 몇 개 대학에 집중되면서, 당초 취지인 과학영재양성은 뒷전이 되어버리고, 영재학교는 상위권 대학 합격을 보장하는 입시명문으로 변질되고 있다. 한 가지 자료를 더 보자.

▼ 주요 과학고 의대 진학 현황(2015~2017년)

단위 : 명, 의대진학 / 전체진학

| 년도 | 서울과학고 | 경기과학고 | 대전과학고 |
|---|---|---|---|
| 2015 | 25/129 | 12/125 | 10/99 |
| 2016 | 24/129 | 16/127 | 5/93 |
| 2017 | 25/125 | 10/127 | 4/97 |

출처 : 교육부

위의 표는 수도권과 대전의 영재학교가 의학계열에 진학시킨 학생 숫자다. 2015년부터 2017년까지 3년간 서울과학고는 응시생들 중에서 매년 24~25명을 의대에 보냈다. 해당 연도 대입 응시생의 19%에서 20%에 달하는 숫자다.

전국의 영재학교는 평균 10%를 의대에 보낸다. 전국에서 공부 잘하는 학생들이 서울대를 비롯한 명문대나 의대에 진학하기 위해 영재학교에 몰려들고 있다.

영재학교 졸업생의 10%가 의과대학으로 진학한다는 것에 대해 비판적인 시각이 많다. 이에 대해 영재학교, 과학고는 90% 이상이 이공계열에 진학하므로 합목적성을 달성하고 있다고 한다. 그런데 이공계열 고등학교인 과학고, 영재학교 학생이 이공계열에 진학하는 것은 당연하지 않은가? 그런 식으로 따지면 외고도 90% 이상이 인문계열에 진학한다. 따라서 영재학교, 과학고 학교당국의 주장은 적절하지 않다.

영재학교는 우수한 인재양성이라는 거시적 목적 아래 영재를 선발해 국비로 운영된다. 영재학교는 수학과 과학에 재능이 있고, 열정을 가진 청소년들에게는 미래를 실현할 수 있는 꿈의 학업무대다. 이렇게 국가차원의 지원을 통해 과학기술의 선두주자로 성장할 수 있게 고교과정의 모든 것을 보장하는 영재학교가 지금은 명문대, 의대 진학의 지름길이 되고 있는 것이다.

### 영재고에 유리한 특별한 대학 전형

여기에는 대학들의 특별한 배려(?)도 작용한다. 연세대학의 경우를 보자. 영재학교는 의대진학을 제재하기 위한 방안으로 추천서를 써주지 않기도 한다. 그러나 연세대학은 의대 수시에서 추천서를 필수화하지 않음으로써 영재학교 출신의 의대입학을 제한하지 않는다. 게다가 연세대학은 수능 최저학력기준을 의대에만 특별하게 정해 영재학교 출신자들에게 유리하게 적용하고 있다.

▼ 연세대학교 대학수학능력 최저학력기준

| 계열 | 2018 대학수학능력 최저학력기준 |
|---|---|
| 인문 / 사회 | 국어, 수학(나/가), 탐구(2개 과목) 등 총 4개 과목의 등급 합이 7 이내<br>영어 2등급, 한국사 3등급 이내 |
| 자연(의 / 치 제외) | 국어, 수학(가), 과학탐구(2개 과목) 등 총 4개 과목의 등급 합이 8 이내<br>영어 2등급, 한국사 4등급 이내 |
| 의예 / 치의예 | 국어, 수학(가), 과학탐구(2개 과목) 등 총 4개 과목 중 3개 과목 이상 1등급<br>영어 2등급, 한국사 4등급 이내 |

출처 : 연세대학교 2018 신입생 수시모집 요강

위 표를 보면 인문·사회계열과 자연계열에서 수능 4과목 등급 합이 7, 8등급으로 정해진 데 비해 의예·치의예 계열로 가면서 등급의 합이 아니라, 3과목 이상 1등급으로 기준이 바뀐다. 의예·치의예는 달리 말하면 의대다. 왜 의대만 3과목 1등급 이상으로 기준을 삼을까? 의대라서 우수한 인재가 필요하다면, 왜 4과목 모두 1등급을 요하지 않을까? 의대니까 수학, 과학 2개 과목은 1등급을 받아야 함은 이해하지만, 국어도 2, 3등급은 받아야 하지 않을까? 하지만, 연세대 의대는 수학, 과학 2과목 각 1등급만 받으면 최저학력기준을 만족시킨다. 다시 말해 연세대 의대 일반전형을 지원하는 수험생들은 수학, 과학 2개 과목 외 한 과목, 즉 국어는 0점을 맞아도 된다. 한 과목은 포기해도 된다는 것이다. 이는 수능에 대한 부담을 엄청나게 줄여준다. 이 같은 전형에 가장 적합하게 고교 과정을 운영하는 학교는 영재학교다.

교육현실 **2 과연 영재학교는 어떤 학교인가?**

### 영재학교의 정체

영재학교는 영재교육 진흥법(2001. 1. 28 제정 후 8차 개정)에 따라, 재능이 뛰어난 사람을 발굴하여, 소질과 능력에 맞는 교육을 실시하고 이들의 능력을 계발하려는 목적으로 설립된 교육기관이다. 국비로 운영

된다. 고등학교 과정 이하의 교육과정으로 대체로 일반고와 동등한 과정으로 운영된다(초등학교, 중학교 과정도 있으나, 여기서는 고교과정의 하나로써 영재학교를 논한다). 최근에는 과학고에서 전환한 경우가 늘면서 영재과학고로 불리기도 하지만, 엄밀하게는 과학고와 다르다. 유형별로 분류하면 영재학교이며 서울과학고, 경기과학고 등은 교명일 뿐이다. 전국의 영재학교는 8개교, 과학고는 20개교가 있다.

▼전국의 영재학교와 과학고

| 분류 | 학교명 |
| --- | --- |
| 영재학교<br>(8개교) | 경기과학고, 광주과학고, 대구과학고, 대전과학고, 서울과학고, 세종과학예술영재학교, 인천과학예술영재학교, 한국과학영재학교 |
| 과학고<br>(20개교) | 세종과학고, 한성과학고, 경기북과학고, 인천과학고, 인천진산과학고, 부산과학고, 부산일과학고, 울산과학고, 경남과학고, 창원과학고, 경북과학고, 경산과학고, 대구일과학고, 대전동산과학고, 충남과학고, 충북과학고, 전남과학고, 전북과학고, 제주과학고, 강원과학고 |

출처 : 교육부 고입정보포털 (http://www.hischool.go.kr)

영재학교는 대체로 80명에서 120명을 정원으로 선발한다. 교육과정은 6학기 동안 학점제로 운영된다. 학교별로 차이가 있지만, 대략 3년간 180학점 정도의 학점을 이수해야 졸업이 가능하다. 여기에 봉사활동과 단체(동아리)활동 등을 3년간 250시간 내외로 의무적으로 이수하게 되어 있다.

### 영재학교는 어떻게 들어가나?

영재학교에 입학하기 위해선 어느 수준이 되어야 할까? 수학과 과학적 능력이 뛰어나기만 하면 영재학교 입학은 가능한가? 일반적인 중학교 수준의 교육과정을 거치고 개인의 능력이 뛰어나다고 생각하는 학생들이 영재학교에 입학할 수 있는가? 수학과 과학에 남다른 능력과 관심이 있고, 과학기술 분야에 미래를 걸어보겠다고 생각하는 중학생이면 누구든 어렵지 않게 영재학교에 들어갈 수 있는가? 이에 대한 해답을 서울과학고 입시요강으로 확인해보자.

영재학교의 입시전형은 일반고, 여타 특목고와 달리 봄부터 시작된다. 따라서 영재학교에 입학하려는 중학생은 3학년 초에 이미 입학전형을 시작해야 한다. 서울과학고는 4월 중순부터 응시원서를 접수한다. 4월 말에는 1단계 전형, 5월 중순에는 2단계 전형을 실시한다. 이어 7월 초 3단계 전형을 거쳐 합격예정자를 발표한 후 12월 초에 최종 합격자를 발표한다. 다른 영재학교도 이와 유사한 시기에 입학전형을 실시하고 있다. (《뉴스타파 목격자들》 "교육개혁 1부:사교육 몸통은 영재고다")

### 1단계 전형 ; 학생기록물 평가

학교 생활기록부, 자기소개서, 관찰소견서(이는 추천서의 성격이 있다)의 내용을 토대로 입학담당관(대학의 입학사정관에 해당한다)이 지원자의 학업역량, 탐구역량, 자기주도 학습역량을 종합적으로 평가하여 영재성을 판단한다.

**2단계 전형 ; 영재성, 사고력, 창의성, 문제해결능력 검사**

여기서는 ▲수학, 과학에 대한 적성, 언어이해력, 수리능력 등 ▲창의성, 문제해결 능력, 융합적 사고력 등을 평가한다. 1단계가 서류 심사라면, 2단계는 지필 시험으로 진행된다. 표현상 수학과 과학에 대한 이해와 능력을 평가하는 것으로 보이지만, 사실상 중학교 수준을 벗어난 난이도의 문제로 치르게 된다. 1단계를 거친 복수의 합격자가 이 과정에서 상당부분 탈락한다.

**3단계 전형 ; 영재캠프**

2단계를 거친 지원자들이 1박 2일 또는 2박 3일간 합숙하면서 토론과 시험을 본다. 2단계에서 2배수 이내로 걸러진 지원자들은 3단계를 거쳐 최종 합격여부가 결정된다. 3단계는 ▲과제수행 능력 평가 ▲면접 등 다양한 방법으로 창의적 과제수행 능력, 태도와 열정, 과학영재로서 필요한 인성 등을 종합적으로 평가한다. 다양한 방법으로는 토론과 면접, 논술, 팀과제 수행 및 발표 등이 있다.

**영재학교 입시전형에 나타난 문제점**

첫째는 고교 과정 입시가 대학입시와 너무 닮았다. 서류를 중심으로 1단계 전형이 이루어지는데, 학생부, 자기소개서, 추천서 등으로 1차 합격자를 가리는 과정은 대학입시 수시전형의 학생부종합전형과 흡사하다. 현행 대입 과정에서 가장 많은 비판을 받고 있는 대입 수시전형을 1단계 전형에서 그대로 복사했듯이 2단계도 대학입시와 유사하다.

구술고사나 지필고사, 면접방식 또한 대입 수시전형의 면접고사와 거의 동일하다. 점입가경인 것은 3단계 전형이다. 1박 2일 합숙을 통해 진행되는 3단계는 보통의 경우 쉽게 경험하기 어려운 과정이다.

이 같은 과정을 관통하는 한 가지는 지원자의 능력과 열정보다 이를 검증하려는 학교의 개입이 대단히 크다는 것이다. 지원자의 능력과 학문에 대한 열정을 검증하는 작업을 학교 당국의 개입으로 볼 수 없다는 주장도 있겠으나, 2단계 지필고사의 문제 수준, 3단계 합숙전형 등에는 무시할 수 없는 불공정성이 배태될 수 있다.(《매일신문》, 2017.03.20.) 이 틈으로 사교육이 파고들고 있다. 기실, 영재학교가 사교육의 몸통으로 지적받는 까닭이 여기에 있다.

둘째, 입시전형 과정에서 지원자의 일반적 교육 수준을 크게 벗어난 문제를 해결해야 입학이 가능하다는 점이다. 이것은 선행교육을 금지하고 있는 교육법의 취지에도 벗어난 것이다. 2015년에 진행된 영재학교 입학전형의 면접, 지필 문항 중 수학은 66.4%, 과학은 26.8%가 중학교 교육과정 밖에서 출제되었다. 즉, 중학교의 일반적인 교육과정을 거친 학생들은 해결할 수 없는 문제를 입학자격을 결정하는 시험에 출제한 것이다. 여기서 영재학교 입시의 공정성은 또 다시 문제점으로 떠오른다. 첫째 문제점처럼 이 역시 사교육의 개입문제다.

▼ 2015학년도 영재학교 입학전형 문항 중학교 교육과정 준수 여부 분석표

| 과목 | 중학교 교육과정 내 문항 수 | 중학교 교육과정 외 문항 수 (비율,%) |
|---|---|---|
| 수학 | 49 (33.6) | 97 (66.4) |
| 과학 | 112 (73.2) | 41 (26.8) |

출처 : 〈뉴스타파 목격자들〉 "교육개혁 2부:누가 영재학교에 진학하나"

### 영재학교의 교과과정

과학영재학교에 걸맞게 과학과 수학을 중점으로 운영되는 교과과정은 내용이 굉장히 높은 수준이어서 영재학교의 명성에는 어울릴지 모르나, 대학 수준의 수학과 과학 과목이 상당수 있어 고교 과정의 학생들에게 적지 않은 스트레스를 주고 있다. 영재학교 재학생들이 주말에는 강남의 사교육 기관에서 보충학습을 받고 있다는 것은 공공연한 사실이다. 이는 영재교육의 원래 목적과는 또 다른 형태의 학습장면이다.

교육현실 **3 사교육 없이 갈 수 없는 학교**

### 가능성마저 빼앗긴 학생들

현행 대학입시제도하에서 가장 높은 명문대 진학률과 의대 진학률을 자랑하는 영재학교는 초·중학생들에게는 꿈의 고교가 되었다. 입

학만 하면, 명문대와 의대는 거의 보장되기 때문이다. 영재학교 설립의 기본 취지에 대한 이야기는 이제 의미가 없어져 버렸다. 과학인재로 스스로 자라기 위해서가 아니라 명문대를 보장하는 학교이기 때문에 가는 영재학교에는 어떤 학생들이 입학하는가? 아니 어떤 학생이라야 입학할 수 있는 것인가?

2017년 서울과학고 합격자 통계를 보면 정원 120명 중 강남, 서초, 송파 이렇게 강남 3구 출신이 58명이다. 48%가 강남 출신이다. 강남 학생들이 그렇게 뛰어난가 하면 그렇지 않다. 다른 비밀이 있다고 봐야 한다. 자세히 들여다보면 강남 출신이 영재학교에 진학하는 데 유리한 구조나 시스템이 있는 것을 알 수 있다.

그런 유리한 시스템은 바로 학원이다. 대치동에 있는 C학원은 영재학교 입시에 특화된 독보적인 존재다. 면접대비, 시험대비, 경시대회 대비 등 모든 준비를 다 해준다. 전국 영재학교 합격자의 70%가 이 학원 출신이라고 홍보한다. 서울과학고에는 50% 이상을 보낸다고 한다. 이들은 초등학교 1학년부터 중학교 3학년까지 단계별로 영재학교 프로그램을 운영한다.

▼ 2017년 'C'학원, 'O'학원 출신 서울과학고 합격자

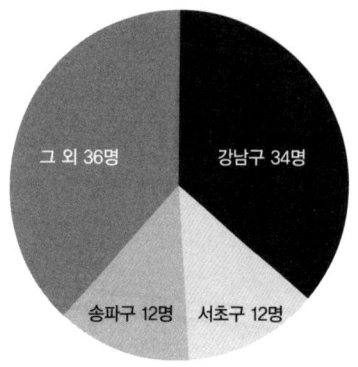

출처 : 〈뉴스타파 목격자들〉 "교육개혁 2부:누가 영재학교에 진학하나"

대부분의 사교육 전문가들은 혼자 공부해서는 영재학교에 한 명도 합격하지 못할 것이라고 한다. 일반 학생은 영재학교 입시에서 가능성마저 배제당하고 있는 것이다.

### 귀족교육의 끝판왕

지필고사 문항 중 상당부분이 교과서 밖에서 출제되는 것을 가장 먼저 알아차리고 이를 정보화하고, 문항의 유형을 정리해서 '학교 밖 입시'로 전환한 것이 강남(특히 대치동)의 학원들이었다. 이들 학원에서 영재학교를 준비하는 사교육비는 대략 월 평균 300만 원에 이르는 것으로 확인된다. 수학, 과학 두 과목을 매주 4시간, 4주 정도 학원에서 공부하는 데 드는 비용이다. 1년이면 3,600만 원, 초등학교 4학년부터 시작한다고 가정하면, 6년간 2억 원 넘는 돈이 든다. EBS에서 방송한

〈대학입시의 비밀〉에서 한 입시전문가가 '영재학교' 사교육비는 2억 원이 넘는다고 한 말이 실감난다.

 5, 6년 동안 연간 3,000만 원 이상을 지속적으로 사교육에 투입할 수 있는 학부모가 대한민국에 얼마나 될까? 영재학교는 돈이 없으면 갈 수 없다는 결론에 도달한다. 일반인으로서는 상상도 할 수 없는 가히 귀족교육의 끝판왕이라 할 수 있다.

### 부모들의 정보전쟁

 그러면 영재학교는 돈만 있으면 보낼 수 있을까? 돈이 없으면 보낼 수 없는 영재학교지만, 또 한 가지를 필요로 한다. 그것은 영재학교 입시에 대한 총체적이고도 세밀한 정보다. 가장 중요한 지필고사 문제유형을 포함한 입시정보도 강남 학원가를 중심으로 움직인다. 돈이 있어 학원만 보내는 데 그치지 않고 부모가 직접 입시정보의 시장에 뛰어들어서 학생들과 입시준비를 함께 하기를 요구한다. 사실상, 영재학교가 요구한다기보다는 학부모들이 자발적으로 정보의 공간을 만들고 이 공간에서 배제되지 않기 위해 바둥대는 형국으로 볼 수 있다.

 공간에서 배제되거나, 스스로 정보시장의 공간을 외면하는 학부모들은 자녀를 영재학교에 보낼 가능성이 적어지기 때문이다. 입시생이 끝까지 완주할 수 있는 배경으로 역할하기 위해 학부모들의 정보전쟁은 필수이다.

교육현실 **4 영재학교, 해법은 있다**

### 강남독점, 영재학교 사교육 시스템

영재학교의 입시 과정은 공교육 차원에서는 합격이 불가능한 구조다. 영재학교에 가려는 학생들은 초등학교 시절부터 준비하지 않으면 안 된다. 영재학교의 합격자는 서울 강남 출신들이 70%를 차지할 만큼 지역적으로 특정화되어있다. 그 이유는 영재학교 진학을 준비하는 모든 과정을 만족시키는 곳이 강남이기 때문이다.

강남은 영재학교를 위한 총체적인 시스템이 굳건하게 자리잡고 있는 곳이다. 영재학교 진학준비 일체를 컨트롤할 수 있는 사교육 시스템이 강남에 있다. 이 시스템을 지속할 수 있는 금력이 강남에 있다. 돈과 시스템, 거기에 학부모들의 열망이 함께 어우러져 강남을 영재학교 입시의 요람으로 만들고 있다. 거액(고액이 아니다)의 사교육비를 수년간 투입할 수 있는 학부모의 능력, 영재학교 선발 과정에 대한 모든 정보와 지원시스템을 갖춘 사교육 체계, 여기에 영재학교 입시를 위한 온갖 정보시장에 올인할 수 있는 학부모의 열정과 능력. 이 세 가지 요소들이 융합되어 영재학생을 탄생시킨다. 이는 본질적으로 영재학교 자체의 문제점이다. 영재학교의 선발방식이 이 같은 세 요소를 고루 만족시키지 않으면 합격이 불가능하게 설정되어있기 때문이다.

과학적 재능을 가진 학생을 검증하고 확인하는 과정으로써 영재학교의 선발 방식은 공교육 체제를 뛰어 넘는다. 자체선발고사를 실시함으로써 수험 자체에 몰입하게 만들고, 시험 내용도 공교육 과정을 상당부분 벗어남으로써 이를 대비하는 별도의 학습 과정이 필요하다. 이를 위해 학생들은 초등학교 시절부터 과도한 학업에 시달려야 하고, 학부모들은 막대한 돈과 시간을 투입해야 한다.

영재학교 진학을 준비하는 과정이 서울 강남에 독점적으로 몰려있다. 예컨대 제주도의 학생이 영재학교를 지원하려면, 학부모가 돈이 많은 것만으로는 불가능하다. 제주도에 영재학교 진학을 지원할 수 있는 사교육 체제도 거의 불비하기 때문에 이 학생은 매주 강남을 오가야 한다. 이런 입시준비가 5, 6년간 지속가능한가? 입시준비생과 거의 동일한 형태의 입시를 치러내야 하는 학부모들의 입시전쟁에서 수도권 지역 이외의 학부모들이 감당할 수 있을까?

이와 같은 상황에 이른 영재학교를 이대로 둘 순 없다. 그렇다면 해법은 있을까? 그리고 그 해법은 무엇일까?

결론부터 말하면, 해법은 원래의 설립취지를 다시 전면에 세우는 것이다. 명문대나 의대 입시의 지름길이 되어 버린 현재 영재학교의 모습을 당초 설립목표를 제대로 살리기 위한 기초과학, 기술 기초교육과 인재양성기관으로 되돌리면 되는 것이다. 이를 위해 논의할 수 있는 몇 가지 방안을 간략하게 살펴보자.

### 폐지론 또는 일반고 전환론은 옳은가?

현행 영재학교가 안고 있는 문제들이 많다고 해서 영재학교를 없애거나 일반고로 전환하는 것은 옳은 일일까? 이 글에서는 폐지론은 논의의 대상이 아님을 먼저 밝힌다. 영재학교 자체의 존속을 위한 이유는 분명하다. 영재학교 설립의 목적 자체에 잘못이 있는 것은 아니기 때문이다. 과학, 기술 기초교육과 인재양성이라는 영재학교 설립목표는 최근 우리 산업구조의 변화 발달과 이른바 4차 산업혁명의 시대에 즈음하여 오히려 그 의미가 더 커졌다. 따라서 당초 설립목표에 맞게 학생들을 선발하고, 교육하며, 학교를 운영하면 되는 것이다. 자칫 아기 씻은 물을 버리려다 아기를 버리는 우를 범하지는 말아야 한다.

### 자체선발제도 개혁해야 한다
### 선발고사 폐지 또는 공교육 수준을 기준으로 선발고사 치를 것

영재학교의 설립취지는 과학기술인력을 조기에 발굴해서 집중적이고 전문적으로 교육하는 것이다. 여기서 문제는 발굴과 교육에 있다. 영재학교 교육의 대상으로서 학생들을 선발하는 방식을 정상화한다면, 전형 방식에 대한 문제점들을 해소할 수 있을 것이다. 특히, 영재학교의 자체선발 방식과 기준을 대폭 수정하는 것이 필요하다. 앞서 살펴본 것처럼, 영재학교는 정상적인 공교육만으로는 입학자체가 불가능할 정도로 높은 수준의 선행학습을 요구한다.

최근 교육단체 사교육걱정없는세상(사걱세)과 국회 교육문화체육관광위원회 오영훈 의원(더불어민주당)이 조사한 바에 따르면, 중학교 3학년의 사교육에 있어서, 고2 수준 이상의 선행학습비율이, 지원하려는 학교의 유형에 따라 큰 차이가 있는 것으로 나타난 것이 이를 증명한다. 조사의 내용 중 수학 사교육을 살펴보자.

▼ 고2 수준 이상 선행학습 비율(출처 : 사교육걱정없는세상)

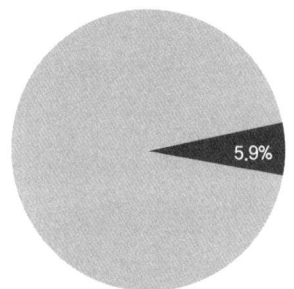
일반고 진학희망 중3 학생

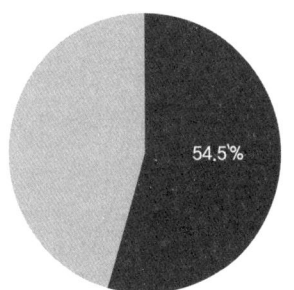
영재·과학고 진학희망 중3 학생

이는 일반고 희망학생 중 사교육을 통한 고2 수준의 선행학습자가 100명 중 6명이라면, 영재학교와 과학고를 희망하는 중학교 3학년 학생 100명 중 55명이 고2 수준을 선행학습하고 있다는 얘기다. 이것이 영재학교 입시 준비생의 현주소다.

### 영재학교 입학당국은 변별력 확인 위한 노력 기울여야

만약, 영재학교의 자체선발 시험이 공교육에 의한 중학교 수준을 크게 뛰어넘지 않은 수준이라면, 중학교 3학년생이 굳이 고2~3 수준의 선행학습을 할 필요는 없지 않을까? 그렇다면, 영재학교 선생님들은 이른바 변별을 말할 것이다. 많이 들어본 이야기다. 대입전형에서 대학들이 주장하는 가장 큰 무기 중의 하나인 변별력 문제다. 고입전형이 대입전형을 따라하는 모습이 여기서 발견된다. 변별력을 확인하는 것이야말로 입시당국, 즉 영재학교가 고민할 거리다. 공교육 체제의 학습 수준만으로 영재를 변별하기 위한 노력을 영재학교 입학당국자들이 얼마나 연구하고, 준비했는지 묻고 싶다. 어려운 문제 내고, 영재 캠프 같은 방식으로 걸러내는 것은 사실상 일류대학들이 지금까지 시험점수 높은 학생들을 뽑아온 방식과 무엇이 다른가? 영재학교 입학담당자들은 이 문제를 좀 더 고민해야 할 것이다.

### 신뢰성 확보된 추천서 비중 높여야

영재학교에 입학하려는 학생들의 열정과 의지, 가능성을 가장 잘 아는 사람은 누굴까? 지원자 본인과 학부모들은 물론이거니와, 좀 더 객관적이고 공정하게 이를 판단할 수 있는 사람은 단연코 중학 3년간 지원자를 가르친 선생님들일 것이다. 영재학교 입시 과정에서 추천서는 대입 학종에서의 추천서보다는 신뢰성과 공정성 시비가 적을 것이다. '대학간판'이 인생을 거의 결정하다시피 하는 우리 사회의 현행 대입제도와 달리 영재학교 입시는 특수한 목적을 위한 것이어서 교사의 추천서는 지원자를 위한 좋은 제도일 수 있다. 3년간 수학과 과학 과목을 담당한 교사들이 추천서를 쓰고, 영재학교는 그 추천서를 높은 비중으로 인정한다면, 해당 선생님들의 추천서의 위상도 달라질 것이다. 내가 쓴 추천서가 입시 전형에서 큰 비중으로 다루어진다면, 허투루 추천서를 쓰지도 않을뿐더러, 영재학교를 세칭 좋은 대학, 좋은 학과의 징검다리로 삼으려는 학생들을 위한 추천서를 쓰지도 않을 것이다. 이를 위해서 영재학교가 설립목적에 적합하게 운영되어야 하는 것은 물론이다.

### 의대 지원은 일반고로

영재학교 운영상의 문제점 중 가장 크게 지적받고 있는 것은 졸업생 중 의대 입학자가 많다는 것이다. 국비지원해서 의대 10% 보내는 영재학교의 문제점은 앞서 지적한 바 있다. 기초과학분야의 전문인력을 양성하기 위해 설립된 영재학교는 그 설립목적에 맞게 운영해야 한다. 최근 몇몇 학교에서는 의대 진학 시 추천서를 쓰지 않거나, 학비를 돌려받는 등의 규제를 하고 있지만, 이는 크게 의미 없음도 지적한 바 있다. 영재학교 입학생들은 의대 지원을 할 수 없음을 명시해야 한다. 한국과학영재학교 만큼은 의대 지원을 나름 철저하게 규제하고 있다.

의과대학을 가겠다는 정도의 진학목표는 중3이면 충분히 결정할 수 있다. 의대 가려는 학생들은 일반고에 가게 하는 것이 맞다. 현행 영재학교 출신이 의대 진학률이 높은 것은 옳지 않다는 것이 상식이 된 이상, 영재학교가 의대로 가는 징검다리가 되어서는 안 된다. 이에 대한 일부 학생들과 학부모들의 반발이 예상되지만, 영재학교 입학할 학업능력이면 일반고(또는 다른 유형의 학교)에 진학해도 의대에 입학할 수 있을 것이므로, 의대 진학 규제는 절대 다수의 학생들과 학부모들에게 환영받을 일이다.

### 수도권 영재학교의 지방 이전

영재학교는 서울, 경기도, 인천, 부산, 대구, 광주, 대전에 있다. 학교별로 80명에서 120명 정도 신입생을 선발하는데 2017년 현재 총 780~800명 규모다. 전국에 흩어져 있고, 선발 학생 수도 많지 않아 경쟁률은 상당히 높은 편이지만, 과학기술분야의 영재를 교육하기 위한 학교란 점에서 일반고와 동일하게 볼 수는 없다. 이들 학교 중에서 서울에는 서울과학고와 세종과학예술영재학교 두 곳이 운영되고 있으며, 경기도와 인천의 경기과학고, 인천과학예술영재학교가 수도권에 포진하고 있다. 이중 인천과 세종 영재학교는 최근에 설립되어 아직 졸업생을 배출하지 못한 학교다.

기존 서울과학고와 경기과학고가 있음에도 굳이 세종과학고와 인천과학고를 설립해준 이유는 뭘까? 영재학교를 확대운영해서 영재를 더 육성하기 위해서라면, 수도권 이외의 지역, 이를테면 영재학교가 없는 충청도와 강원도에 설립하는 것이 적절하지 않을까? 영재학교는 전액 국비에 기숙 환경도 대학시설 못지않아 집 가까이 있지 않아도 좋을 만큼 학업 환경이 탁월한 학교다.

앞서 서울 강남이 영재학교 입시를 독점하는 시스템을 운영하고 있고, 이 시스템을 철저하게 활용할 수 있는 재력과 시간, 정보력을 가진 학부모를 둔 학생만이 영재학교에 입학이 가능하다고 주장했다. 이는 주로 서울과학고와 경기과학고에 해당하는 얘기다. 물론, 지방의 과학고도 사실상 강남구 출신이 압도적이긴 하다. 여기서 한 가지 의문이 생긴다. 앞서 제시한 자체선발고사 개혁, 추천서 중시, 의대 지원 규제 등의 몇 가지 해법과 함께 서울과학고와 경기과학고를 지방으로 옮긴다면 초등학교부터 시작되는 영재학교 열풍이 계속될까? 예측에 불과하지만, 강남구는 다른 입시 시장을 개척하게 될 것이다. 인천과 세종과학고가 설립된 것이 궁극적으로는 서울 강남의 수요를 충족시키는 결과를 낳고 있음을 보라.

영재학교는 우리나라 과학기술의 역량을 높이기 위한 기초교육기관으로서 중요한 역할을 해왔으며, 향후 그 역할은 더 확대될 것이다. 단, 이는 영재학교가 지금처럼 설립목적을 상실하거나 변질된 상황으로 운영되지 않을 경우에 그러하다. 영재학교는 정부가 운영하는 소수의 특수목적고이므로 일반고나 다른 유형의 다수 학교처럼 개혁 과정에서의 저항도 그리 크지 않을 것이며, 개혁의 방향에 있어 공정함을 담보한다면 오히려 환영받을 것이라 생각한다.

# 주요 참고도서와 주

## 1장

[주요 참고도서]

『공부의 신』, 강성태 외 8인, 중앙m&b, 2010.
『공부의 왕도』, EBS공부의왕도제작팀, 예담프렌드, 2011.
『공부의 神 MOM'S 시크릿』, 임미성 외 6인, 중앙m&b, 2008.
『불패의 신화 존 우든 감독이 들려주는 88연승의 비밀』, 존 우든, 스티브 제이미슨 공저, 클라우드나인, 2014.
『신화가 된 사람들』, 진 랜드럼, 말글빛냄, 2007.
『우든의 리더십』, 존 우든, 이지북, 2006.
『전교 1등의 책상』, 중앙일보 열려라공부팀, 문학수첩, 2015.
『EBS 공부의 왕도 2 – 최상위권으로 도약하는 결정적 차이』, EBS공부의왕도제작팀, 예담, 2012.

[주]

1 『전교 1등의 책상』, 중앙일보 열려라공부팀, 문학수첩, 2015.
2 『신화가 된 사람들』, 진 랜드럼, 말글빛냄, 2007.
3 "16살 소녀 대학원생 탄생 '영재로 공부해야 성적 올라요'", 〈미주중앙일보〉, 2017.05.30.
4 『전교 1등의 책상』, 중앙일보 열려라공부팀, 문학수첩, 2015.
5 "직장맘 아들의 전교 1등 비법? 조기 인성 교육", 〈중앙일보〉, 2014.02.05.
6 "'인성보다 성공' 외치는 부모들", 〈세계일보〉, 2017.10.23.
7 "노벨상 경제학자 'IQ 아닌 인성이 성공의 열쇠'", 〈뉴스1〉, 2017.08.08.
8 『우든의 리더십』, 존 우든, 이지북, 2006.
9 『우든의 리더십』, 존 우든, 이지북, 2006.
10 『우든의 리더십』, 존 우든, 이지북, 2006.
11 〈신율의 출발 새아침〉, YTN 라디오, 2016. 11. 16.

## 2장

[주요 참고도서]

『김연아의 7분 드라마』, 김연아, 중앙출판사, 2010.
『그릿』, 앤절러 더크워스, 비즈니스북스, 2016.
『넛지』, 리처드 탈러, 캐스 선스타인 공저, 리더스북, 2009.
『내가 왜 그랬을까』, 윌리엄 헬름라이히, 말글빛냄, 2011.
『몰입의 기술』, 미하이 칙센트미하이, 더불어책, 2003.

『블랙박스 시크릿』, 매슈 사이드, 알에이치코리아, 2016.
『실수하고 실패하는 사람 실수하고 성공하는 사람』, 제라드 I. 니렌버그, 현대미디어, 2002.
『심리학의 원리』, 윌리엄 제임스, 부글북스, 2014.
『열정은 쓰레기다』, 스콧 애덤스, 더퀘스트, 2015.
『우리는 왜 실수를 하는가』, 조지프 핼리넌, 문학동네, 2012.

[주]
1 "전교 200등 아들 서울대 보낸 비법은 격려", 〈대전일보〉, 2014.03.26.
2 『열정은 쓰레기다』, 스콧 애덤스, 더퀘스트, 2015.
3 "하루 12시간 '엉덩이의 힘'…목표 채우면 스스로 "잘했어"", 〈중앙일보〉, 2017.01.11
4 『심리학의 원리』, 윌리엄 제임스, 부글북스, 2014.
5 『김연아의 7분 드라마』, 김연아, 중앙출판사, 2010.
6 〈말하는대로〉, JTBC, 2017.01.25.
7 "11년치 기출 문제 모아 풀기… 단순 실수는 줄였죠", 〈조선일보〉, 2016.02.15.
8 "평범한 학생의 성적 향상 비법", 〈에듀포유〉, 2017.06.19.
9 〈TED – Grit: The power of passion and perseverance〉, Angela Lee Duckworth, 2013.03.
10 "공부·성취력 돕는 '마음 근력' 그릿 내 아이는 어떻게 키워 줄까", 〈JTBC〉, 2016.12.08.
11 〈공부의 왕도〉, EBS, 2010.08.02.
12 〈강연 100℃〉, KBS1, 2012.11.30.
13 『넛지』, 리처드 탈러, 리더스북, 2009. 인지반응 테스트(CRT: Cognitive Reflection Test)는 이성이 직관에 이끌리지 않고 정확한 답을 선택하는지를 판단하는 테스트이다.

## 3장

[주요 참고도서]
『공부습관, 10살 전에 끝내라!』, 가게야마 히데오, 길벗, 2004.
『공부하는 힘』, 황농문, 위즈덤하우스, 2013.
『몰입』, 황농문, 알에이치코리아, 2007.
『베컴 나의 축구 나의 인생』, 데이비드 베컴, 문학사상사, 2002.
『블랙박스 시크릿』, 매슈 사이드, 알에이치코리아, 2016.
『습관의 힘』, 찰스 두히그, 갤리온, 2012.
『아이의 재능에 꿈의 날개를 달아라』, 박미희, 폴라북스, 2008.
『1등의 습관』, 찰스 두히그, 알프레드, 2016.
『1만 시간의 법칙』, 이상훈, 위즈덤하우스, 2010.

[주]
1 "수도권 사교육비 4년 연속↑…부모 소득따라 9배 격차", 〈뉴시스〉, 2017.03.14.

2 『파한집』, 이규보(고려).
3 『열녀전』, 유향(중국).
4 "5명 중 1명은 스마트폰 중독 위험..청소년 가장 높아", 〈이데일리〉, 2017.10.17.
5 『블랙박스 시크릿』, 매슈 사이드, 알에이치코리아, 2016.
6 "성균관대 '책 많이 빌려간 학생이 학점도 높더라'", 〈아시아경제〉, 2010.05.11.
7 〈이야기쇼 두드림〉, KBS2, 2013.02.02.
8 〈뉴 공부의 왕도〉, EBS, 2017.05.15
9 "고교 때 신문 읽은 학생들…성적·취업률 높았다", 〈중부매일〉, 2015.10.27.
10 〈공부의 왕도〉, EBS, 2012.08.10.
11 "뇌의 사고·언어·정보 담당 부분, 글씨쓰는 동안 활발한 활동", 〈중앙선데이〉, 2014.10.12.
12 "글씨 잘쓰는 아이, "책임감 자존감 높다"", 〈한국경제〉, 2017.07.25.
13 『공부습관 10살 전에 끝내라!』, 가게야마 히데오, 길벗, 2004. 등의 도서를 주요 참고하였다.
14 〈뉴 공부의 왕도〉, EBS, 2017.04.25.
15 〈공부의 달인〉, EBS, 2009.07.07.
16 『공부하는 힘』, 황농문, 위즈덤하우스, 2013.
17 "3등급 재수생의 수능 만점 비결 "천천히, 그러나 꾸준하게"", 〈중앙일보〉, 2014.12.12.
18 "바빠보이는 멀티태스킹, 알고보면 제대로 하는 일 없어", 〈동아일보〉, 2009.08.31.
19 "멀티태스킹이 뇌 기능 저하시켜", 〈KBS뉴스〉, 2014.09.26.
20 "공부의 신 강성태, "공부할 때 음악을 들어도 되는가?"", 〈대학저널〉, 2016.12.28.

## 4장

[주요 참고도서]
『가난하다고 꿈조차 가난할 수는 없다』, 김현근, 사회평론, 2006.
『나는 서브 쓰리를 꿈꾼다』, 원희룡, 꽃삽, 2005.
『시간을 정복한 남자 류비셰프』, 다닐 알렉산드로비치 그라닌, 황소자리, 2004.
『시간을 지배하는 절대법칙』, 앨런 라킨, D&C미디어, 2013.
『하루 10분의 기적』, KBS수요기획팀, 가디언, 2010.
『하버드 수재 1600명의 공부법』, 리처드 라이트, 월간조선사, 2002.
『현근이의 자기주도 학습법』, 김현근, 예담, 2009.
『1만 시간의 재발견』, 안데르스 에릭슨, 로버트 풀 공저, 비즈니스북스, 2016.

[주]
1 "'시간의 가치'를 아는 수험생에게 합격의 자격이 주어집니다", 〈대학저널〉, 2017.10.10.
2 "서울대 경제학부 합격 최지석 군", 〈부산일보〉, 2017.02.15.
3 "수학실력·IQ 큰 연관 없다", 〈서울신문〉, 2013.01.01.
4 "배운 것만 철저히 공부…필기도 교과서에 했다", 〈조선일보〉, 2007.08.20.

5 "논문 11편중 9편 "선행학습 효과 거의 없다"", 〈조선일보〉, 2017.03.31.
6 『나는 서브쓰리를 꿈꾼다』, 원희룡, 꽃삽, 2005.
7 "3년 전 물 밟은 제주도 '섬 소녀', 수능 만점", 〈한국일보〉, 2015.12.03.
8 ""수면, 기억력 향상에 도움"… 하버드대 스틱골드 박사", 〈한국경제〉, 2000.11.22.
9 "수면 부족·장애, 치매와 연관", 〈SBS〉, 2013.10.22.

# 5장

**[주요 참고도서]**
『공부의 기본』, 도쿄대 과외교사 모임, 열린세상, 2015.
『괴짜처럼 생각하라』, 스티븐 레빗, 스티븐 더브너 공저, 웅진지식하우스, 2015.
『누가 더 끝까지 해내는가:완벽한 사람들의 여덟가지 행동법칙』, 셰리 루이스, 웅진지식하우스, 2015.
『승자의 뇌』, 이안 로버트슨, 알에이치코리아, 2013.
『전교 1등의 책상』, 중앙일보 열려라공부팀, 문학수첩, 2015.
『죽음의 수용소에서』, 빅터 프랭클, 청아출판사, 2005.
『한계는 내 머릿속에만 있다』, 제이 에이브러햄, 프롬북스, 2016.
『10배의 법칙』, 그랜트 카돈, 티핑포인트, 2016.

**[주]**
1 『괴짜처럼 생각하라』, 스티븐 레빗, 스티븐 더브너 공저, 웅진지식하우스, 2015.
2 『승자의 뇌』, 이안 로버트슨, 알에이치코리아, 2013.
3 『괴짜처럼 생각하라』, 스티븐 레빗, 스티븐 더브너 공저, 웅진지식하우스, 2015.
4 〈뉴 공부의 왕도〉, EBS, 2017.06.13.
5 『전교 1등의 책상』, 중앙일보 열려라공부팀, 문학수첩, 2015.
6 『공부의 기본』, 도쿄대 과외교사 모임, 열린세상, 2015.
7 "서울 경기여고 2학년 채시은양", 〈중앙일보〉, 2015.01.21.
8 『죽음의 수용소에서』, 빅터 프랭클, 청아출판사, 2005.
9 『죽음의 수용소에서』, 빅터 프랭클, 청아출판사, 2005.

# 6장

**[주요 참고도서]**
『기억력의 비밀』, EBS기억력의비밀제작진, 북폴리오, 2011.
『내신 1%로 가는 교과서 공부법』, 신성일, 파라주니어, 2007.
『뇌가 섹시해지는 책』, 도미닉 오브라이언, 비전코리아, 2015.
『마인드 맵 북』, 토니 부잔, 배리 부잔 공저, 평범사, 1994.
『마인드세트 교실혁명』, 메리 케이 리치, 우리가, 2016.

『브레인 룰스』, 존 메디나, 프런티어, 2017.
『성공의 새로운 심리학』, 캐롤 드웩, 부글북스, 2011.
『아이의 공부두뇌』, 김영훈, 베가북스, 2012.
『아이의 사생활 1 - 두뇌·인지 편』, EBS아이의사생활제작팀, 지식채널, 2016.
『유즈 유어 헤드』, 토니 부잔, 평범사, 1994.
『재능은 어떻게 단련되는가?』, 제프 콜빈, 부키, 2010.
『지능의 탄생』, 이대열, 바다출판사, 2017.
『태아성장보고서』, KBS첨단보고뇌과학제작팀, 마더북, 2012.
『토니 부잔의 마인드맵 암기법』, 토니부잔, 비즈니스맵, 2010.

[주]
1 TED웹사이트 www.ted.com으로 접속하면 강연 동영상과 스크립트를 얻을 수 있다.
2 〈공사 창립특집 KBS 스페셜 - TV, 책을 말하다〉, KBS, 2001.03.03.
3 "6세 때 '딥 러닝' 뇌 거의 완성… 선진국, 어릴 때부터 독서운동, 〈조선일보〉, 2016.03.28.
4 "초등 교실 '학부모가 책 읽어주기' 확산", 〈동아일보〉 2015.06.04 .
5 "'치매의 대가' 서유헌 교수의 재미있는 뇌 이야기", 〈신동아〉, 2008.11.25.
6 『대결로 보는 세계사의 결정적 순간』, 루돌프 골드슈미트 엔트너, 달과소, 2008.
7 『브레인 룰스』, 존 메디나, 프런티어, 2017.
8 〈문제적 남자〉, tvN, 2016.08.14.
9 『뇌가 섹시해지는 책』, 도미닉 오브라이언, 비전코리아, 2015.05.12. 등의 도서를 주요 참고하였다.
10 〈고성국의 빨간의자〉, tvN, 2015.01.14.
11 〈공부의 왕도〉, EBS, 2010.11.22.
12 "문재인에게 공부팁을 전수받은 여고시생 근황", 〈국민일보〉, 2017.01.27.
13 "분당지역 고1을 위한 국어 기말 내신 전략", 〈내일 신문〉 2017.06.26.
14 〈공부의 왕도〉, EBS, 2009.09.09.
15 『Genetic Studies of Genius(천재유전학)』 제4권, 루이스 터먼.
16 "IQ테스트 믿을 거 못돼…근본적 결함", 〈세계일보〉, 2012.12.26.
17 "세 살 영재 여든까지 간다?", 〈동아일보〉, 2005.01.10.
18 『Genius Explained(천재를 말하다)』, 마이클 하우.
19 〈공부의 왕도〉, EBS, 2012.12.21.
20 〈TED - The power of believing that you can improve〉, Carol Dweck, 2014.08.
21 『성공의 새로운 심리학』, 캐롤 드웩, 부글북스, 2011.

## 7장

[주요 참고도서]
『공부 잘하는 아이의 부모되기:일본교육 100년의 선택』, 이정숙, 앨피, 2014.

『공부하는 인간』, KBS공부하는인간제작팀, 예담, 2015.
『공부하는 힘』, 황농문, 위즈덤하우스, 2013.
『멘토』, 스펜서 존슨, 콘스탄스 존슨 공저, 비즈니스북스, 2007.
『밥상머리의 작은 기적』, SBS스페셜제작팀, 리더스북, 2010.
『부모라면 유대인처럼』, 고재학, 예담프렌드, 2010.
『성과 향상을 위한 코칭 리더십』, 존 휘트모어, 김영사, 2007.
『유대인의 천재교육 프로젝트』, 강신권 외 2인, 플레이온 콘텐츠, 2007.
『유태인 엄마의 특별한 자녀교육법』, 허회숙, 조미현 공저, 책이있는마을, 2006.
『인성 하브루타가 답이다』, 이일우, 이상찬 공저, 피스미디어, 2016.
『재능은 어떻게 단련되는가?』, 제프 콜빈, 부키, 2010.
『토론』, 백미숙, 커뮤니케이션북스, 2014.04.15.
『파인만 씨, 농담도 잘하시네!』, 리처드 파인만, 사이언스북스, 2000.
『평범한 아버지들의 위대한 자녀교육』, 진탕, 북스토리, 2008.
『CEO 아빠의 부모수업』, 김준희, 나무를심는사람들, 2016.

[주]
1 "부모의 공부기술", 〈대학저널〉, 2017.08.25.
2 ""공부해" 채근대신 칭찬·응원…화목한 집 딸·아들 성적도 좋네", 〈중앙일보〉, 2017.01.27.
3 "아빠 육아가 아이의 언어 발달을 향상시킨다", 〈메트로신문〉, 2016.08.17.
4 〈SBS스페셜-밥상머리의 작은 기적〉, SBS, 2009.07.26.
5 〈SBS스페셜-밥상머리의 작은 기적〉, SBS, 2009.07.26.
6 〈SBS스페셜-밥상머리의 작은 기적〉, SBS, 2009.07.26.
7 "가족생활 만족도 한국이 최하…아르헨티나·칠레 최고수준", 〈국제신문〉, 2017.02.21.
8 "한국인 최초 하버드대 수석 졸업생 진권용 공부의 정석", 〈여성동아〉, 2012.07.17.
9 『토론』, 백미숙, 커뮤니케이션북스, 2014.04.15.
10 "책, 많이 읽기보다 제대로 읽어라", 〈에듀포유〉, 2015.04.25.
11 『파인만 씨, 농담도 잘하시네!』, 리처드 파인만, 사이언스북스, 2000.
12 "한국 사회 불평등, 가장 심각한 이슈는 '교육격차'였다", 〈매일경제〉, 2017.02.06.
13 "부잣집 자녀 서울대 많이 간다 .. '사교육의 힘'", 〈한국경제〉, 2004.01.26. .
14 "서울대 신입생 86% "사교육 받았다"", 〈서울경제〉, 2013.07.28.
15 『성과 향상을 위한 코칭 리더십』, 존 휘트모어, 김영사, 2007.
16 "무심한 아빠, 걱정 많은 엄마…'교육 동맹' 맺으세요", 〈중앙일보〉, 2016.07.10

## 9장

[주]
1 〈공부의 달인〉, EBS, 2009.02.24
2 "어떤 경험도 희망전공과 연결할 수 있어요", 〈동아일보〉, 2017.01.03